21世纪经济与管理精品丛书

企业价格决策

郭湘如 著

东南大学出版社
·南京·

内 容 提 要

　　本书在结合我国企业的价格决策环境和现状的基础上,以企业作为价格决策的主体,较为系统地论述了企业价格决策的影响因素、企业价格决策的过程以及企业价格决策与营销决策系统之间的关系,分析了企业在不同的营销战略目标选择下相应的价格决策方式和方法,提出了与营销战略目标匹配的价格决策方式和方法,并给出了不同的价格决策方式、方法的适用环境。同时,本书在结合营销战略决策实现中的不同阶段,对需要借助的战略实现手段的策略性技巧也有涉及。本书中有些定量研究的方法,是借鉴了国外较为成熟的决策模型,可供有关企业在进行价格决策的过程中作为参考。

图书在版编目(CIP)数据

　　企业价格决策/郭湘如著.—南京：东南大学出版社,2009.8(2015.3重印)
　　21世纪经济与管理精品丛书
　　ISBN 978-7-5641-1748-1

　　Ⅰ.企… Ⅱ.郭… Ⅲ.企业管理：物价管理—高等学校—教材 Ⅳ.F274

　　中国版本图书馆 CIP 数据核字(2009)第 120827 号

出版发行：东南大学出版社
社　　址：南京四牌楼 2 号　邮编：210096
出 版 人：江建中
网　　址：http://press.seu.edu.cn
电子邮件：press@seu.edu.cn
经　　销：全国各地新华书店
印　　刷：南京京新印刷厂
开　　本：700mm×1000mm　1/16
印　　张：13.5
字　　数：225 千字
版　　次：2009 年 8 月第 1 版
印　　次：2015 年 3 月第 3 次印刷
书　　号：ISBN 978-7-5641-1748-1
印　　数：4201—5200
定　　价：22.00 元

本社图书若有印装质量问题,请直接与读者服务部联系。电话(传真)：025-83792328

《21 世纪经济与管理精品丛书》编委会

顾问：

柳思维（湖南商学院教授，博士生导师）

陈启杰（上海财经大学教授，博士生导师）

郭国庆（中国人民大学教授，博士生导师）

编委会主任、总编　许彩国

编委会委员（以姓氏笔划为序）

　　　　　　林健栋　　陈芝慧　　殷博益

　　　　　　姬爱国　　郭湘如　　蒋漱清

　　　　　　薛伟业

秘　书　处　薛伟业　　陈芝慧

总　序

　　1978 年春天，我被安徽财贸学院（现已更名为安徽财经大学）政治经济学专业录取，四年后我留校当了一名教师。永远感谢的是那些曾经教过我的老师，是他们的博学、敬业和追求支撑我跌跌撞撞地走到今天并继续走下去。在毕业从教后的最初十年里，在生活并不富裕的情况下，我和很多同时代的人一样，始终坚持着教学、科研，并在这十年里达到了一个引以为自豪的高度。1992 年小平同志南巡的重要讲话，催生了很多人纷纷下海经商。我也曾想和他们一样，但最终只是在海边走了走，浅尝辄止，但从商经历丰富了我的人生轨迹。办公司、炒股票，有成功也有失败，但我的第一职业自始至终都是一个老师。从 1982 年春天第一次走上讲台到现在已经 27 个年头，而这也必然是我最后的归宿。

　　在我的背后，我的一批又一批的学生走上社会，他们中很多人也成了老师，在教育岗位上延续着我曾经走过的路，惟一不同的是他们走得更精彩。去年北京奥运开幕的当天，我带过的 1984 级的学生相聚在曾经的母校遗址——扬州瘦西湖畔。他们中的很多人都是毕业后 20 年才相见。

　　就在这次聚会上，我和我的学生们萌生了编写一套经济与管理精品丛书的想法。这不仅是对我们这么多年教学实践的一种历练，也是将我们全部的知识无偿地传递给更多的学生或者学生的学生，或是更多的渴望得到知识的人，这也是我们做老师一生的追求和责任。虽然眼下由于某些政策的误导，把教材和某些专著的编写从教师的职称评定考核中删除，但我们还是坚信一本好的教材和专著对教学、对学生的影响远胜于一篇编写出来的文章。

　　这套《21 世纪经济与管理精品丛书》主要涉及管理学、市场营销学、会计学、人力资源、旅游等多个方向。教材是课程及教学内容的表达形式，是在校大学生获得知识的重要途径，也是广大学习爱好者希望通过知识提升自我业务素质的有效手段。同时教材的编写过程本身，也是对教学与科研的反思和总结，有利于教材及时反映变化了的社会状况和学术研究的最新成果，有利于教师改进教学方法、提高教学水平、增强科研能力。通过教材的编写，还可以促使教师总结教育教学规律，了解学生的知识需求，培养热爱教学和关爱学生的教育情怀，实现教师、教材与学生三者的有机联结与良性互动。

　　回顾 20 多年的教学和人才培养所走过的道路，我们对经济与管理学科的认识也在不断地提升。从 20 世纪 80 年代中期，我国高等财经教育的教材已经开始了较多借鉴国外发达国家的成熟理论、技术和方法。再后来,更多的学校采取了引进原版优秀的教材授课。一批专家教授和青年学者,参与到企业的管理咨询,通过体验增加了对我国经济体制改革现实问题的理解和认识。所有这些为我们今天得以静下心来,通过对管理理论和实践的教学总结,潜心编写一套既能反映国外最新的理念和知识,又贴近我国企业现实的经济与管理的精品丛书,无疑打下了一个很好的基础。今天摆在你面前的这套丛书系列,可以说从一个侧面真实地反映了20世纪80年代以来,我国管理理论和实践的发展脉络,也记载了我和我的学生以及参与丛书编写的同行们,多年来在理论探索和教学耕耘的路径和轨迹。

我非常感谢参加丛书编写的所有作者。在总结已有教材或专著编写经验的基础上,他们广泛吸取国内外其他教材的长处,精心组织力求拿出精品。从而保证这套教材的特色得以体现:通过对基本知识点的重点阐述,保证学生掌握基础理论;通过对学术前沿问题的介绍,拓展学生视野,启发学生思维;通过对基本技能训练的指导,提高学生处理实际事务和参加各种考试的能力;通过课后作业的问题设计,引导学生独立研究、深入思考。丛书深入浅出,通俗易懂。因此这套丛书不仅可以作为高职高专经济与管理类各专业教材,亦可供学生自学或管理人员学习参考。

在此书付梓之际,我的母校已经走过了50年的历程,我曾经工作了10余个年头的扬州师范学院商业经济系早已随着学校的合并和变迁,再也难觅踪影。惟一值得欣慰的是,当年毕业的学生还在,而且他们特别看重曾经的母校,看重这份沉甸甸的扬州情!为了这份情,我和我曾经的学生和同行们又走到了一起;为了这份爱,我和他们一起编写这套丛书,为了永远难忘的纪念,我们坚定地走下去!

许彩国
2009 年 5 月 4 日写于南京温馨斋

前 言

2008 年年底影响到世界范围内的新一轮经济波动,在我们这个经济外向度不断扩大的新兴市场国家产生的影响以及国内的应对措施,许多现象都通过价格表现了出来:自 2008 年中起,猪肉、食用油的价格一路飙升,为了民生,宏观管理部门出台了生猪生产补贴、居民消费补贴;可是,半年左右的时间,出现了猪肉价格大幅度下跌、养猪亏损等现象,宏观管理部门不得不启动猪肉收储计划,以保证在半年前受到养猪补贴而激发了多养猪积极性的生产者们的利益。

国际原油市场,从 2007 年初到 2008 年底,价格像是过山车! 这些都对国内市场的经济、社会生活、企业的营销活动产生了深远的影响。

价格决策是企业众多决策中影响企业营销业绩的最直接决策。企业价格决策是企业生产经营决策中唯一的、也是最后决定收入的因素。价格决策是否科学、正确、可行,在很大程度上决定了企业的其他决策的成效。作为市场经济活动主体的企业,在面对错综复杂的多种营销环境约束下,如何依据经济学的基本原理,结合本企业的具体情况,运用已经被许多实践检验过的价格决策方法、寻找到科学、有效的价格决策工具和在此基础上相机抉择的价格策略,是任何一个企业都需要认真面对的课题。而这其中,能够在市场产生足够影响的企业的价格决策,不仅决定了自身营销绩效的高低,还对市场上众多的关联企业的市场行为产生多种多样的影响。对于经历过"价格战"、"价格联盟"等形形色色的价格决策行为的中国企业来说,如何在市场竞争中正确地进行价格决策,是多数企业无法回避的课题。随着电子商务、网络经济的发展,企业的营销活动拓展了新的空间,这对多数企业来说,增加了价格决策的复杂性。经济全球化、国内市场国际化、国际产业转移和技术更新的周期不断缩短等等,这些因素,无一不对国内企业的包括价格决策在内的营销决策造成影响。而在国内,由于多种原因,专门对企业价格决策进行系统而全面研究的尚不多见。正是基于这样的客观现实和多年来本人对企业价格决策领域的关注和学习、研究,历经 10 多年的教学研究和为企业提供咨询服务方面素材的积累,结合价格决策领域不断出现的新实践,以及对价格决策在企业营销决策系统中将要发挥越来越重要的作用的判断,促使了我对价格决策作深入而较为系统的研究和探索,并将研究和探索的初步结果,在原来的授课讲义基础上,以个人著述的形式呈献给学界、企业界的同仁们,以抛砖引玉。

考虑到研究对象、阅读对象的特殊性,本书从结构上分成两个大的部分,分别是价格决策的基本原理和部门经济价格决策。前者是基于宏观经济学背景的基础原理，论述了价格决策的一般性；后者分别从国民经济的几个主要部门经济的价格决策角度展开论述。这样，便于从全景的视野看待价格决策中的战略与战术之间的关系，也是对目前国内企业价格决策中出现的"重策略、轻战略"、"重局部、轻系统"的一种纠正。

对本人在企业价格决策领域里学习、初步研究的心得，能够被东南大学出版社列入经济与管理精品丛书得以出版，本人深感荣幸，同时也惴惴不安。因为，我深知对价格决策领域的研究是一个不轻松的活。但是，抱着学习和探索的态度，并期望得到学界前辈与同行们、企业界的精英们在该课题上的指点，是我内心最执著的追求。

由于本人的水平和更广泛素材收集上的限制，本书一定会存在诸多不足，请各位专家、读者能够给予批评、指正。

郭湘如
2009 年 6 月

目　　录

21世纪经济与管理精品丛书

绪　　论

一、企业价格决策的研究对象和内容

（一）企业价格决策的研究对象

企业价格决策是指企业根据一定的经营环境，从服务、服从于企业整体经营目标出发，给本企业的产品或劳务制订一个合适的价格及其行为。作为一门学科来说，企业价格决策的研究对象就是：企业的定价行为和价格以及企业的价格行为与企业经营成果之间的关系，并在此基础上，使得企业采取科学的价格决策，以达到提高企业经营效果之目的。

（二）企业价格决策的内容

企业价格决策，既研究企业价格决策的一般原理，也研究不同类别的企业价格决策。正如前文所述，企业价格决策的研究对象是企业的价格行为，即企业价格决策的过程。因此，就得从企业价格决策的目标、方法、策略以及企业价格决策的制约因素等内容出发来研究，而这些内容是任何类型企业在价格决策时，都必须考虑的。我们把这部分内容称作企业价格决策一般。正是上述认识，本书的内容主要包括以下两方面：一方面，从定价过程来看应该包括：企业价格决策的目标、方法和策略，企业价格决策的影响因素等，即企业价格决策原理或称企业价格决策一般；另一方面，就不同类型的企业来说，至少包括：制造商定价、中间商定价、涉外企业价格决策、服务企业价格决策以及作为特殊定价范畴的企业内部调拨价格的制订等。此外，作为一个研究对象系统来说，它还包括企业为制订切实可行的价格而进行的价格信息的收集与整理运用，企业对所制订价格的管理，以及进行价格预测等。

二、企业价格决策的任务和作用

（一）企业价格决策的任务

企业价格决策的研究对象的内容决定了企业价格决策的任务。事实上，企业对其产品或劳务价格的制订是企业的生产成果与市场接触的第一个被关注的要素。一方面，要使得消费者在比质比价中，能倾向于接受本企业的产品或劳务；另一方面，企业所制订的产品或劳务的价格又要考虑到竞争者同类产品的价格或替代产品的价格。简言之，如何使本企业的产品在特定的价格下赢得消费者，是企业价格决策时必须着重考虑的。因此,企业价格决策的任务是:在特定的经营环境下,寻求科学合理的价格决策,并制订切实可行的价格以帮助企业提高营销效益。

(二)企业价格决策的作用

从企业价格决策的内容来看,它既包括战略层次的内容,也包括战术层次的内容。从战略上讲,企业价格决策从属于企业的经营决策,并且为经营战略决策服务,涉及定价方面就是企业的价格制订构成了整个经营战略以及经营战略实施的一个重要组成部分;从战术上说,价格策略的运用、定价方法的选择在一定范围都可以自成体系,运用恰当的话,会使整个的经营战略收到事半而功倍的效果。可见,企业价格决策的作用就在于:能够帮助企业在定价并实施特定的价格时更自觉、更科学合理、更可行。

三、企业价格决策与价格现象

(一)价格现象的含义

价格现象是指市场上客观存在的各种价格行为及其结果的总和。反映在市场上可为人们所见的便是各种价格形成机制,以及在特定的环境里各种价格形成机制发生作用的结果,即价格。具体的说价格现象包括两个层次的内容:第一,价格现象首先是在既定的经济环境里的价格形成机制。是计划形成价格,还是由供求关系决定价格,或是其他力量决定价格;其次,价格现象还包括在特定的价格形成机制下,价格主体的定价行为。不同的价格形成机制及其价格主体的行为都在一定程度上,以一定的形式影响企业对其产品或劳务价格的制订。第二,价格现象作为各类价格主体行为的结果,即价格以及各种价格之间的关系。它们之间纵横交错所形成的关系便是一定时期、一定范围内的价格存在。这种价格存在反过来又影响着在此时间和空间范围内各个企业的价格制订。

随着电子商务的发展,越来越多的企业通过网络平台寻找销售业务的新增长,还有一些公司专门开设了网上交易通路。网络交易平台的使用,使得这些企业的网络交易产品的价格制订面临新的抉择。这种影响不仅是对于B2B,还包括B2C模式的电子商务。这些影响主要可能表现为:网上价格的传播范围更广,也更透明,这就对那些有网上产品销售的企业的价格制订工作,提出了更高的要求:被比较的范围更广泛、价格信息的及时性要求更高。不同企业之间、同类产品的比较更加直接、购买者的比较也更加方便。这些,都对有网上销售业务的企业的产品价格制订产生广泛而深远的影响。而一些行业网站、专业的产品类别信息网站,更是提供了具体的网上报价。从目前的电子商务网站上销售的产品价格来看,电子商务这种营销方式,对企业价格决策的影响还很难给出具体的定论,需要经历更长的时间和实践来观察和分析。

（二）企业价格决策和价格现象之间的关系

　　每个企业在制订其产品的价格时都不可避免地受到特定的价格现象的影响。最明显的莫过于：某种产品的价格要受其原辅材料价格的影响。如食品的价格要受粮食价格的影响；同类产品的价格形成机制和价格水平会影响到特定企业对其产品价格的制订；整个社会的价格水平会影响所有企业的价格制订；可替代产品之间的价格制订就更明显地反映出互相的价格形成过程了。可见，任何企业的任何产品，在制订其价格时都直接或间接地受到价格现象的影响。这就要求企业在给自己产品制订价格时必须搞清楚所面临的价格现象，使价格制订更自觉，价格更可行，更容易被消费者接受。

　　有研究表明，每一次企业形态、运行机制的变革总是伴随着价格、价格形成机制的变革。20 世纪末，我国的企业产权制度、商业运行机制、业态的变革对我国目前市场上的价格形成机制的影响还在继续着。国美电器这种专业的家电连锁经营形态的出现，对家电产品价格机制的影响，乃至对家电产业整个供应链的影响都是深远的。至今，消费者仍然清晰地记得：10 年前，与今天几乎一样的产品，其价格几乎是今天相同产品价格的 6 倍！这固然与技术的发展有关，但是与家电产业供应链上终端销售主体——国美们的影响是分不开的。国美们通过掌握产品销售终端话语权，凭借自身规模庞大的连锁模式，通过诸如包销乃至与买断某一款或是几款制造商的产品销售权，极大地诱惑着制造商，使制造商不得不在一定程度上向国美们让步。最终的结果是：制造商的产品价格不断地按照国美们给定的空间降低，消费者不断地得到价格更为低廉的产品。而国美们之间的竞争，也导致了这类产品的价格不断朝着对消费者越来越有利的方向发展。

第一章　企业价格决策的目标和程序

第一节　企业价格决策的目标

一、企业价格决策目标的含义

企业价格决策的目标从根本上说服从于企业的经营目标。而企业的经营目标,在不同的经营环境下是不同的。新成立企业或已运行企业出新的产品时,经营目标不同于已经立足于市场时的目标;一个处于竞争较为激烈的市场环境下的企业和竞争不那么激烈的情况下的企业,其经营目标也是不同的。即使是在上述两方面都大致相似情况下,随着企业的发展和经营环境的变迁,一个企业的经营目标,也要做出适时的调整。与经营目标相适应,企业的定价目标也应该随经营目标的不同而作相应的调整。但是,无论在何种环境里,企业的经营目标,归根结底是要获取利润,并在此基础上获得发展。这就决定了企业价格决策的目标从根本上来说也是为了获取利润,并为谋求企业发展服务。那么,所谓的企业价格决策目标是指企业在制订价格,并在实施该价格时,期望经由该价格达到所要的特定目的。

二、企业价格决策目标的分类

由于企业在不同的经营环境里,所要达到的目标不同,也就决定了企业价格决策必须面对相应的环境订出恰当的目标。因为,分类的标准不同,就出现了不同的定价目标。

（一）按定价目标发生作用时间的长短,可分为短期目标和中长期目标

短期定价目标,是指企业所制订的价格目标,只是在较短的时间里发生作用。比如,企业根据自身所处的经营环境,决定在特定时间里进行特价（通常是低价）销售某种商品,其目的是造成预先所设定的效应。

中长期定价目标,是指企业通过所制订的价格在未来一个较长时期里所要达到的目标。比如,企业为了谋求在特定市场上长期的发展,对自己的产品制订既不会招致更多竞争者的加入,也不至于使企业达不到较满意效益的价格,就属此

类。这类价格目标的确定是从谋求企业长远发展角度出发的。

（二）按定价目标之间在时间上的关联程度来分，可分为临时性定价目标和持续性定价目标

临时性定价目标是指在特定的经营环境下出于权宜之计所制订的价格目标。如有些企业推出某种产品时，由于有关法规和市场尚未规范该产品的价格标准，而企业又不能擅自确定价格，以试销价面市来探测市场有关方面的反映所制订的价格，即属此类。

持续性定价目标，是指在不同时期所制订的定价目标之间存在着相互补充、相辅相成关系的定价目标。如企业在新产品投放市场时对特定产品采用高价陷阱，引诱一些不具备相应实力的企业加入，然后企业对该产品订较低的价格，以淘汰竞争者。这一前一后，一高一低之间，孤立地看分别是阶段性或临时性目标，但这一扬一抑之间的相互联系是不难看出的。

（三）按定价目标对利润的追逐状况分，可分为直接地以利润为目标的定价和间接地以利润为目标的定价

直接地以利润为目标的定价是指期望以所定价格直接地增加利润。如通过价格的制订，迅速增加销量，以达到快速获取利润为目标。

间接地以利润为目标的定价是指在制订了相应的价格后，或是通过扩大市场占有率，或是保证企业获得既得的市额，进而获取利润。如前所述的"高价陷阱"和"低价排斥"所要达到的目标，即属间接地以利润为目标的定价。

（四）按定价目标之间相互关联程度分，可分为单一性定价目标和综合性定价目标

单一性定价目标在制订价格目标时，就特定的价格而言，它所给企业带来的效果比较单纯，不附带其他效果的产生。如有些企业在处理某些产品时，以处理价面市（特别是一些商业企业），其目标很单纯，就是为了将这些商品处理掉以盘活资金。

所谓综合性定价目标，是指企业在确定价格目标时，期望产生多方面效果。涉及到具体的价格制订时，企业对某种产品价格的制订，可能既希望获得较高的利润水平，又期望树立良好的企业形象，同时还兼具其他目标等。如企业在制订价格实施战略时，可能既强调产品的高品质，同时，又通过这一价格传达较高的市场定位，这样的价格往往是比较高的。如果企业在制订价格时致力于使上述两方面都得到消费者的认可，这样的定价目标就属于多重的、综合的了。

此外，由于分类的标准不同，研究问题的角度不同，定价目标分类的结果也就相应地有差异。上述这些定价目标分类，是基本的，也是较为常见的分类方法之一。

21世纪经济与管理精品丛书

三、企业价格决策的现实目标

市场经济体制下的企业,为了谋求自身的生存和发展,在制订包括定价目标在内的经营目标时,必须从实际出发,因时、因地制订切实可行的目标。在企业价格决策的实践中,主要有以下三种定价目标:

(一)直接地以利润为目标的定价

直接地以利润为目标的定价是指企业在制订价格目标时,首先要考虑的就是要获得利润,而不是考虑利润以外的其他内容。表现在现实的定价实践中常有以下几种做法:

1. 以实现利润最大化为定价目标。以实现利润最大化作为企业短期定价目标,对企业来说,目的是期望某种类的产品在短期内能够为企业创造尽可能多的利润,企业以此为契机,或扩大规模,上档次;或是准备开拓新的经营项目。对于肩负实现利润最大化定价目标的产品来说,企业不准备长期经营该项目。采用这种定价目标的多是一些较小的或不太引人注目的企业。除上述之外,采用这一定价目标时还必须较准确地预测该产品的市场需求量,以及影响需求量和成本的一些其他因素,在此情况下确定能够实现最大利润的价格。

关于这一定价目标的具体操作,西方的企业价格决策理论已有一个较为成熟的模式。那就是,在企业已经掌握某种产品的需求和成本之间关系的前提下,有一个简便的利润最大化的模型:

首先,企业要根据统计资料,作出该产品的需求量 Q 与该产品的价格 P 之间的线性函数关系:

$$Q = 1\,000 - 4P \qquad \text{(公式1)}$$

该函数反映了某一产品的需求量与价格之间的关系:价格越高,需求量越小;反之,则需求量越大。

成本函数表明了一定时期内各种不同产量 Q(视同为需求量)条件下的成本状况。假定该产品的产量 Q 与总成本 C 之间存在下列关系:

$$C = F + C_1 Q \qquad \text{(公式2)}$$

公式2中,F 为固定总成本,C_1 为单位产品的变动成本。

如果根据会计资料得出:

$$F = 6\,000,\ C_1 = 50$$

则该产品的总成本为:

$$C = 6\,000 + 50Q$$

销售总收入 I,产量 Q,产品价格 P,总成本 C,总收益 R 存在如下关系:

$$I = P \times Q \qquad \text{(公式 3)}$$

$$R = I - C \qquad \text{(公式 4)}$$

由上述四个公式推导出总收益与价格之间的关系:

$$R = PQ - (F + C_1 Q) \qquad \text{(公式 5)}$$

将固定成本 F 与单位产品的变动成本 C_1 的数值代入公式 5,则有

$$R = -56\,000 + 1\,200P - 4P^2 \qquad \text{(公式 6)}$$

公式 6 是指特定企业在了解了大致准确的销售量和本企业产品成本水平基础上推导出来的,即它只适用于特定销量和特定成本水平的企业,在追求自身力所能及的最大利润时适宜采用的定价模型。

按照该企业对当前需求状况的估计和成本关系的依据,制订出以实现利润最大化为目标的价格,可能一方面会不受消费者欢迎;另一方面会招致竞争者加入该产品的供给,导致价格下跌。这就决定了该定价目标的使用范围。

2. 以实现目标利润为定价目标。以实现目标利润为定价目标,是指企业在制订价格时,根据自身的实力和市场状况及其他方面的影响因素来确定价格,并期望该价格能为企业带来既定的目标利润。

这里所谓的目标利润,既有可能是既定的利润总额也有可能是销售利润率,但通常是以资本利润率来作为标准的。有时,在涉及到特定产、销量的产品时,是以销售利润率为标准的。

采用这种定价目标的,通常是驾驭市场能力较强的企业。从一定程度上来说,当一个企业面对许多不确定因素发生作用的市场时,如果该企业不能在一定范围内左右该市场,预先所拟定的期望值,只能是一厢情愿。

特别是那些垄断性的公司,就其左右市场能力来说,适合采用这种定价目标,只不过就其对利润的原始冲动来说,这种定价目标的实现会导致定价过高,进而会引起有关方面的阻力,如政府的行政干涉、消费者的反感等。因此,采用这一定价目标时,企业须考虑以下两方面的影响:

第一,本企业在该行业中的地位。如前所述,若企业不能在一定程度上驾驭该市场的话,目标利润寄托在价格上来实现,只能是空想。

第二,采用这一目标定价,要考虑到它对企业发展的影响。

美国的一些规模庞大的垄断性公司,在考虑到一定的投资利润和风险等各种因素的基础上,常以实现满意的利润率为定价目标。这里所谓满意的利润率一方面是从投资回报角度来说的;另一方面是指市场有关各方,如政府和消费者等方

面来说的。

3. 以尽快取得利润为目标。这种目标也被称作"尽量撇取市场油脂"。以此为定价目标的企业,通常是在利用需求的价格弹性上做文章。有些精明而又具备一定研究开发实力的大公司,利用某些顾客愿意支付较高的价格去购买自认为有很大意义产品的心理,为所推出的新产品制订很高的价格,使单位产品的销售为企业带来尽可能多的利润。企业是在该产品的消费者群中,寻找最富有效率的顾客群。而等过一段时间后,再降低价格,以吸引市场中需求的价格弹性更大的一部分顾客。

采用这一定价目标,企业要考虑到以下一些情况:

首先是该企业的目标市场上的消费者收入水平和消费习性。这是因为,在单位产品的销售价格中,包括较高的利润,对收入水平不太高,或者收入水平较高而无追新逐异之心的消费者来说,面对高价可能会望而却步。但是企业应该明白,任何市场上总会存在一部分高收入者,而且他们中总有一部分人愿意支付高价,以率先消费。欧美等一些国家近年来向我国输入的一些所谓的顶极奢侈品,如都彭、登喜路等男性消费品,即属于面对上述顾客的。

其次是该企业所推出的产品因素。如产品的技术领先状况和品牌知名度,以及企业为尽快扩大销量而付出的广告宣传及其效果,甚至是所采取的销售方法。就产品的技术领先状况来说,它影响到竞争对手会采取何种反映。因为一种获利水平较高的产品,如果没有足够的技术或工艺等方面的独特性,很容易导致更多的竞争者加入,进而使企业的高价政策落空。

而对于品牌知名度来说,更是无法替代的,特别是对那些收入水平较高,在一定的条件下,决定其是否愿意支付高价,购买效用差别不大、而不同品牌的产品,这时,品牌知名度、品牌形象就显得不可替代了。另外就是广告宣传效果等因素的组合是否和前述因素一起,给目标顾客一个完整的刺激,促使其购买本企业的产品。

这些因素是决定企业采取这一定价目标能否实现的关键。如目前,在国内的洗衣粉市场上合资品牌和国内品牌的产品价格状况就足以说明这一问题。

具体地说,采用这一定价目标须具备如下条件:

市场上有足够多的顾客急于得到该产品,并且其需求的满足,不会因高价而放弃。

产量较低时,较高的成本不致于抵消高价的利润。

在产品刚问世时,订高价不会吸引更多的竞争者,或是有专利技术、特殊工艺或原材料等。

从长远的角度看,订高价有利于抬升企业产品的形象,使企业在日后从增加销量中获利。

（二）以销量为目标的定价

以销量为目标的定价，是指企业在制订价格时，期望通过所订的价格实现既定的销售量。在这里，销量成了一个中间目标，其最终目的是实现理想的经营成果。

具体的，可分解成以下定价目标：

1. 保持或扩大市场占有率。市场占有率，是指企业某种产品在市场上的销售额，占该市场中同种产品总销售额的比例，也可以是本企业产品销量，占市场上同种产品销售量的比例。

许多成功或失败的企业的经验或教训表明：保持或扩大市场占有率对任何企业来说，都是至关重要的。许多成功的企业之所以成功，就得力于较高的市场占有率；而有些本来不错的企业，之所以走向衰落，首先就是失去了足够高的市场占有率。有分析表明：投资利润的高低与市场占有率的高低，关系极大，是决定该投资成败的一个重要因素。据美国一家研究机构报告：在影响企业盈利能力的 36 个相关因素中，市场占有率是最重要的一个因素。市场占有率和企业盈利能力的变化方向基本一致，市场占有率每提高 10 个百分点，投资的税前利润平均增加 5 个百分点。这主要是因为，市场占有率高，企业在该市场上可以获得规模效益，而且，实施各种营销因素组合的回旋余地也大，还能获得消费者的品牌认可。因此，许多具备一定实力的公司，在形势需要时，宁可放弃眼前的利润，采用低价政策来扩大或维持市场占有率。如我国的彩电行业，近几年来，由于实力渐强，在面对我国加入世界贸易组织的形势下，为了保持已取得的市场份额，纷纷采取降低价格的做法，就是出于扩大国产彩电在市场上的占有率的目的。

这样做，其实道理很简单：因为随着市场占有率的提高，产量的增加，成本将会减少，继续降低价格，会使得销量更大。这种利润是长期的，而且也是通过挖掘潜力取得的。如我国的美菱电冰箱厂，其产品质量和品牌形象，在国内同档次的产品中皆属上乘，但该厂的电冰箱价格并不是同类产品中最高的。

该厂之所以对其产品制订较低的价格，其目的是为了提高其市场占有率，进而获得长远的较高的盈利。这几年来，该厂电冰箱的产销量在全国同行业中均以最快的速度增加，企业也获得了较大的发展。

采用保持或提高市场占有率为定价目标的企业，其订低价的产品应具备下列条件：

（1）该产品需求的价格弹性足够大，低价会刺激市场快速地扩大。

（2）该产品的生产工艺较成熟，宜于持久经营，单位产品的生产和销售成本应有随生产和销售经验的积累而下降的潜力。

（3）低价能阻止现有和可能出现的竞争，就是说，低价应低到不致于有更低价的竞争对手出现的可能，否则，本企业的低价于事无补。

21 世纪经济与管理精品丛书

2. 以减少顾客数量为目标的定价。以减少顾客数量为目标的定价,是指企业在经过市场细分之后,确定细分市场上最有效的市场部分作为自己的目标市场,为目标市场提供精良的产品和服务的基础上,为维护该市场的高收益而制订高于一般正常价格的价格,其目标是减少不必要的、过多的销售和服务对象。

这种定价目标,看似与扩大销量目标相悖,但从其效果上来看则是统一的。这是因为,减少顾客的数量,并不代表减少销量;减少的只是那些支付能力相对低的顾客,通过高价减少部分顾客,可以使企业集中更多的精力服务于愿意支付更高价格的那部分顾客。也就是说,企业虽然减少了顾客的数量,但却可以在选中的最有效的目标市场上进行效率更高的经营活动。通俗地说,将三件价格为3元的产品卖给3个顾客,不如卖2件价格为5元的产品卖给2个顾客。这样,虽然顾客的数量少了,但并没有减少其总收入。

一个企业对自己的产品或服务之所以以此为定价目标,是因为以下原因:

首先,市场上消费者的支付能力及需求状况确实存在差异性。总会存在着一部分支付能力较高的消费者,在对某些产品或服务的需求上宁愿支付更高的价格,而获得对该产品或服务实体以外的某些东西,如象征或表现意义。这是采用这种定价目标,并有可能实现这一定价目标的前提条件。

其次,企业能将自己的产品进行准确的市场定位,选准该产品的目标顾客。

再次,本企业的产品具有显著的受目标顾客欢迎的特色,而且是不可取代乃至是不可模仿的。这些特色,或是优良的质地,或是经典的品牌,或是独特的服务方式等,它能让目标顾客在付出高价购买这一产品或服务时产生这样的认同感:花这么高的价钱买它,值!

此外,为实现这一目标而订的价格,应是在当时的有关法规、政策、社会大众消费心理和社会风尚允许的。不然的话,会招致麻烦和非议,损害企业形象而得不偿失。这种目标贯彻得好,也有利于企业从长计议,为以后的发展打下基础。如20世纪20年代,美国有一种叫"帕达"的汽车,是一种奢侈车,价格非常高,现在已经不生产了。到了三四十年代,它的价格降低了,成了中等车,适合中产阶级家庭购买,一时间买的人特别多。据有关专家认为,如果大家不记得它在那个年代曾是奢侈车的话,在后来三四十年代的那个价格上是达不到如此高的销售量的。因为那个年代只有百万富翁才能买得起,而现在既然价格降低了,大家都想坐一坐。奢侈车是怎样形成的?就是因为它价高。价格高的本身赋予它以地位。

3. 以增加产品的销售量或销售额为目标。企业在制订价格时其目标是尽可能地增加销售收入。企业之所以制订这样的定价目标是考虑到:在有些情况下某些共同成本或是间接成本与费用,难以合理分摊,以此为目标,在总成本既定的情况下,只需要估计需求状况;再者就是出于促使某类或某系列产品的销量增加为目的,而不是只考虑某一种产品销售所带来的利润。

比如,在前一种情况下,为了调动销售人员的积极性,对其工资、奖金的支付,按销售业绩来计算也显得简便、有效。如果企业的生产能力、技术力量以及产品开发等经营性资源尚有潜力可挖的话,按这种定价目标有利于企业将这些资源进行效率更高的组合,提高企业的整体经营效益。况且通常情况下,大多数企业在市场中地位的保持和提升,也离不开较高的销售额或销售量。但是这种定价目标的确定和保证最后的实现,在职业经理制的环境下,容易导致只重视销售额,而放松了对利润的同等要求。据有关人士认为,以追求销售收入最大化为定价目标的企业,可能是由于企业经理的地位和报酬制度,促使他们关心销售收入的增加甚于对利润的关心。"或者更确切的原因是,总经理不是大股东,他只负责经营,希望尽量扩大销售额,给人们造成企业规模越来越大的印象。随着企业规模越来越大,经理的个人地位也越来越高"。当然这种认识,是否为普遍现象不说,但客观地说,雇用的职业经理其经营行为有朝此方向倾斜的可能。

实现这一定价目标的另一种做法,犹如声东击西和欲扬先抑。那就是:如特价商品定价法。指企业对某种商品订特别低的价格,甚至于亏本,在吸引顾客前来购买该种商品时,购买其他商品。还有就是故意将某种商品制订相对较高的价格,使顾客产生该商品是高级的印象,提高商品的声望,使其成为争购对象,带动一系列产品的销售。企业在实施上述价格战略时,必须与经营的其他要素相配合,不能孤立对待价格。如前一种方法,使顾客同时购买其他商品,会不会遇到竞争对手恰巧也制订了低价呢?并且低价商品的生产能力、供货能力是否具备一定的优势呢?而后一种情况会不会碰上竞争对手针锋相对的行为,而且高价产品的替代品或其他方面的情况,是否已被企业清楚地掌握呢?

以销量为目标的定价包括上述三方面的具体内容。它们之间既相互区别,同时又紧密联系,有时甚至是互为手段的。如以市场占有率为目标,要达到较高的市场占有率,没有足够的销售量或销售额来保证,是不太现实的。同时从长远来看,它们都致力于企业的发展。而减少顾客的数量是选择了企业要占领的市场份额中,效率最高的部分。所以说,它们之间是高度统一的。对于一个企业来说,特别是多元化经营战略的实施者来说,也并非是非此即彼的选择,在有些情况下,是并行不悖的。

(三)以应付或避免竞争为定价目标

竞争作为商品经济的产物,在一定的市场环境里是客观存在的。竞争有利于效率的提高是无疑的。但是,也应该承认,有些情况下,价格竞争可能导致某些不必要的资源浪费,如经常性的小额资本在部门间的转移,虽说从长期的宏观层次上来说是高效的,但对具体的企业来说可能是有害的;它有可能使企业经营的一贯政策遭到破坏,造成经营上的动荡。从这个意义上来说,减少不必要的具有破坏性的价格竞争,对每一个具体的企业来说就很有现实意义。

1. 以避免竞争为目标的定价,是指企业在制订产品或服务的价格时,力图和产品、服务特色配合,避开和竞争对手正面的价格战,以减少不必要的竞争为目标。这样做是让市场上的同行不致于采取针锋相对的反击措施,以保证本企业经营战略的稳步推进。

采用这一定价目标,要求企业能进行准确的产品市场定位,给顾客和同行业一个不可直接对比的印象,一方面不致于引起同行业企业的立即反应,另一方面也有利于本企业产品开拓市场,确立鲜明的市场形象。

在这方面,国内外许多经营水平较高的企业都有成功的典范。如安徽蚌埠卷烟厂,在全国卷烟行业中近年来的发展势头,就得力于这种定价目标。众所周知,我国的卷烟市场很大,厂家也不少,论实力、论规模,蚌烟都不算最强,但其独特的经营战略,却使其连创佳绩。云南、贵州两省是我国中、高档卷烟最大的生产基地,其产品的市场竞争力自不待言。然而面对这样的格局,蚌烟没有和这些强手进行削价的市场争夺战,经过精心研制和准确的品牌形象塑造,推出精品黄山卷烟,在市场上一炮打响。尽管精品黄山的售价高于红塔山,却仍供不应求,在给企业增加效益的同时,还树立了企业形象,扩大了企业的知名度;更重要的是,他们没有和任何企业进行正面的价格战。总结精品黄山卷烟价格制订的成功经验,至少可以得出以下结论:第一,企业可以从价格竞争的僵局中寻找出路,只要产品开发方向对,市场定位准,可以收到比开展价格竞争更好的效果。第二,避免竞争为单纯的定价目标,必须和产品开发、产品差异化以及准确的市场定位相结合,不能单就定单纯的价论定价,价格,是构成产品整体概念的一个重要组成部分。

另一个成功的事实是在国际钟表业间所演绎的变化。梯密克斯是国际上有名的低价格手表厂商。20世纪50年代初期,它生产一种价格非常低廉的手表(不用钻石当轴承)。由于价格很低以致手表坏了也不值得花钱去修。这种手表不通过珠宝商店出售,而是通过杂货店以及其他非传统的零售商店来出售。瑞士钟表商支配着世界钟表行业,其优质高价手表都是通过珠宝商店出售。当时,瑞士钟表正处于兴旺发达的时期。梯密克斯手表与瑞士手表是如此的不同,以致瑞士钟表商根本没有将前者作为竞争对手。梯密克斯手表既没有威胁瑞士手表质量可靠的形象,也没有威胁他们与珠宝商的地位或有损他们作为优质高价手表的主要生产商的形象。由于其商场定位准确,形成了对它的基本需求,而无须去争夺瑞士手表的销售市场。再加上瑞士钟表工业当时正处于上升阶段,梯密克斯的兴起始终没有对瑞士钟表业构成威胁。结果,梯密克斯公司甚至是在没有引起瑞士钟表业注意的情况下,在钟表业的低价格市场上取得了稳固的地位。

价格竞争作为竞争手段的一种,常常被许多经营者滥用,结果在许多情况下导致两败俱伤。能否寻找出避免价格战出路,上述两个成功的事实,都已做出了肯定的回答。在这里,我们所说的避免竞争是指避免传统的价格竞争,而不是一概地说不要竞争,因为竞争是客观存在的。像上述两个事实都有力地证明了这一点:尽管没有搞价格竞争,但都得到了竞争应得到的东西。这正如《孙子兵法》所说的"不战而屈人之兵",是竞争策略中的技高一筹。

2. 以保持价格水平稳定为定价目标,是指对某些行业的企业来说,在面临特定的经营环境下,通过制订价格和相应配套的经营手段,以保持价格相对稳定为目标。这时价格以及价格水平稳定的目标,构成了最大限度减少经营风险的手段。通过稳定的价格,有利于实现目标利润率。这是因为,保持稳定的价格水平,对于企业来说,不需要做更复杂的经营决策,并且,通常情况下,这样的定价目标是可以避免价格竞争的,有利于企业腾出精力进行非价格竞争。

但是,以保持价格水平相对稳定为目标的定价,并不是每个企业都能做到的。实力不济,影响不大的企业在这方面进行的努力,效果是极其有限的。能够实现这一定价目标的,通常是由该行业中处于主导地位的企业来实施。他们的稳定价格水平的价格才具有这方面的效果。我们通常把这些在同行中能影响其他企业价格决策的价格,称作"领袖价格"。"领袖价格"是这样体现自身内容的:在垄断市场上,可能出现这样一种情况,一个或几个卖方协调制订价格,而同行业的其他卖主则追随这一价格,当出现这种情况时,制订价格的公司,就称为价格先导者,这个行业的其他公司则称为价格追随者。这里,价格先导者的价格,我们称之为"领袖价格"。"领袖价格"地位上的企业,其产品的价格,通常左右着同行业其他企业的产品价格。

处于"领袖价格"地位的企业,在制订力图稳定价格水平的价格时,需要其他战略行动的配合,包括高于同行业平均值投资进行研究和开发,以取得技术领先地位,成为该行业降低成本的先导企业;而较高的市场占有率是充当"领袖价格"的必要条件。较高的市场占有率表明企业仍有较高的销售额和大规模的生产能力。也正是因此,这些举足轻重的大公司、大企业当其处于"领袖价格"地位时,为了保持该市场的稳定性,也为了保持既定的目标利润率,通常情况下,他们在制订价格时,从维护既得利益出发,致力于稳定价格。并且这样做,在社会对该行业产品需求量骤然下降时,不致使价格急剧下降,从而减少损失。

当处于"领袖价格"地位的企业,致力于保持价格水平稳定的目标时,如果发现有些公司、企业的产品定价过低,就会采取报复手段,如将价格压低到成本水平,甚至更低。对自身来说,由于实力雄厚,一时的无利甚至亏本都是无所谓的;而对一些中小企业来说,就可能是致命的打击。因此,中小企业从保护自身出发,常常只能做"领袖价格"的追随者。但这并不意味着,价格追随者的价格就一定得等于"领袖价格"。在许多情况下,价格追随者都会识时务地与"领袖价格"保持恰当的关系。

这里应该说明的是,居于"领袖价格"地位的企业,其价格并不一定是较高水平的。这是因为,在一个法制经济环境下,实力雄厚的垄断公司、企业也不敢把价格订得过高或过低。订得过高,有可能引起社会公众的不满,招致政府的干涉;订得过低,会直接损害小企业利益,妨碍正常的竞争。如在美国,反垄断法中有明确的禁令。还应该说明的是,以稳定价格水平为目标的定价的企业,通常是有较为满意的投资收益率,或者是保持企业经营的稳定性。

3. 以应付竞争为目标的定价,是指当企业经营的正常进行遇到竞争对手的挑战或压力时,出于保护本企业既得利益的目的,通过价格决策来实施以应付竞争为目标的定价。

采用这一定价目标的企业,在定价之前,应该将本企业产品及其服务作一个客观、准确的评价,以便给自己的产品确定一个准确的市场定位,找准自己的目标顾客,确立鲜明的市场形象,以便决定自身的价格。通常有以下三种可能:(1)与竞争者同价。当企业面临较为激烈的竞争局面,特别是少数行业中存在垄断格局时,而本企业的产品及服务和品牌形象与竞争者接近,消费者又对市场上同类产品的信息掌握较为全面的情况下,明智的做法是采取与竞争者同价。对那些消费者需求无差异的,如燃料、钢铁等产品,较适宜采用这一定价目标。一方面不至于有多大的损失,另一方面,还可以减轻竞争的压力。(2)低于竞争者的价格。在以下两种情况下,适用这一目标。一是本企业的产品及服务确实不及竞争者,并且由于种种原因,如小企业经营费用较低,转变经营方向花费的代价较小等。这样,事实上是在利用竞争中大企业的劣势,发挥小企业的优势;另一种情况是,本企业具备足够的实力,可以挤进其他企业已经建立了的较为稳固的市场。采用低于竞争者的价格为定价目标,是为了"渗透";但是为了实施这种目标,达到渗透成功必须对政府及有关方面的价格法规,如反不正当竞争法等进行研究。正如前面所说,如果有足够的证据表明其以低于成本价来进行竞争,会招致麻烦。但是,如果不触犯有关法规,这种定价目标,对那些力图开发新市场,或是夺取更大市场占有率的企业来说,通常是较为高效的。特别是,当某些行业技术创新进入缓慢发展乃至无进展的情况下,企业企图以产品差异来吸引顾客的效果就会大大下降。因为不同企业之间产品的技术会相互渗透,即出现"取长补短"时,会加速产品之间差异的缩小。在此情况下,争夺顾客的手段就只有靠价格了。(3)高于竞争者的价格。采用这一定价目标的企业,必须有产品及服务等多方面明显的优势,而且,这些优势又是竞争对手一时难以获得的。如独特的品牌形象和销售方式,或是更猛烈的广告宣传攻势;也可能是受到专利法的保护等。总之,采用高于竞争者价格为目标来应付竞争的企业,至少应具备某些竞争对手无法比拟的优势。如2006年在我国专业酒楼用调味料市场上异军突起的"劲霸"牌超浓缩鸡汁,其价格比同类竞争性产品高出近10%,就表现出这种特点。

以竞争为目标的定价,三种具体的定价目标之间没有绝对明显的界限,这主要是因为，竞争是一种动态存在，况且，竞争中不同企业之间的地位也在发生着微妙的变化。从提高企业经营效益的角度来说，如果每个企业都能准确地进行市场定位，那么，竞争就会效率更高。理想的、高效率的营销思路和手段，应该是尽量避免针锋相对的价格竞争，至少也应该是减少价格竞争的负面影响。因为针锋相对的价格战，往往容易导致两败俱伤的结果。能否找出避免正面价格战的方法呢？上面所阐述的三个具体定价目标，所给予的回答应该是肯定的。

但是，应该明白的是：定价目标，作为经营目标实现的手段之一，要发挥其作用，必须和企业的其他经营资源和目标相配合，不应单就价格讲定价，否则的话，即使经营目标正确，定价目标也合理，却不能产生良好的经营效果，这一点是务必要搞清楚的。

第二节　企业价格决策的程序

一、确定本企业产品或服务的目标市场

一个企业要实现较高的经营效益，首先要搞清楚自己的产品或服务是卖给哪些顾客的？这也是企业在制订产品或服务价格时必须着重考虑的。从微观经济学的角度来说，便是为谁而生产的问题。因为只有把握为谁而生产，才能决定生产什么？如何生产？是为学生而生产？还是为商人而生产？如果同样是生产鞋子，卖给学生的鞋子和卖给商人的鞋子，除了在用料、生产工艺等方面的区别之外，一个重要的区别就应该是价格。因为，不同的目标顾客，对同种商品，如所说的鞋子，其需求的诉求中心是有差异的。而要满足这样的需求差异，其结果就会造成价格的不同。另外，不同目标顾客的购买力水平差异，也要求企业在制订产品价格时，遵循价格—功能比的准则。

总而言之，企业在给产品定价之前，必须搞清楚该产品的目标顾客。因为顾客的购买力水平不同，决定其对特定价格的产品的接受程度不同。除了购买力水平之外，还有不同的目标顾客之间的消费习惯、社会风尚等都影响着顾客对产品的接受程度。

二、预测目标市场对产品的需求量

预测目标市场对产品的需求量，首先决定企业有无必要为该市场而生产，其次是生产多少。通常情况下，不同的价格会导致不同的需求量，进而影响着企业的销售目标。这种价格与需求量之间的关系称为需求的价格函数。这里所谓的需求量是指一定时期内，不同价格下的不同市场需求量。一般的，价格越低，需求

量越大;价格越高,需求量越小。但对某些产品来说,却也未必,如食盐等。而有些产品却是价格在一定的范围内越高,需求量却越大,如某些化妆品。之所以出现这种情况,是因为某些消费者认为,价格相对高些,产品会更高级一些。由此可见,价格是影响需求量的一个重要因素。但是,这只是需求与价格的简单关系。对于企业的目标顾客来说,一定价格的产品,他是否接受,还取决于顾客对该产品的价格—功能比的认识。这就是我们通常会遇到的"这个产品值这么多钱"或"这个产品不值这么多钱","这个产品真便宜"等评价。这种评价,反映了顾客的价格敏感性。

顾客的价格敏感性,主要受以下因素的影响:

产品独特性。产品越是独特,顾客的价格敏感性越小。一个极端的例子便是某些"稀世珍宝",如流传千年的"孤本"艺术作品。

寻找替代品的难易程度。某种产品替代品越容易觅得,顾客的价格敏感性越大;反之,则反是。

支出比例的影响。指购买某产品时支出额占顾客收入总额的比例。当顾客购买某产品的支出占其收入总额的比例越大时,其对价格的敏感性也越高。

分摊成本影响。当顾客应支付的价款中,部分由另一方分摊时,相对于由其全部支付时,敏感性下降。

付款方式影响。一定价格的产品,当顾客需要一次性付清货价时,相对于分期付款来说,价格敏感性较大。这种现象,在顾客支付能力有限,而产品单价相对较高时,表现更加明显。

先期投资影响。先期投资是以前已经花去的投资,并且这项投资的用途已经固定。先期投资的影响表现为,当面临的支出可以和先期投资相衔接时,则对面临支出的价格敏感性较小。如已经购买了高档组合视听器材后,虽然购买消耗品,如 CD、VCD 的单价不低,但消费者对其敏感性要小些。

质量观。对质量要求不同的顾客,其价格敏感性不同。通常是对质量要求苛刻的顾客相对于要求不那么苛刻的顾客来说,价格敏感度要低些。

在清楚目标顾客需求对价格的敏感程度和特点之后,就要预测其需求量。需求量的预测应按此步骤进行。

1. 市场上目标顾客的价格预期。用以满足目标市场顾客需求的产品,对于顾客来说,是否在一定程度上存在预期价格,对企业制订该产品的价格来说会起到"先入为主"的作用。

所谓的预期价格是指,特定产品在顾客心目中值多少钱的价格判断。另一方面,该产品的经销商也对产品的价格制订发生重要影响,这主要是因为,经销商的市场经验对价格判断具有更贴近实际的可能,并且其价格判断和企业所定价格的差距大小能影响其经销该产品的积极性。如果企业所欲定价格与上述两方面的价格预期,差距在企业能接受的范围内,那么企业应"顺水推舟";否则,就要运用一系列的营销因素及其恰当组合,来影响、校正其预期价格,使之达到企业目的。如增加产品的特点;选择有影响力的,并且有利于提高产品声望的销售渠道;恰到好处地加强产品形象塑造、提升品质等。此外较为行之有效的方法之一,便是将产品投放到不同范围的目标市场以不同的价格试销,以取得较准确的预期价格。

2. 测算不同价格条件下的销量。价格是影响需求量、也是影响销量的一个重要因素。测算不同价格下的需求量,常用方法有以下几种:

(1) 对现已在售产品的需求量预测。由于产品已在市场上销售,首先可运用直观判断法,即根据市场销量状况来判断;其次,可运用需求的价格弹性来推断。

(2) 对新产品的销量预测。经理评估。请企业主管销售、财务、制造和采购、研究等部门的经理在一起,让他们根据自己的经验和掌握的相关资料,提出销量预测。然后将其预测集中、比较,找出尽可能切合实际的预测结果。

(3) 综合销售人员意见。综合分析销售人员对可能销量的估计,在此基础上预测新产品市场销量。照此方法,地区销售经理先提出本辖区内销售人员预测结果,将所得数据与销售人员过去对新产品销售预测的准确程度进行比较、分析,然后经理参照自己的经验,提出辖区内销量预测结果。企业将各地区销售经理的汇总数作为企业的预测总销量。但是这种预测方法容易产生预测量过分偏低的结果,特别是在企业的销售人员薪金、奖金福利等支付办法和考核办法不周到的情况下,偏差的程度有可能更严重。因为销售人员认为,他们的预测量的大小,会影响到他将来要负责任的大小、压力的大小,因而倾向于保守估计。于是可能导致产量无法满足市场需求量,从而使企业丧失获得更多利润的机会。为此,企业可用一定的方法来修正预测结果。这一方法叫做悲观系数法。悲观系数是根据销售人员通过对新产品销量预测与实际达到销量之间差距计算出来的。各个销售人员的悲观系数的平均值,就是总悲观系数。用总悲观系数乘以被认为的保守新产品销量预测数,就可求得较准确的预测结果。运用综合销售人员预测法预测销量,要考虑这样两方面因素:第一,市场购买力集中程度。新产品的购买者是少数人集中购买,还是多数人分散购买。前一种情况,销售人员的预测,相对于后一种情况来说要准确些。第二,企业对销售人员的评价标准和办法。如果企业对销售人员的报酬、提升,只以其完成的推销任务为依据,不考虑他们对预测的准确程度,那么,销售人员是不会花太多的精力在预测工作上的,包括调查的深度、广度。因此,采用此法,一方面要销售人员深明预测的大义;另一方面要结合考评,将预测精确度作为评价其业绩的一个指标。唯有如此,才能掌握较准确的需求量,从而提高价格决策的准确性。

(4) 顾客调查。是指直接向顾客了解其购买欲望。当新产品的目标顾客较少时,这种方法较为行之有效。但其缺点在于,如果被调查者偏爱这种产品,会有夸大其购买计划的可能性;反之,则有可能低估该产品的销量。在实践中,可采取分组抽样调查的方法来克服上述两种倾向存在的不足。

(5)德尔菲法。又叫专家调查法。聘请该产品的相关专家,组成小组,请他们回答企业提出的有关该产品市场销量的问题,并总结其结论,反复论证,直到取得各方面都达成较为客观统一的共识时,进而确定预测销量结果。这种办法尤其适用于技术含量较高,专业性较强的新产品销量预测。

此外,还有许多有关市场销量的预测方法,都有其适用的内容。企业也可以同时运用几种方法进行预测,以不同方法下预测结果最为接近的销量作为价格决策的依据。

三、成本估计

在一定程度上,成本是企业制订产品价格的最下限。进行成本估计,是决定企业对产品进行价格决策的最重要的依据之一,也是可以直接量化的依据。除此之外,成本估计还可以影响到未来的降低成本的幅度和潜力。对成本进行估计,涉及到成本的分类和范围等内容。详细内容请参阅本书第三章中关于成本导向定价法的详细论述。

四、预测竞争者可能作出的反应

一个企业在制订产品价格时,除了直接涉及顾客、本企业以外,总会引起市场上直接相关或间接相关企业的反应。它们或是本企业产品的直接竞争者,或是间接竞争者。因此,当企业在进行价格决策时,还必须考虑到竞争者的影响,并把各种可能产生的影响作为制订价格的参数,才能全面、可行。对竞争者可能做出的反应的预测,来自以下几方面:

第一,同类产品生产者对本企业产品所定价格可能做出的反应。这种反应可从以下方面考察:实力与本企业相当,实力不及本企业,实力大于本企业。可能的竞争者实力不同,对本企业所作的反应是不同的,由此,也影响着本企业的价格决策。

第二,本企业替代产品生产者的反应。因为替代产品的价格影响着顾客的购买选择。此外,替代产品的性能以及替代产品的价格—功能比都将产生影响。

第三,与本企业产品没有直接关系,但顾客相同的企业,对本企业决策的可能反应。这里所谓的顾客相同,是指不同企业、出售不同的产品给同一个顾客。如一个顾客他可能是甲企业电冰箱的购买者、乙企业电风扇的购买者。对来自相同目标顾客对企业价格决策反应的考虑,主要是因为,不同企业间的产品价格,影响着顾客的货币支付方向和支付比例。这在顾客资产理论中,被称作钱包的份额(share of wallet),意指顾客购买力支出的份额。预测竞争者可能做出的反应,目的是要求企业在实施价格决策时更周到准确。

五、制订在目标市场上的占有率目标

企业在目标市场上产品的市场占有率高低,在一定程度内制约着其价格行为。企业若以保持既定的市场占有率为目标,那么其价格行为和价格,与欲提高市场占有率相比,肯定是不同的。并且,在维护或提高市场占有率目标方面,要使企业的价格行为与非价格行为协同努力,以帮助实现目标,如采用强化产品形象差异的宣传、广告等活动,而不宜只采取价格竞争的方法。

企业扩大市场占有率的努力,必须考虑以下三方面因素:

第一,企业的生产能力。如果实行低价渗透政策,而且市场销量也增加了,企业的生产能力,是否能满足销量扩大后增加订货的需要?或是协作企业能否接受企业发出的订单?如果企业内部、外部生产能力无法接受增加需求量的订单,则会因为不能满足顾客的要求而损害企业的形象。

第二,增加企业生产能力的得失。如果企业提高市场占有率的努力进展顺利,为了保证供货,企业可能要扩大生产能力而进行投资。这时,就必须考虑得失。首先是近期的得失,其次是长期得失。如需求增加的势头能保持很久,为此而进行的追加投资成本,包括机会成本、收益是否可以在该产品的目标市场上收回等。

第三,竞争状况。如市场竞争激烈,力图扩大市场占有率的目标,可能要做出某种程度的调整。

六、其他相关因素

其他相关因素包括:币值的变化、投资回收时间以及在可以预见范围内的政府有关产品、财政、金融等政策因素。这些因素或是直接、或是间接地影响到企业为其产品的价格制订。如币值的变化、货币的时间价值以及经济运行中的周期性等。这方面的详细论述,请参阅本书第二章"企业价格决策的影响因素"中有关论述。

七、拟订可行性定价方案

企业在制订价格时,综合上述各方面内容之后,便是拟订定价方案,并且力求切实可行。为了达到这一点,企业应准备几套方案备选。

可行性方案的拟订应包括两个层次的内容:首先,拟订价格实施方案。如:是以减少服务对象,占领市场中效率最高的部分,还是以低价渗透进入市场,亦或是在避免竞争的情况下实施。其次,根据定价目标,选择相应的定价方法。此外,可行性定价方案的拟订,应有三个方面的基本要求:

第一,要有充足的资料,拟订多个备选方案,并且建立方案的评价标准,以便择优采用。

第二,备选方案的内容,应有足够的差异,各个方案应有显著特点,否则,就失去了备选的意义。

第三,备选方案应内容完整,需要包括对实施效果的预测,以便供决策者参考。

八、制订产品价格

在确定定价方案之后,就应该在众多可供选择的定价方法中,选取与定价目标相应的定价方法,制订出基础价格。定价方法包括成本导向定价法、需求导向定价法和竞争导向定价法。基础价格是企业价格实施的重要依据之一。在此基础上,根据市场状况,运用恰当的价格技巧即价格策略,来帮助实现定价目标。

九、价格的实施、管理与调整

在既定的定价目标基础上,运用相应的定价方法确定的基础价格,便是企业面对市场的标准价格,它是一个量化的,而又相对稳定的具体价格。但在实施过程中,还需结合市场情况,运用相辅相成的价格策略,使基础价格更适应市场状况,更富有灵活性。如成本定价法确定了基础价格可能是:一只普通自来水笔2元钱。但在实施过程中,运用心理定价策略,可将其订为 2.17 元或 1.97 元。前者给顾客以准确、无欺之感,后者给顾客以价廉的感觉。

此外,基础价格的制订是未经市场检验的,随着价格在市场上的表现,企业应不失时机地进行必要的调整。如随着生产经验的积累和工艺的完善,成本可能下降了,为了吸引更多的顾客,或给顾客良好的企业形象,对某些产品的价格,要进行调整;或为了面对特殊的竞争格局,也要进行价格调整。

除此之外,在经销商标价时,应不放松对此的管理。如经销商为了争取更优惠的厂方折扣,可能单方面降低售价,进而影响到其他经销商的销量和利益。还有的经销商可能私自抬高零售、批发价格,从而增加企业产品在市场上的销售阻力。这些都需要企业进行有效的管理。关于企业价格管理在本书的第十一章中将有专门论述。

总之,企业价格决策的程序是决定企业价格是否科学、合理、可行的一个必不可少的过程。这些程序从理论上来说是缺一不可的。但是,有些企业,有些产品的价格制订不一定非要经过上述程序的每一环节。这是因为,在某些情况下,价格决策人员的决策实践经历了一个长期累积的过程,自觉或不自觉地在贯彻上述程序。如小型零售企业,其销售产品的价格制订和调整,都是在销售过程中完成的。因此,对不同类型的企业及其产品来说,要具体对待,不可拘泥于此。

第二章　企业价格决策的影响因素

第一节　企业价格决策的理论依据

一、价格的质的基础内涵是价值

在市场经济条件下,商品交换是一种普遍存在的社会现象,而交换的依据就是价格。那么,价格是什么呢？对此我们需要从商品本身谈起。

马克思在《资本论》中告诉我们：商品是用于交换的劳动产品,具有使用价值和价值二重属性。作为使用价值,说明商品有一定的使用特性,它取决于生产商品的具体劳动形式；作为价值,说明商品是一定的劳动产品,是撇开劳动的具体形式的一般人类抽象劳动的凝结物。拥有不同的使用价值的商品之间所以能够进行交换,正是由于它们都具有某种特性,即它们都是人类抽象劳动的成果,也就是说它们都具有价值。在商品实际交换过程中,其价值必须以适当的形式表现出来。在货币存在的条件下,商品价值就是用货币表现的。商品价值的货币表现就是价格。有了价格,商品就可以进行交换了。相反,如果某一物品,不是人类抽象劳动的产物,不具有价值,就不能表现出一定的价格,就不能进行交换。由此可见,价格是价值的货币表现。价格的存在是以商品中存在的价值为基础的,价格的这一质的规定就决定了价格的形成和运动,必然要受到价值的制约。

二、价格的量的基础内涵是价值量

事实上,生产不同使用价值的商品所花费的劳动在量上是不同的,即其中包含的价值存在着量的差异,这种差异用货币表现出来,就会形成不同使用价值的商品在价格上的高低不同。显然,价格的量的基础内涵在于价值量。

根据马克思的价值规律原理,我们可以进一步认识一下价值量的有关问题。马克思说：商品交换要以价值量为基础,实行等价交换,而价值量是由生产某种商品的社会必要劳动时间决定的。这种劳动时间有双层含义。

第一层含义的社会必要劳动时间,是指生产某种商品中的每一单位商品所耗费的社会平均必要劳动时间；即在现有社会正常的生产条件下,在社会平均的劳动熟练程度和劳动强度下,生产单位使用价值所耗费的劳动时间。为了满足社会的需要,同一种商品往往有许多生产者共同生产,但由于他们的生产条件、技术和管理水平不同,他们生产同一种商品所消耗的个别劳动时间自然也就不一样。而社会必要劳动时间基本上可以反映其中大多数生产者所消耗的劳动时间,以它作为确定商品价值量的唯一尺度,进而决定商品的价格的高低,可以体现等价交换的原则。

第二层含义的社会必要劳动时间,是指生产某种商品总量所需要的必要劳动时间,即在社会总劳动时间中按一定比例确定的生产社会所需要的某种商品的总劳动时间。它取决于生产单位商品所需要的社会必要劳动时间,和该商品的社会需要总量。从整个社会来看,生产某种商品所耗费的总的劳动时间,必须与社会总劳动中分配给生产该种商品的总的劳动时间相符合,以保证社会生产全部为社会所承认,价格价值相符,商品价值如实得到实现。如果超过了,超过部分就得不到社会承认,造成浪费,或者导致单位商品中的价值含量过高,超过了第一层含义的社会必要劳动时间所决定的价值量,使商品价格低于价值;如果不够,就意味着这种商品的生产量不能满足社会的需要,社会所承认的价值大于商品内含的价值,导致商品价格高于价值。这两种情况下,都不能使商品价值如实得到实现。

两层含义的社会必要劳动时间之间是价值形成与价值实现的关系,是辩证统一的,商品的价值量取决于社会必要劳动时间,是以这种商品的社会需要为前提的,它们是社会必要劳动时间不可分离的两个方面。参与交换的商品的价格的高低从理论上讲,就取决于这样的社会必要劳动时间决定的价值量。

三、价格波动的轴心是价值

价格是价值的货币表现形式,以价值为基础,但并不等于价格与价值在任何情况下都是完全一致的,实际上,价格与价值存在着经常性的偏离。其原因在于:

1. 生产某种商品所耗费的个别劳动时间与社会必要劳动时间之间存在着差异。对每个生产企业来说,由于他们的生产技术条件不同,他们生产同一种商品耗费的时间是不一样的,而他们都只能以由社会必要劳动时间决定的价值量决定的价格来出售自己的产品,这就出现了价格与价值的偏离。

2. 在社会实践中,社会必要劳动时间不是固定不变的。商品的生产者生产某种商品的技术熟练程度的提高、社会科技水平的发展以及自然条件的变化等,都会影响劳动生产率的变化,进而影响生产商品的劳动时间的变化,即价值量的变化,于是,由原来的价值量决定的价格就与新的价值量之间产生了偏离。

3. 从社会总劳动时间中的分配情况来看,是以社会对某种商品的需要量为前提的,而这种需要量会与社会的实际需要量之间存在差异。因为社会对某种商品的实际需要量总是在不断变化着的。这样,便会引起社会对某种商品所承认的价格与该商品的实际价值之间产生差异,进而导致商品的价格与价值产生偏离。

所以,价格与价值的偏离是经常的、绝对的,一致则是偶然的、相对的。这种偏离表现为价格围绕着价值上下波动,从不离开价值这个轴心,这是价值规律所决定的。按照价值规律的要求,商品交换必须以价值为基础,实行等价交换。价值规律的这种"自然力"作用于商品生产和商品交换就表现为对价格的强制力,从而迫使价格在形成过程中不断地趋向价值,离不开价值这一轴心。这种现象恰好又是价值规律发挥作用的重要条件。正如恩格斯所指出的:商品的价格对商品的价值不断偏离是一个必要条件,只有在这个条件下并由于这个条件,商品价值才能存在,只有通过竞争的波动从而通过商品价格的波动,商品生产的价值规律才能得到贯彻,社会必要劳动时间决定商品价值这一点才能成为现实。

第二节　企业价格形成的影响因素

一、价格形成与市场供求

价格的形成以价值为基础,但价格的最后实际形成与实现并不只由价值所决定。任何商品价格都需要通过市场来表现和实现,必然受到市场供求状况的影响。也就是说,在企业产品定价中,必须考虑该产品的市场供应和市场需求状况。

(一)市场供应的含义

市场供应是指社会在一定时期内提供给市场的全部商品量,或一定时期内在市场上待出售的商品的总和。它包含三方面的内容:第一,它是生产者在一定价格水平上愿意向消费者提供的商品数量,而不是实际出售的数量;第二,它是生产者能够出售的商品数量,是一种有效供应;第三,它是一个变量,是一种以一定时期来衡量的数量。

市场供应的变化要受以下因素的影响:

1. 企业的生产技术条件。企业的生产技术条件是影响商品可供量的决定性因素。科技的发展,工艺的改进,管理的加强,均能提高企业的生产效率,使得产品的可供量增加。

2. 商品的价格。价格的高低关系着企业获利的程度,从而影响着企业的生产积极性。价格高,企业获利多,生产积极性高,便会扩大生产规模,进而使产品的可供量增加;反之,就会减少产品的供应量。

3. 相关商品的价格。彼此替代或可以搭配在一起的商品的价格,也会影响到企业对于某种产品的供给。以服装生产企业为例,一个服装企业,一般会生产几种不同的服装,如果某种服装的价格上升了,而其他服装的价格没变,那么企业便会将主要精力放在涨价了的服装的生产上,这样便扩大了该产品的生产规模,从而增加了其市场供应量。

4. 生产要素的价格。生产某种产品的生产要素的价格,会直接影响该产品的成本及利润,从而影响该产品的生产量及供应量。在企业投入资金一定的前提下,如果其产品的生产原料的价格较低,就会降低该产品成本,且该产品的生产规模会得到适当扩大,进而增加其市场的供应量;相反,要减少其市场的供应量。

以上可以看出,价格是影响供应量的一个重要因素。一般说来,如果其他条件不变,价格与供应量成正比例变化。价格上升,供应量增加;价格下降,供应量减少。但是,不同商品的供应量受价格影响而变动的程度不同,即价格对于供应量的调节弹性是不同的。

(二)市场需求的含义

市场需求是指在一定时期内,所有消费者愿意并且有货币支付能力购买的商品的总量。它也包含三方面的内容:第一,它是消费者在一定的价格水平上愿意购买的商品的数量;第二,它是消费者有支付能力的需求,是以一定的货币支付能力为基础的,是一种有效需求;第三,它是一个变量,是以一定时期来衡量的量。

从一个社会来看,市场需求可以分为生产需求和生活需求。生产需求是在一定生产条件下,由技术构成和分工协作关系决定的;生活需求是在一定的生产力水平和经济收入情况下,由消费者的生理需求、消费构成、消费水平、消费者人数等因素决定。由于生产需求归根到底是由生活需求决定的,所以这里我们主要介绍生活需求与价格之间的关系。具体的说,影响和决定生活需求的因素主要有以下几点:

1. 消费者的爱好和习惯。不同的消费者,由于年龄、性别、受教育程度、所处社会阶层的不同,其爱好和习惯也不相同,表现在对商品种类及数量的需求相差悬殊。儿童需要较多的玩具,老人需要较多的保健品,男性需要剃须刀,女性需要较多的化妆品和连衣裙等等。

2. 消费者的收入水平。购买力的大小,需求水平的高低,主要取决于消费者收入水平的高低。不同收入水平的消费者,对商品种类及数量的需求也存在着明显差异。低收入者,在某些商品的购买过程中,可能更注重其价廉;而高收入者在购买某些商品时,可能更注重其象征性意义或期望的特征,而愿意支付更高的价格。

3. 人口的数量。一定地区的市场上对生活消费品的需求量,与该地区的人口数量是成正比例变化的。人口越多,需求量就越大;反之就越小。

4. 商品的价格。一般说来,市场上某种商品的需求量与该商品价格水平成反比。价格上升,需求量减少;价格下降,需求量增加。

5. 相关商品的价格。互为替代或者彼此搭配使用的商品中,某一商品的价格变动,就会影响到消费者对别的商品的需求状况。如肥皂和洗衣粉在使用中可以相互替代,如果肥皂的价格过高,那么消费者对洗衣粉的需求就会增加;如果肥皂的价格下降,那么消费者就会减少对洗衣粉的需求,而增加对肥皂的需求。DVD(VCD)播放机和碟片是彼此搭配使用的商品,DVD(VCD)机的价格下降了,消费者对碟片的购买就可能增加,随之便会增加对碟片的需求。

以上分析可以看出,价格也是影响需求量的一个重要因素。但不同的商品需求量受价格的影响而变动的程度是不一样的,即价格对需求调节具有不同的弹性。一般的,需求弹性大的商品,受价格调节的弹性就大;需求弹性小的商品,受价格调节的弹性就小。

（三）市场供求对商品价格的影响

我们已经知道,商品价格是影响市场供求的重要因素。但反过来市场供求对商品价格并不是完全被动的。其两者之间存在着相互影响、相互制约的规律,这就是供求规律。其基本内容是:一切商品价格都必须凭借一定的商品供求关系来形成或实现,市场上业已形成的商品供求关系必然会对商品价格的形成起直接影响作用。这种作用在市场经济条件下,表现为商品供不应求就涨价,供过于求就降价;在价格由国家控制的条件下,表现为商品供不应求就存在涨价的压力,供过于求就存在降价的压力。

市场的主要特点之一,就是商品买卖双方对其交易行为,即买卖都具有一定的自主权。这种自主权使市场商品买卖表现为买卖双方的共同意愿,而商品买卖能否实现,既取决于商品的供求也取决于商品的价格。供求变化与价格变化是互为因果的。在商品供不应求的情况下,市场竞争就表现为买卖双方的竞争,卖方因商品供不应求,总是千方百计地将自己商品以较高的价格出售,而买方唯恐买不到商品,一个买者比一个买者愿意出更高的价格争购,从而使商品价格呈上升的趋势;在商品供过于求的情况下,市场竞争就转化为卖方之间的竞争为主,这时,商品生产者或经营者唯恐商品积压,会竞相降价促销,从而使商品价格呈现不断下降的趋势。

事实上,以上变化是形成一种反向循环的,即供不应求导致价格上升,而价格上升,引起供过与求;供过于求,导致价格下降,价格下降,又形成供不应求。在这样一种循环变化过程中,有时会出现供应与需求基本一致的现象,也就是供求平衡,那时商品的价格就相对适中。价格与供求之间的这种循环变化,正是价格围绕着价值这一轴心上下波动的现实反应。当供不应求时,价格向下背离价值,价格低于价值;当供过于求时,价格向上背离价值,价格高于价值;只有当供求平衡时,价格才与价值相符合。可以说,供求之间的变化决定了价格围绕着价值上下波动,这是供求对价格的影响之一。

供求对价格的影响之二,是供求之间的变化影响着价格背离价值的幅度。也就是说,供求不平衡的程度决定的价格向上向下背离价值的幅度。供求不平衡的现象越严重,价格背离价值的幅度就越大。

可见,市场上某种商品的实际价格水平直接由市场上表现出来的该商品的供求状况决定。因此,企业在进行价格决策时,必须十分重视供求关系这一重要因素,认真研究市场供求关系及变化趋势,使企业的产品价格适应市场供求变化,反映市场供求状况。

二、价格形成与货币

价格是价值的货币表现形式,因此,价格的形成必然与货币有着一定的关系。

（一）货币价值对价格形成的影响

货币是一种独立的、长期的、固定的充当一般等价物的特殊商品,也具有使用价值和价值。其使用价值在于它是一般等价物,用它可以购买到其他商品;其价值在于它也是人类一般劳动的凝结物。货币的价值量和其他商品一样,也是由生产它的社会必要劳动时间决定的。价格是价值的货币表现形式,它反映了商品的价值与单位货币价值的比例关系。所以价格的高低,一方面取决于商品价值量的大小,另一方面又取决于货币价值量的大小。这里我们从两个方面来分析价值对价格的影响。

第一,假定商品价值量不变,那么价格的高低变动就受到货币价值量变动的制约。这种制约表现为,商品价格同货币价值之间呈反比例变动。即货币的价值量提高,则商品的价格下降;货币的价值量减少,则商品的价格上升;货币的价值量不变,则商品的价格不变。

第二,假定商品的价值量与货币的价值量同时变化。这里面又有两种情况。即两者变动的方向一致和方向不一致。在两者变动的方向一致的前提下,如果货币价值量增长幅度大于商品价值量的增长幅度,则商品价格下降;如果货币价值量的增长小于商品价值量的增长幅度,则商品价格上升;如果货币价值量的增长幅度与商品价值量的增长幅度相同,则商品价格不变。在两者变动的方向不一致的前提下,如果货币价值量增长,商品价值量下降,则商品价格下降;如果货币价值量下降,商品价值量增长,则商品价格上升。

（二）货币供应量对价格的影响

货币供应量是货币在实现商品价值运动过程中的流通手段和支付手段的量。由于货币是商品交换过程的产物,是从商品中分离出来作为社会公认的一般等价物,所以商品流通决定货币流通。根据货币流通规律:执行流通手段职能的货币量决定于流通中商品的价格总额和货币流通的平均速度。其中流通中的商品的价格总额等于社会平均单位商品价格和商品流通量的乘积。

据此,我们可以这么理解,若其他条件不变,货币供应量发生变化,会在价格

21世纪经济与管理精品丛书

变动中获得相应的反映。这种反映在金属货币流通条件下与纸币流通条件下是不同的。

1. 在金属货币流通的条件下,货币的价值取决于金属本身的内在的价值量,金银价值的变动会引起商品价格的变动。如果黄金的价值降低了 50%,在其他条件不变的情况下,以黄金表现的价格就要上涨 1 倍。但社会所拥有的黄金数量,对商品价格的变动没有影响。因为,金属货币本身具有储藏手段的职能,它自己可以调节市场需要量,从而使流通中的货币量与执行流通手段职能的货币量自动地相适应。

2. 在纸币流通的条件下,由于纸币是国家发行并强制作为流通手段的价值符号,它本身没有价值,只是代表金属货币执行流通手段的职能。当纸币流通量与它所代表的金属货币量相符合时,纸币的价格就与它所代表的金属货币的价格相等即平值,商品价格不变;当纸币流通量超过它所代表的金属货币量时,纸币就会贬值,商品价格就会上涨;当纸币流通量少于它所代表的金属货币量时,纸币就会升值,价格则要下降。

事实上,在纸币流通速度不变的情况下,纸币的供应量的变化对币值及价格水平的影响主要有以下几种情况:

(1) 纸币供应量不变,但商品可供量增加,这时币值提高,价格水平下降。

(2) 纸币供应量增加,但低于商品可供量的增长幅度,这时币值提高,价格水平下降。

(3) 纸币供应量增加,商品可供量不变,这时币值下降,价格水平上升。

(4) 纸币供应量增加,并高于商品可供量,这时币值下降,价格水平上升。

(5) 纸币供应量与商品可供量保持等比例增长,这时币值稳定,价格水平也相对稳定。

在现实经济生活中,影响货币供应量的因素主要有:国家财政和银行信贷。因此它们对价格也都会产生影响。

三、价格形成与市场竞争

市场竞争是市场经济的一个重要特征。由于市场供求之间的差距,使商品生产者之间、生产者和消费者之间以及消费者之间都会产生经济利益上的矛盾。为了竞相实现他们各自的经济利益,就产生了市场竞争。在市场竞争中,最传统的也是最简单的,因而是最重要的竞争方式就是价格竞争,即通过对企业的产品价格进行调整,来参与市场竞争。

市场竞争对价格形成的影响作用是多方面的。首先,市场竞争是社会平均利润率形成的重要条件。由于市场竞争在部门内部、部门之间的充分展开,资本和劳动力便冲破部门、地区的束缚,在各个产业之间自由转移,其结果使各个部门、

21世纪经济与管理精品丛书

产业的利润率趋向平均化,从而形成生产价格,成为价格形成的基础。同时市场竞争的范围还影响价值转化形态生产价格形成的范围,市场竞争在多大范围进行,生产价格就在多大范围内形成。其次,是供求关系影响价格水平的一般条件。当供给增大,需求小于供给时,市场上商品出现积压,生产者竞相出售,市场价格就要下降;反之,当需求大于供给时,消费者竞相购买,生产者就会提高价格,从而使市场竞争成为供求影响价格水平的条件。最后,市场竞争也是控制价格总水平的有效工具。这是由于市场竞争有利于促使生产者竞相降低成本,从而有利于降低整个社会的价格总水平。

从以上分析可见,竞争对价格形成有重要的影响。

四、价格形成与国家政策

价格作为商品生产和交换发展的产物,必然要反映一定的交换关系,体现不同交换者的意志。政府作为社会经济的领导者和组织者,为了使整个社会的经济协调发展,必然要通过制订一系列的政策、法律、法规等来对社会再生产活动进行有效的调节和控制,其中也有必要对价格的形成施加直接和间接的影响。

政府政策对价格形成的直接影响主要是通过政府对商品价格的直接管理,即直接定价来实现的。凡是关系到国计民生的重要商品的价格或劳务收费需要从宏观上来控制,不能由生产经营者直接定价,而是由政府的有关部门来制订,以保证国民经济的协调发展,稳定和提高人民生活水平。

政府政策对价格形成的间接影响主要是指政府通过实施一定的经济政策对商品生产经营者的价格行为和市场价格进行引导和制约,从而对价格的形成产生影响。这就是:

1. 价格政策的影响。如按质论价政策,农产品收购的最低限价和某些工业品销售的最高限价政策,工农业品等价交换政策等。

2. 货币政策的影响。在政府实行通货膨胀政策时,必然导致市场价格上涨,实行紧缩通货政策时,又会导致市场价格下降。

3. 财政政策的影响。在政府对某些商品的生产者或经营者实行补贴政策时,可以抑制价格的提高和稳定价格。政府通过对税收的调整也会在一定程度上对价格的形成产生影响。

4. 投资政策的影响。政府通过对不同产业部门或行业实施不同的投资政策,调节不同产业部门或行业产品的供求,从而调节和影响不同产业部门或行业的价格的形成。

五、价格形成与国际市场行情

随着改革开放的不断扩大,我国的国内市场已成为国际市场的一个重要的组

成部分,通过商品的进出口,国内市场上的商品价格必然要受到国际市场行情的影响。这表现在以下方面:

第一,当国内生产的商品在国际市场上卖价较高时,各外贸企业为了能扩大出口数量,就会在国内竞相收购,从而驱使国内该产品的需求上升,价格上涨。反之则需求下降,价格下跌。

第二,当进口商品在国际市场上买价较低,而国内市场上卖价较高时,就可能引起外贸企业争相进口,其他途径的进口也会增加,从而影响国内同类商品的市场销售,价格出现下跌现象。

随着我国外贸事业的发展,我国的国内市场将更多地受到国际市场的影响。我们要采取适当的经济措施,缩小国内市场与国际市场价格的差距,逐步使国内市场价格同国际市场价格接轨。

六、价格形成与技术进步

从一个国家或地区来看,整体技术水平的提高,必然促进这个国家或地区的生产能力的增强,从而促进社会生产效率的提高,使社会生产成本下降,社会价格总水平也就随之下降。就一个企业来说,技术进步也会提高企业的劳动生产效率,从而降低企业生产成本,促进企业降低产品价格,提高产品的市场竞争能力。

第三节　企业价格的构成要素

一、价格构成与价值构成

价值是价格形成的基础,价格是价值的货币表现。所以,价格构成的基础是价值构成,价格构成实质上是价值构成的反映。

(一)价值构成

一切商品价值都是人类抽象劳动的凝结,是在商品生产过程中形成的。商品的生产过程,是劳动过程和价值形成过程的统一。要进行生产劳动,必须具备三个要素,即劳动者、劳动对象和劳动资料。劳动者是进行劳动的主观条件,劳动对象和劳动资料是进行劳动的客观条件和吸收新劳动的物质基础。只有这三者的有机结合,才能进行生产。通过生产,劳动者支出自己的脑力和体力,并通过劳动资料传导于劳动对象,从而形成新的价值,即新商品。

因此,在新商品的价值构成中包括两大部分。一部分是劳动者在生产过程中付出的劳动,凝结在新商品中而创造的价值,即活劳动的价值,它受社会分配因素的制约而必须分为两部分:一是劳动者为自己劳动所创造的价值,通常用字母

"V"表示;二是劳动者为社会劳动所创造的价值,通常用字母"M"表示。另一部分是在生产过程中,劳动者消耗掉的劳动对象和劳动资料的价值,它转移到新的商品中而形成的新价值,即物化劳动的价值,通常用字母"C"表示。

以上是生产领域的价值构成。但商品生产出来后,还必须通过流通才能进入消费,实现其价值。而商品要完成流通过程,也必须耗费一定的劳动。这部分劳动是生产过程在流通领域中的继续,所以,其价值也必须分为活劳动价值"V+M"和物化劳动价值"C"。

因此,商品的价值构成应该是生产领域创造的价值 C、V、M 和流通领域追加的价值 C、V、M 的全部。

考察商品的价值构成,有利于搞好经济核算,合理安排社会再生产过程中的活劳动和物化劳动的比例关系,使宏观的国民收入分配形成机制,得以合理化,从而可以改善企业和社会的经济利益分配格局,使整个社会范围的经济福利得以提高。

(二)价格构成与价值构成的关系

1. 价格构成与价值构成具有一致的关系。理论上,价值作为价格的内容,价格作为价值的形式,它们是一一对应的关系。因此价值构成的各个部分的货币表现即为价格构成的各个组成部分。

价值构成中的物化劳动价值"C"的货币表现称为原材料费用,劳动者为自己劳动所创造的价值"V"的货币表现称为人工费用,这两部分价值转化为货币形式后,就共同组成了商品价格构成中的生产成本。价值构成中的劳动者为社会劳动所创造的价值"M"中的一部分货币表现为企业所得的利润,另一部分货币表现为生产税金。而流通领域中追加的价值,是为完成商品流通,实现商品价值所必需的,其货币表现则为流通费用。

弄清楚这些结构,是为制订合理的价格提供科学的经济依据。

2. 价格构成与价值构成具有不一致的可能性。在实际经济生活中,单个商品的价格不一定完全等于其价值,即单个商品价格构成的每部分都不一定与其价值构成的每部分等同,它们之间存在着价格构成背离价值构成的不一致的可能性。这是因为影响价格变化的因素不一定影响价值。某个产品,一旦被制造出来,成为成品,它的价值在一定的时空里,就是一个结果。由此,企业可以有意识地利用这种不一致关系来适应市场供求状况,增强企业在市场上的竞争能力。

二、价格构成分析

(一)生产成本

生产成本是构成价格的基本因素。它是商品在生产过程中消耗的生产资料的价值和劳动者为自己劳动所创造的价值的货币表现。也就是指商品生产所消耗的全部费用,包括原材料、辅助材料、燃料、动力、工资及附加工资、固定资产折旧、管理费用等等。

从理论上来说,生产成本是制订价格的最低经济界限。在商品生产过程中,必须支出一定的生产成本,它要通过价格收回。这是保证生产活动正常进行的最基本、最必要的条件。只有商品价格以生产成本为最低经济界限,才能使支出的生产成本得以补偿,生产过程才能不间断地进行下去,社会简单再生产才能得以维持。如果商品以低于其生产成本的价格出售,已消耗的生产成本就不能得到应有的补偿,长此以往,再生产就不能延续。因此,从理论上来说,企业在制订产品价格时必须以生产成本为最低经济界限,价格高于成本,全面反映商品价值($C+V+M$)的要求,以补偿生产成本的支出和盈利,为扩大再生产创造条件。生产成本指的不是个别企业的成本,而是某个部门或行业的平均成本,即社会成本。它是社会上生产同类商品的各个企业的个别成本的加权平均值,是在正常生产、合理经营条件下生产同类商品的中等生产条件和社会必要劳动耗费。能够比较正确地反映商品价值。那些个别成本低于社会平均成本的企业将会拥有较强的竞争力,而那些个别成本高于社会平均成本的企业,将会在竞争中有被淘汰的可能,最终使得有限的资源流向那些使用效率更高的企业,从而使全社会范围内的资源利用效率得到提高。以社会生产成本为定价的基本依据,才能使部门的平均成本获得补偿,并在此基础上保证国家、生产经营单位获得合理的利益。

（二）流通费用

流通费用是构成价格的重要内容。它是商品从生产领域转移到消费领域过程中所消耗的劳动价值的货币表现。它分为生产性流通费用和纯粹流通费用两大类。

生产性流通费用主要是指生产过程在流通领域继续追加的物化劳动价值和商业劳动者为自己劳动所创造价值的货币表现,与商品的使用价值相联系,即由商品使用价值的运动引起的运输、装卸、包装、保管、保险等生产性费用。它增加商品价值,参与其价值的形成,它的支出追加在商品价值中并随着商品价值实现而得到补偿。

纯粹流通费用是指与生产过程无关的,为实现商品价值所支出的劳动消耗的货币表现,即与商品买卖相联系的由商品价值形态变化引起的广告、簿记、通讯等非生产性费用。它不增加商品价值,但这种劳动耗费是社会再生产所必需的。因此,这部分耗费由劳动者为社会劳动所创造的价值来补偿。

商品价格中流通费用的大小,影响着价格水平的高低。正确核算流通费用,才能使商品价格定得合理。同时,正确核算商品价格中的纯粹流通费用还可以促进商品流通企业不断改善经营管理,加强经济核算,节约开支。

制订价格考虑的流通费用与会计核算的流通费用项目是不尽相同的。财会部门按流通费用的发生额进行核算,而组成商品价格中的流通费用,则是按照商品在正常经营条件下的中等合理水平为标准进行计算的。根据物价管理的要求,计价费用既要简便易行,又要准确合理。因此,商品流通费用的核算项目主要选择经营费用、管理费用、财务费用中的重要项目进行核算,主要有运杂费、包装费、保管费、利息、商品损耗和经营管理费等六个项目。

（三）利润

利润是价格构成中的一个重要因素。它是劳动者为社会所创造的价值中归企业所有的那部分价值的货币表现,是价格中扣除生产成本、流通费用和税金后的余额。利润是企业积累的重要来源。它是反映企业经济活动效果的重要指标,直接关系到企业和职工的切身经济利益。合理确定价格中的利润,对于兼顾各方面的利益,调动一切积极因素,促进生产发展,扩大商品流通具有重要的意义。

利润在价格中的作用在于:在价格中的生产成本、流通费用和税金等要素不变的情况下,利润的大小与价格的高低成正比例关系。利润定得高,价格就高;利润定得低,价格就低。反过来,价格高,利润就高;价格低,利润就低。但高价会加重消费者的负担,导致消费者减少购买;高价带来的高额利润会吸引其他企业加入生产和经营,从而加剧市场竞争,降低企业的市场占有率,反过来又可能使企业的总利润下降。所以,合理确定企业利润水平,进而合理制订价格,对企业来说是非常必要的。

在价格一定的条件下,利润与生产成本和流通费用额是成反比例关系的,所以,企业可以通过降低生产成本和流通费用额来增加企业利润。这样既有利于企业提高经济效益,又有利于降低生产成本和流通费用,节约社会劳动。

（四）税金

税金是价格构成中的又一个重要因素。它是劳动者为社会所创造的价值中归国家所有的那部分价值的货币表现。税金是国家凭借政治权力,由国家有关单位,依照税法所规定的标准,强制地向有纳税义务的单位和个人征收的预算缴款,是国家财政收入的主要来源。具有强制性、固定性、无偿性的特点。从企业经营的角度来看,这部分价值必须通过商品价格得到补偿。

作为价格构成中的一个重要的组成部分,税金的变动直接影响企业价格水平的变动。对于某种商品来说,当税率已定时,商品价格必须以成本加相应的税额为最低界限,才能使企业维持原有生产,否则就可能导致企业经营亏损。

在价格与成本已定时,价格中的税金和利润相互消长。税率提高使企业利润减少;反之,税率下降则使企业利润增加。由于价格中的税金和利润的相互消长关系,使税收的增减变动直接影响企业的经济效益,成为调节微观经济活动的重要杠杆之一。

需要说明的是,价格构成中的税金是指价内税。其计税依据是生产经营者的生产经营收入。它包括营业税、消费税、关税、城市维护建设税以及一些特殊时期的附加税费等。

（五）企业价格决策的操作空间

如图 2-1 所示，结合前文的分析，我们知道，从理论上来看，企业价格决策的空间较大，特殊情况下，只要顾客超出变动成本的出价，企业就可以接受；企业最高销售价格是由市场需求决定的。因此，企业价格决策空间如图中虚线部分所示。但在实际操作中，一方面，由于出于对利润的追求，企业多数情况下不会满足于价格仅弥补了变动成本，另外政府相关法规也会对企业的价格竞争进行指导和限制；另一方面，由于竞争等因素，企业也不可能时刻以市场对该类产品可接受的最高价格销售此类产品。因此，企业的实际可操作的定价空间是被压缩了的。

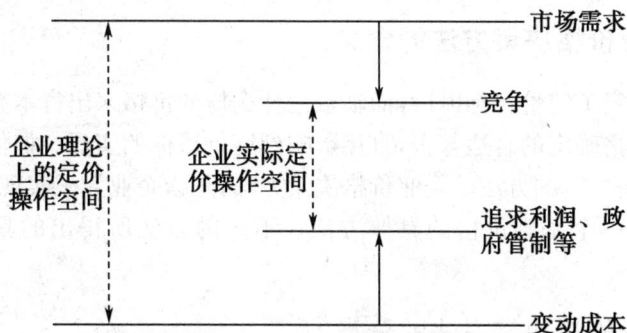

图 2-1　企业价格制订的操作空间层次

21 世纪经济与管理精品丛书

第三章　企业价格决策的方法

第一节　企业价格决策方法概述

一、企业价格决策方法的含义

企业在确定了定价目标以后,面临着用什么样的价格来出售本企业的产品的现实问题。价格确定的合适与否,直接影响到定价目标的实现。如何确定具体的价格,需要运用一定的方法。企业价格决策方法,是指企业为了实现定价目标,给自己产品制订一个基础价格的具体方法。不同的方法所得出的具体价格是不同的。

二、企业价格决策方法的分类

企业价格决策的方法,从不同的角度来看,由于企业价格决策时的依据、出发点不同,确定基础价格的方法也不同。大体说来,定价方法主要有以下三种。

（一）以成本为中心的定价方法

以成本为中心的定价方法,又叫成本导向定价法。是指企业在制订具体价格时,主要地根据成本来确定价格的方法。

由于成本的范围不同,就导致了不同类型的成本定价方法。

涉及到的成本包括：制造成本、总成本、固定成本、变动成本、加工成本、边际成本、平均成本等。

不同的成本概念有其不同的内容,企业在制订产品价格时,一方面要根据形势选择,另一方面还要考虑到国家的财务会计制度对有关成本的规范。

（二）以需求为中心的定价方法

以需求为中心的定价方法,也称作需求导向定价法,是指企业在制订产品价格时,主要地根据市场对该产品的需求状况,来确定其价格的定价方法。

和成本导向定价法不同,需求导向定价法在确定产品价格时,成本虽然是一个重要的数量界限,但企业价格的确定,更多的是根据企业外部因素的市场需求状况来确定。这和成本导向定价法主要根据企业内部因素中的成本消耗来确定价格,有显著的不同。

以需求为导向的定价方法,定价的依据是消费者的需求,因此,企业必须深入、细致、全面、准确地把握消费者的需求状况,才能做到有的放矢。

（三）以竞争为中心的定价方法

以竞争为中心的定价方法,又称竞争导向定价法。是指企业在制订产品价格时,主要的是根据企业的竞争目标来确定价格的方法。企业面临一定的经营环境,必须根据自身的实力和特定时间、市场范围内的竞争格局,或是以应付竞争为目标,或是以避免竞争为目标,也有可能是获得竞争中领先地位为目标。这些目标的选择、确定,表现在以特定的产品、服务参与竞争时,总是会以相应的价格姿态呈现在市场上的。和上述两种导向定价法不同,竞争导向定价法,除了要考虑企业内部因素、外部市场的需求状况,更重要的是要搞清楚自己所处的竞争格局和企业所面临的竞争对手的状况。以竞争为导向的定价方法,使得企业在制订产品价格时,更多的是依据企业所面临的竞争状况来确定价格的。

当然,任何一个企业,在为其产品制订价格时,不可能单纯地是为了竞争,也就是说,定价的目标,不会只是一个,各种目标有可能相互渗透,只不过在特定的环境里,某种目标指向更明显,由此采用某种定价方法。如以成本为导向的定价法,在企业根据自身的成本定价时,还得顾及需求状况和竞争状况;至于其他的定价方法,也同样如此。因此,我们在这里所说的成本导向定价法、需求导向定价法、竞争导向定价法,决不能孤立地看待,只不过从研究问题方便出发,相对而言,稍具更明显的指向罢了。

第二节　成本导向定价法

一、完全成本加成定价法

完全成本加成定价法,是指在产品的平均完全成本的基础上,加上一定比例的利润构成价格的定价方法。

（一）计算出单位产品的完全成本

根据现行会计制度,产品的完全成本包括以下几个组成部分:

直接材料费。是指直接用于产品生产,构成产品实体的原材料、主要材料、外购半成品等其他直接材料。

直接人工费。是指按直接从事产品生产的工人工资和按规定提取的职工福利费。

制造费用。是指企业生产车间为组织和管理生产而发生的各项间接费用,如管理人员的工资、职工的福利费、保险费、差旅费、水电费等。制造费用在多品种生产情况下，按一定标准分配后，计入产品生产成本。至于分配的标准和比例，各企业、各产品可能会有所不同。

上述成本组成内容，根据现行会计制度，叫做制造成本法。用公式表示就是：

$$制造成本＝直接材料费＋直接人工费＋制造费用 \qquad （公式1）$$

但是，企业在销售产品时，还要发生销售费用，有些销售费用，直接记入当期损益，月终全部转入"本年利润"账户，以确定当期经营成果，而像运杂费、包装费、广告费等却要算作销售的直接费用，理应构成产品完全成本的组成部分。

（二）在完全成本的基础上加成

在完全成本的基础上加上一定比例的预期利润，即为销售价格，用公式表示为：

$$价格＝完全成本×（1＋加成率） \qquad （公式2）$$

现举例说明如下：

假设某企业生产 A、B 两种产品，成本、费用情况如表 3-1。

表 3-1   成本项目和有关费用情况表

项　　目	序　号	合　计	单位产品	
			A产品	B产品
直接材料费(元)	1	60 000	3.00	3.00
直接人工费(元)	2	40 000	2.40	1.20
间接费用(元)	3	84 000		
直接人工工时数(小时)	4	50 000	3	1.5
机加工时数(小时)	5	40 000	1.5	2.25
总产量(件)	6	20 000		
每小时直接人工工资(元)	7(=2÷4)	0.80		

为了方便起见，将制造费用、销售费用合并为间接费用，因此，该公式应为：

$$完全成本＝直接材料费＋直接人工费＋间接费用$$

计算单位产品完全成本的方法：

根据表 3-1 所列有关数据，单位产品的直接材料费、直接人工费用是很容易求得的。问题在于如何分配 A、B 两种产品的共同间接费用。从会计学的角度来说，常见的分配间接费用的方法，不外乎以下六种：① 按机器加工小时数分配；② 按直接人工小时数分配；③ 按间接费用占直接工资分配；④ 按间接费用占直接原材料比重分配;⑤ 按间接费用占直接成本(直接材料＋直接人工)比例分配;⑥ 按总销量平均分配间接费用。在这里,我们仅就上述六种分配间接费用方法中的三个:按机器加工小时分配间接费用、按直接人工小时分配间接费用、按实物总产量平均分配间接费用,来计算产品的完全成本。

1. 按机器加工小时数分配间接费用。

$$每个机加工小时应分配的间接费用 = \frac{间接费用总额}{机加工小时总数} = \frac{84\ 000}{40\ 000} = 2.10(元/小时)$$

则 A、B 两种产品的完全成本见表 3－2。

表 3－2　按机加工小时分配间接费用 A、B 产品的完全成本

单位:元

成本、费用项目	A 产品	B 产品
直接材料费	3.00	3.00
直接人工费	2.40	1.20
间接费用:2.10/机加工小时		
A 产品应分配的间接费用:1.5×2.10	3.15	
B 产品应分配的间接费用:2.25×2.10		4.725
完全成本	8.55	8.90

A 产品的完全成本＝3.00＋2.40＋3.15＝8.55(元)

B 产品的完全成本＝3.00＋1.20＋4.70＝8.90(元)

设加成率为二成,即 20%,则,A、B 产品的价格应分别为:

A 产品价格＝8.55×(1＋20%)＝10.26(元)

B 产品价格＝8.90×(1＋20%)＝10.68(元)

2. 按直接人工小时数分配间接费用。

$$每个直接人工小时应分配的间接费用 = \frac{间接费用总额}{直接人工小时总额} = \frac{84\ 000}{50\ 000} = 1.68(元/小时)$$

则 A、B 产品的完全成本见表 3－3。

21世纪经济与管理精品丛书

表 3-3　按直接人工小时分配间接费用的 A、B 产品的完全成本

单位：元

成本、费用项目	A 产品	B 产品
直接材料费	3.00	3.00
直接人工费	2.40	1.20
直接人工（小时）	3.00	1.50
A 产品应分配的间接费用 3×1.68	5.04	
B 产品应分配的间接费用 1.5×1.68		2.52
完全成本	10.44	6.72

A 产品的完全成本＝3.00＋2.40＋3.00＋5.04＝10.44（元）

B 产品的完全成本＝3.00＋1.20＋1.50＋2.52＝6.72（元）

加成率同前，则 A、B 产品的价格应为：

A 产品的价格＝10.44×(1＋20％)＝12.53（元）

B 产品的价格＝6.72×(1＋20％)＝8.06（元）

3. 按总产量平均分配间接费用。

$$按总产量平均分配间接费用＝\frac{间接费用总额}{总产量}＝\frac{84\,000}{20\,000}＝4.20（元/件）$$

则 A、B 产品的完全成本见表 3-4。

表 3-4　按总产量平均分配间接费用的 A、B 产品完全成本

单位：元

成本、费用项目	A 产品	B 产品
直接材料费	3.00	3.00
直接人工费	2.40	1.20
间接费用(84 000÷20 000)	4.20	4.20
完全成本	9.60	8.40

A 产品的完全成本＝3.00＋2.40＋4.20＝9.60（元）

B 产品的完全成本＝3.00＋1.20＋4.20＝8.40（元）

加成率同前，则 A、B 产品的价格分别为：

A 产品价格＝9.60×(1＋20％)＝11.52(元)

B 产品价格＝8.40×(1＋20％)＝10.08(元)

至于按其他方法分配间接费用,确定产品完全成本,操作方法大体相同,但得出的产品的完全成本肯定是有差异的,进而在加成率相同的条件下,价格也会不同。

由于在企业实际经营工作中,上述分配间接费用所依据的会计资料,通常是在一个会计期结束后(通常为一个月)才能获得,除非预测相当准确,所依据的资料大多是根据可用的历史数据来进行的。

现在,让我们按上述三种间接费用分配方法确定的完全成本,和在此基础上加成定价所得出的价格进行一个比较,看会有何结论。

A 产品的完全成本加成定价法得出的价格分别是：10.26,12.53,11.52。

最高价和最低价的差价是 12.53 元－10.26 元＝2.27 元,最高价比最低价高出 22％。

B 产品的价格分别是：10.68 元、8.06 元、10.08 元。

最高、最低差价是 10.68 元－8.06 元＝2.62 元,最高价比最低价高出32.5％。

同是 A(或 B)产品,价格何以有如此悬殊？从中不难看出,造成这种情况的原因,就在于间接费用分配方法的不同。同时也说明了上述费用分配方法之间存在着相互矛盾的现象。如果找不到合理、合情规范的费用分配方法,会使得价格出现混乱的局面,最终给企业的经营造成不稳定、不合理的结果。

尽管如此,完全成本加成定价法的生命力仍然强大。这主要是因为：

第一,成本资料是企业很容易掌握的。和其他决定价格的因素,如需求状况、竞争状况等相比,企业取得成本资料一来容易,二来相比较而言要准确些,定价工作相对简化了。

第二,也正因为第一点,行业中大多数企业在制订价格时,都倾向于采用此法,如果多数企业的平均成本大体接近,而利润率的平均化趋势增强时,运用这种定价方法会使得生产同类产品的不同企业的产品价格相接近,这样就会减少价格竞争对企业的威胁。

第三,特别是行业中的成本水平相近时,而这一成本水平,又是接近社会平均成本时,会使得买卖双方都有公平感。

正是因为上述三方面的原因,使得这种完全成本加成定价法在加工工业中,运用广泛。

但是,这种成本定价法的不足之处也是很明显的,主要表现在：一是没有把市场需求状况和竞争状况作为影响价格的重要因素考虑进去,因而只适用于卖方市场条件,价格只是企业根据自身成本状况决定的。如果本企业的成本水平低于社会平均成本,那么,该价格是行得通的,但如果企业成本高于社会平均成本,后果是可想而知的。还有,如果是买方市场的话,企业却坚持按完全成本加预期利润来定价,就会失去可能获利的机会。二是忽视产量变化对单位成本和利润的影响。三是只重视单位产品完全成本,却忽视不同产品成本结构的差异。事实上,成本结构不同的产品,其消耗企业短缺资源的程度不同,其应体现的利润也不同。四是很难合理分配间接费用,虽然在前面提到有六种间接费用分配方法,但事实上,各种分配间接费用的方法,都有其不可避免的不足之处。如按总产量平均分配间接费用,只能适用于少数品种的生产,并且这些品种之间要有较多的共性(如重量或数量方面)。这种分配方法,使单位产品成本中包括的间接费用与总产量成反比,从而使价格僵化;在市场不景气、销售疲软、产量减少时,制订的价格高,使得产品销售更加困难,而在需求较旺时,产量增加,单位产品包括的单位费用减少,在加成率相同的情况下,反而价格较低,失去了更多的盈利。再比如按机加工小时分配间接费用,把产品成本中包括的间接费用多少与其耗用的机加工小时挂钩,实际上间接费用中的管理人员工资、租金等费用并不随机加工小时的增减而有变化。况且,在拥有不同生产设备的车间,由于各种设备的投资、占用场地以及生产能力等都不相同,难以找到把不同设备的机加工小时折算成统一机加工小时的合理折算标准。

为了克服间接费用分配方法上存在的上述不足之处,出现了新的较为合理的分配方法。现介绍如下:

1. 按加工成本分配间接费用。这种方法把间接费用进一步划分成间接制造费用和间接费用两部分。先把间接制造费用归属到各个产品,与产品的直接人工成本相加组成为加工成本,把剩下的间接费用按各种产品加工成本比例分配到各产品单位成本中去。

假设表3-1间接费用84 000元中包括间接制造费用40 000元(表中的机加工小时数,每小时1元),那么,扣除40 000元的间接制造费用后,剩下的44 000元,用加工成本分配,可求出A、B产品的单位完全成本,如表3-5。

表3-5 按加工成本分配间接费用的A、B产品单位完全成本、价格

单位:元

成本、费用项目	序　号	A产品	B产品
(1) 原材料费	1	3.00	3.00
(2) 加工成本合计	2(=3+6)	3.90	3.45
直接人工费	3	2.40	1.20

成本、费用项目	序　　号	A产品	B产品
A产品 3 小时×0.8 元	4	2.40	
B产品 1.5 小时×0.8 元	5		1.2
间接制造费用	6		
A产品 1.5 小时×1 元	7	1.50	
B产品 2.25 小时×1 元	8		2.25
(3) 间接费用(占加工成本的 55%)	9(=2×55%)	2.15	1.90
(4) 完全成本	10(=1+2+9)	9.05	8.35
价格(加成率 20%)	11(=10×(1+20%))	10.86	10.02

$$间接费用占加工成本的比例 = \frac{间接费用总额}{直接人工成本+间接制造费用}×100\%$$

$$= \frac{44\,000 \text{元}}{40\,000+40\,000}×100\% = 55\%$$

上表中,加工成本＝直接人工成本＋间接制造费用

2. 按费用性质为基础分配间接费用

这种方法是把间接费用的各明细项目按其发生的情况和性质,划分为变动间接费用和固定间接费用。

固定间接费用在一定生产经营能力条件下,相对来说是固定的,如折旧等;而变动间接费用随产销量的变动而相应变动,如订单处理手续费等。并且变动间接费用有些是可以按其与产量的关系分配到各品种上去的。

下面是对间接费用各项目按其特征的分类:

变动间接费用:固定设备用物料消耗、维修保养费、动力及照明费、间接人工费、订单处理手续费、库存搬运费。

固定间接费用:租金、保险费、财产税、折旧、管理费、研究及开发费。

将变动间接费用按其与产量的关系,归属到具体品种中去,其余的共同固定间接费用就会大大减少。这部分共同的固定间接费用再按前面列举的六种分配方法分摊到各品种中去。

二、加工成本定价法

工业企业产品的成本由直接耗用的原材料、加工成本(直接人工费用和制造费用)和间接费用(归属到各具体品种上去以后剩下的共同间接费用)所组成。不同的产品,其成本结构(工、料比)不同。有的产品工轻料重,有些则是工重料轻。

21世纪经济与管理精品丛书

有些时候,虽然不同产品品种的单位完全成本相同,但各品种消耗的企业短缺资源程度不同。若按完全成本加成定价法,就会使价格相等。然而,由于企业所拥有的各种资源,对企业来说,其短缺程度不同,企业获得该短缺资源,所付出的代价也是不同的。付出代价高的资源,理应为企业带来更多的收益,可是,完全成本加成定价法不能实现这一要求。因此,从优化配置生产要素的角度来说,就要求能体现短缺资源的宝贵之处。如当熟练工人这一生产要素显得短缺时,意味着企业为了获得这样的熟练工人会花费更多的人力成本,那么在制订产品价格时,就要体现出来。而完全成本加成定价法却无法体现,为了解决这一问题,出现了加工成本定价法。

加工成本(直接人工成本和制造费用)定价法是在产品的加工成本基础上,加上一定比例的利润,构成产品的价格。公式表示为:

$$价格＝直接原材料＋加工成本×(1＋加成率)＋间接费用$$

这里, 　　　　　　　加工成本＝直接人工成本＋制造费用

现举例说明这种定价方法:

假设某企业生产 A、B 两种产品,产品的成本结构如下表 3-6 所示。A、B 产品完全相同,若按完全成本加成定价法,则价格也相同;若按加工成本定价法,则虽然完全成本相同,加成率相同,价格却因成本结构不同而有差异。

表 3-6　A、B 产品成本结构及价格

单位:元

成本费用项目	序　　号	A产品	B产品
直接原材料费	1	10	5
加工成本费	2	5	10
间接费用	3	6	6
完全成本	4(＝1＋2＋3)	21	21
利　　润	5(＝4×15%)	3.15	3.15
价　　格	6(＝4＋5)	24.15	24.15

表 3-6 显示,在 A、B 产品完全成本相同,但成本结构虽然不同,在加成率相同的情况下价格也相同。如果按加工成本定价法,因 A、B 产品的加工成本不同,虽然完全成本相同,但价格不同。

表 3-7 按加工成本定价法 A、B 产品的价格

单位：元

成本项目	序 号	A 产品	B 产品
加工成本	1	5.00	10.00
利润（为加工成本的 40％）	2（＝4×40％）	2.00	4.00
直接材料费	3	10.00	5.00
间接费用	4	6.00	6.00
价 格	5（＝1＋2＋3＋4）	23.00	25.00

从表 3-6 和表 3-7 中可以看出：完全成本定价法和加工成本定价法的不同之处在于：两种定价方法计算利润时，加成的基础不同。完全成本加成定价法是在产品的完全成本的基础上加一定比例的利润；加工成本定价法是在产品的加工成本的基础上加一定比例的利润。并且，如果此时 A、B 产品所消耗的加工成本恰恰是企业相对难以获得的紧缺型资源，则耗费的紧缺型资源相对多些的产品，应为企业多做些贡献，如表 3-7 中的 B 产品；如果此时 A、B 产品所消耗的原材料是企业相对难以获得的资源，则可在直接材料基础上加上一定比例的利润，以体现其稀缺性。

加工成本定价法，在企业加工能力有限的情况下，有利于合理利用加工能力，确定对企业更有利可图的产品结构，特别是在多品种生产情况下，更是如此。

三、目标利润定价法

目标利润定价法又称资本报酬定价法。是指企业在制订产品价格时，结合产品占用资本的情况来制订产品价格的方法，它要求按资本的目标报酬来确定价格。在定价实践中是将资本利润率和成本利润率按一定的关系转换，把资本报酬体现在成本利润率中。

在前面介绍的两种定价方法中，都是单纯从成本的角度来确定价格。即在某种成本基础上加上一定比例的利润，构成产品价格。这种做法，没有考虑到不同产品占用资本的差异，即有些产品占用的资本多些，有些产品占用的资本少些。如果结合资本占用情况就会发现，单纯从成本角度出发来制订价格，在多品种生产的情况下，会造成不合理的价格结构，进而导致对企业不利的产品结构，减少企业获取更多利润的机会。下面的两个对比可以说明这一问题。

现假设某企业生产 A、B 两种产品，其销售和成本、利润情况如表 3-8。

表3-8　A、B产品销售和成本、利润情况

项　　目	A产品			B产品		
	单价(元)	数量(个)	金额(元)	单价(元)	数量(个)	金额(元)
销售收入(元)	10.69	10.000	106 900	11.13	20 000	222 600
销售成本(元)	8.55	10.000	85 500	8.90	20 000	178 000
利　　润(元)	2.14	10.000	21 400	2.23	20 000	44 600
利润占成本的比例(%)	25			25		
利润占销售收入的比例(%)	20			20		

从表3-8可以看出：A、B产品的成本利润率是相同的,看上去,它们对企业的贡献水平也是相同的。但是,如果结合A、B产品占用资本的情况来考虑,就会发现,A、B产品对资本贡献的程度就大不相同了。比较情况见表3-9。从会计方面获得的有关A、B产品占用资本情况资料分别如表中所示。

表3-9　A、B产品的资本利润率

占用的资本项目	A产品	B产品
现金、存货、应收款(元)	40 000	50 000
固定资产(元)	160 000	100 000
占用资本合计(元)	200 000	150 000
利润额(元)	21 400	44 600
资本利润率(%)	10.7	29.7

由表3-9可见：A产品的资本利润率是10.7%,而B产品的资本利润率比A产品高19%,由此,从资本利润率的角度看,企业生产B产品比生产A产品有更多的利润可图。从提高企业经营效益的角度来说,企业可以通过扩大B产品的生产来增加效益,也可以缩小A产品的生产,将其生产能力转移到B产品的生产上去,这样一方面,可以提高效益,另一方面优化了资本结构。当然提高效益的具体方法可以是增加B产品的生产能力。也可以在此基础上根据需求价格弹性原理适当降低B产品的售价,来提高销量,获取更高的经济效益。不过这种产品结构的调整还要考虑到市场状况,即消费者是否愿意更多地购买B产品,而且,产品结构的调整还要考虑到资本从A产品转移到B产品中的可能性及其花费的代价。

目标利润定价法的具体操作方法是：

（1）根据企业生产能力和变动成本、固定成本构成情况，测算不同产量条件下的总成本变动状况。

（2）根据市场需求状况，竞争程度，确定生产能力利用率和总产量，根据总成本变动趋势预测计划总成本。

（3）确定资本的目标利润率，将资本的目标利润率换算成成本利润率，用计划总成本与成本利润率之积，求得目标利润额。

资本利润率与成本利润率的换算公式是：

成本利润率＝占用资本总额×目标资本利润率÷全年计划总成本×100%

（4）计划总成本加目标利润额，等于目标销售收入。即：

$$目标销售收入＝计划总成本＋目标利润额$$

（5）目标销售收入除以计划总产量，等于目标售价。即：

$$产品售价＝目标销售收入÷计划总产量$$

在上述操作过程中需要解决两个问题：

第一，资本目标利润率的确定。通常确定资本目标利润率要满足以下要求：① 给企业的投资者（如股东）合理报酬。一般的最低应高于同期贷款利息率。但对风险程度不同的行业，应有差别。风险大的行业，投资报酬高于风险小的行业。② 满足企业正常发展对资本积累的需要。③ 在有通货膨胀的情况下，还要能抵消通货膨胀的影响。上述各因素，都是指年度状况而言。

第二，多品种（类）生产的企业，要将不同产品占用的资本情况划分清楚。合理划分各种产品占用的资本额，使价格能够反映出各产品占用资本的水平。否则，资本占用程度高的产品所定价格较低，而资本占用程度低的产品所定价格较高。前种情况会减少企业的盈利程度，而后一种情况会削弱企业产品的价格竞争能力。至于多品种生产情况下如何合理划分其资本占用情况，其遵循的原则是：① 地产和建筑物。按实际使用状况或定额生产能力为基础划分。② 机器设备按实际为各产品配置情况划分，共用设备按受益比例划分。③ 库存材料、成品、半成品按实际情况划分。④ 应付款。从资本占用的角度来说，是占用负资本，但它毕竟属于资本占用。除可以直接划分到各产品中去的应付款外，其余的视具体情况划分。⑤ 应收款。按各类产品的债务人实际欠款划分。

四、目标成本定价法

目标成本定价，是指企业建立在会计历史资料的基础上，结合市场调查，以消费者可以接受的价格和企业对目标利润的追求，作为企业成本消耗的依据，即目标成本，进而确定产品价格的定价方法。

这种定价方法和前面介绍的三种成本定价法相比有自身的独到之处。表现在,定价指导思想上是一种"市场减法"的结晶。即:

$$利润＝消费者可接受的价格－成本$$

企业要想获取目标利润,在消费者"出价"的条件下,只有将成本控制在"目标成本"以内才能实现。和传统的成本定价的"市场加法"指导思想,即价格＝成本＋利润相比,其不同之处,是显而易见的。在"市场加法"的指导思想下,企业获利的增加,只能是提高售价;而在"市场减法"指导下却不同,企业获利的增加,是通过降低成本来获得的。当然,在"市场减法"的指导下,降低成本是在保证产品品质的前提下展开的。为此,就要求企业把成本消耗水平控制在一定的范围内。这一成本便是这种定价方法中所说的目标成本。

目标成本,通常是要经过一定程度的努力所要达到的成本消耗指标。

（一）目标成本定价法的计算公式

$$价格＝目标成本×(1＋目标成本利润率) \qquad (公式3)$$

$$目标成本＝价格÷(1＋目标成本利润率) \qquad (公式4)$$

公式3中的价格,是指建立在市场调查基础上,结合考虑企业的管理水平和对利润的期望,能被消费者接受的价格,或称"消费者出价"。

目标成本,应是建立在企业成本控制水平力所能及和市场上该产品销量的基础上确定的。应该说,随着"消费者出价"的确定,目标成本也被消费者认定,而由企业执行着。这种定价法中涉及的"消费者可接受价格"、"目标成本"和利润三方面因素。"消费者可接受价格"的决定权,显然不在企业,也就是说,价格的高低,是由消费者决定的;"目标成本"的决定权,一部分属于消费者,一部分属于企业。如果企业能将"目标成本"实现,并且,最终成本消耗低于目标成本,则权属于企业。否则,消费者就会否定这一价格,根源是成本过高。"利润"的决定权在企业,但前提是保证成本消耗达到"目标成本"。正因如此,这种定价方法,表现出明显的动态特征。因为企业要保证产品能销售出去,必须经常调整成本和利润指标。

（二）目标成本定价法的计算步骤

根据市场调查获取"消费者可接受价格"和市场销量资料。

$$价格×销量＝销售收入 \qquad (公式5)$$

根据企业对利润的期望,通常用成本利润率来表示,即用目标成本利润率来确定目标成本。

$$目标成本＝销售收入÷(1＋目标成本利润率) \qquad (公式6)$$

目标成本确定以后,企业在生产经营过程中必须层层把关,从原材料管理、劳动管理、资金管理等方面,了解目标成本,努力使实际成本消耗等于、最好是低于目标成本水平,才能保证所定价格行得通。

$$价格＝目标成本×(1＋目标成本利润率)÷总销量 \qquad (公式7)$$

因为公式7中分子实际上是销售收入,因此,公式5可以表示为

$$价格＝销售收入÷总销量 \qquad (公式8)$$

如前所说,这种定价方法,是在"市场减法"指导思想下的定价实践,看上去很简单,但是,这种定价方法在实际定价工作中面临两方面的难题:一是企业生产经营观念的转变,它要求从过去单纯以成本为依据确定价格,转变为价格的确定应以消费者的"出价"为依据,而这一点是在计划经济体制下的企业很难做到的。如能做到这一点,就会主动地顺应市场,变立足成本为眼睛向内,挖掘潜力,努力降低成本。二是目标成本一旦确定,企业必须建立严格的成本控制体系,保证实际成本消耗在目标成本水平以内,这涉及到企业管理水平和管理体制。而且在我国目前经济转轨过程中,很多不确定因素的影响,也会给成本控制目标造成冲击。如果能将上述两方面的问题解决,采用这种定价方法,对于提高企业利润水平将产生极其重大的影响。目前,我国有少部分大型企业在采用这种定价方法上取得了令人满意的效果。如邯郸钢铁公司,在全国国有企业普遍不景气的情况下,产值、利税以惊人的速度发展,就是这种定价方法的直接受益者。

(三)目标成本定价法的应用范围及其局限性

目标成本定价法,首先适用于那些在一定程度上可以控制自己成本水平的企业,即具有较好的管理水平和经济实力的企业;其次,运用这一定价方法的企业应该生产、经营方向明确;再次,就市场对其产品需求来说,应有潜力可挖。尤其适合于新产品定价。

由于目标成本通常是要企业经过一番努力才能达到的成本水平,因此,现实成本与目标成本的差距,往往是这种定价方法成功与否的重要影响因素;另一方面,由于按目标成本确定价格,要求企业谋求长远利益,造成实际价格是建立在目标成本基础上,而目标成本能否实现,直接影响到企业的利润;再就是产品在市场上销售状况的稍微变动都会影响到企业经营目标的实现程度,如预计销量无法实现等,将使得企业的利润目标无以兑现。尽管如此,这种定价方法,仍将有强大的生命力。

五、变动成本定价法

变动成本定价法,是以变动成本为依据,结合考虑产品贡献来制订价格的定价方法。这种定价方法,是在变动成本的基础上追求目标贡献,而非在完全成本

21世纪经济与管理精品丛书

的基础上追求目标利润。

简单地可以表示为：

价格＝单位产品的变动成本＋贡献 （公式9）

贡献＝单位产品的固定成本＋单位产品的利润 （公式10）

这里所说的贡献系指单位产品的贡献。

由公式9、10可见，当贡献等于固定成本时，该产品不赚不赔；当贡献小于固定成本时，出售该产品，企业就亏损；当贡献大于固定成本时，企业便有利可赚。

下面通过一个例子来说明变动成本定价法。

某企业在一定时期，生产经营活动的固定成本开支是20万元，单位产品的变动成本在这一时期内是8元，由于某些客观原因，企业的产品销量只有1万件。市场上该产品的售价最多只能是15元。则此时企业面临两种选择：一是从完全成本补偿的角度进行决策；二是从变动成本补偿的角度进行决策。两种决策决定着企业的经营行为。

从完全成本补偿的角度来看：

1万件产品按15元的单位售价要求，在出售完这1万件产品时，实现完全成本的补偿。其销售额应为：

1万件×8元/件＋20万元＝28万元

而此时单位产品的价格应为28元。可是问题在于，市场上该产品的价格最多只能卖15元，可见，该产品每件亏损13元。若按完全成本定价法，这种生意是不能做的。

但是，如果从变动成本的补偿角度来看，会得出另外的结论：市场上该产品的售价是15元/件，虽然不能补偿完全成本28元，但除了补偿变动成本8元以外，还能将应补偿的单位产品20元的固定成本"捞回"7元。换句话说，如果企业坚持不能完全补偿成本就宁可不成交的观念，即企业不生产，那么该时期内20万元之固定成本也仍然是要开支的。简单地说，按15元/件出售产品，虽然企业亏损13万元；但是如果不做这笔买卖，企业将亏20万元。在这种局面下，企业应如何抉择？显然，是少亏比多亏强。这种定价方法体现了这样一种思想，即："二害相较取其轻"。

由此可见，变动成本定价法，在因客观情况造成的企业面临上述状况时，显示出较强的适应市场的能力，也为企业经营决策的制订扩展了空间。当然，如果企业生产经营中，经常出现不能补偿完全成本的情况，这种定价方法就无能为力了。

变动成本定价法，适用于这样的环境：

首先，它是在买方市场条件下出现的。当企业面临的市场竞争对手占有该产品的较高的市场占有率时，本企业为了能够"挤"进该市场，以低价渗透作为手段，即企业以牺牲眼前利益，通过把产品价格订得低于完全成本，来打进市场。但是，它也要求采用这种定价方法的企业必须能够正确估价该产品的市场潜力：尽管以低价渗透进入了该市场，可是，待到在该市场立得住脚时，企业能否以后来的产品销售将先前的损失补偿回来；如果到时候该产品市场需求量无法扩大，那么企业的亏损将只能依靠本企业的其他产品了。这样会加重后者的负担，降低后者的价格竞争能力。

其次，变动成本定价法适用于企业在面临特殊情况时，渡过危机，减少损失。关于这一点，前面的例子已经说明。

上述五种成本定价法，虽然都是以成本为依据，但是明显地可以分成两大类：前三种成本定价法，即：完全成本加成定价法、加工成本加成定价法和资本报酬定价法，都是企业站在自身的角度，按成本索取利润。定价的主要依据是企业的成本消耗，在实际定价工作中，都是依照本企业的会计资料来进行的，没有或较少考虑到市场对本企业成本消耗的认可程度，企业更多地是以"要价者"的身份出现的。在许多情况下，上述三种成本定价法适用于卖方市场。而后两种成本定价法，即目标成本定价法和变动成本定价法，虽然也是以成本为依据进行定价，但在定价中更多地是依市场状况，结合企业自身的成本消耗，在实际定价工作中较多地考虑到要适应市场要求，企业作为"价格接受者"的身份出现，表现出较强的适应市场的能力。我们把前三种主要依据企业成本消耗来定价的方法，称为"企业导向"的成本定价法；而把后两种更多地依据市场状况来定价的方法，称为"市场导向"的成本定价法。

第三节　需求导向定价法

一、需求特征及其主要决定因素

消费者的需求，由于受某些因素的影响，表现出较为明显的特征：多样性、层次性、可调节性等。这些特征对同一消费者的不同需求和不同消费者对同一产品和需求都表现得较为明显。之所以会出现这些特征，最主要的原因是消费者的收入状况不同。此外，消费者所处的社会环境，如社会消费观念、价值观念、社会风气等也使消费者需求出现上述特征。

研究消费者需求特征及其主要影响因素，对于企业制订价格来说，具有极为重要的意义。这是因为，市场经济里，企业产品价格的制订更多地是体现了供求关系决定价格的原理。这里，作为决定价格的一个重要力量"需求"方的状况是决定价格的重要方面。因此,深入研究消费者需求特点,就显得极为必要。关于这部分内容,详见本书第二章"企业价格决策的影响因素"。

二、觉察价值定价法

觉察价值定价法是指按顾客能够觉察到的产品或服务的价值为依据来制订价格的方法。也就是说企业制订产品价格的依据是买主对企业提供的产品值多少钱的感觉,而不是企业的成本。

由于觉察价值定价法的依据,是买主的觉察价值,如何让买主客观地觉察到本企业提供的产品或服务的价值,就显得尤为重要。可以说,买主的觉察价值的客观与否,决定着这种定价方法的成败。此外,如何准确地收集、分析、利用买主的觉察价值也显得很重要。

为了使买主能客观地觉察到本企业提供产品的价值,企业要首先运用市场营销组合中的一些要素来影响顾客,即以所谓的"观念产品",使顾客在思想上形成一个对产品的认识,从而使其感受到该"产品"的价值,即觉察价值,据此制订价格。

这种定价方法符合现代市场营销观念。它要求企业在为特定的目标市场提供产品或服务时,应该就产品或服务的价格、质量以及所提供的相应服务等方面进行市场定位。并且对上述这些方面的决定应该都是建立在对消费者调查研究的基础上。然后再根据市场调查得到的情况,估算按此价格,产品的销量是多少,并进而确定所需的投资、成本。最后,根据计算出来的成本和获得的觉察价值,即买主的"出价",计算是否能获得满意的收益。如果回答是肯定的,那么,企业应着手开发这种产品;否则就应放弃这一开发计划。这一过程可用图3-1表示。

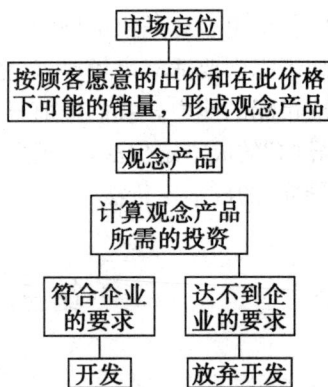

图3-1　觉察价值定价法的程序

如前所述,觉察价值定价法是依据顾客的"出价"来确定价格。如何把握顾客的觉察价值是这种定价方法的关键。

假定有A、B、C三家企业生产同一种茶杯,A企业在市场上抽样选取一组顾客,了解他们对三家产品的觉察价值,有三种方法可以把握觉察价值。

1. 直接的价格评比法。请顾客按自己的看法分别对三家产品,给以定价。顾客可能会认为A、B、C三家的产品分别应该是:2.55元/只,2元/只,1.50元/只。

2. 评分法。给顾客100分,请他将100分分配给三只茶杯。分数分配的原则是按顾客对三种茶杯的觉察价值进行。假使顾客分别给三家产品的打分结果

21世纪经济与管理精品丛书

是 A：42 分；B：33 分；C：25 分。平均分是 33 分。市场上三只产品的平均售价是 2 元。经过对分值的计算，三家产品依顾客觉察价值所定价格分别为：

$$A 产品的价格 = 2 \times \frac{42}{33} = 2.55（元/只）$$

$$B 产品的价格 = 2 \times \frac{33}{33} = 2（元/只）$$

$$C 产品的价格 = 2 \times \frac{25}{33} = 1.52（元/只）$$

3. 特征法。这种方法要求顾客就产品的若干重要属性，分别给三家产品评分，同时还对若干个重要属性分配权数。假定上述三家企业的产品有如表 3 - 10 所示的重要属性，顾客对此的评分结果如表 3 - 10 所示。

表 3 - 10　评分法的运用

特征名称	特征得分			对顾客重要性权数	加权后特征得分		
	A 企业	B 企业	C 企业		A 企业	B 企业	C 企业
	1			2	3(=1×2/100)		
产品的耐用程度	40	40	20	25	10	10	5.0
产品的外观	33	33	33	30	9.9	9.9	9.9
产品的品牌	50	25	25	30	15	7.5	7.5
服务质量	45	35	20	15	6.75	5.25	3.0
全部察觉价值				100	41.65	32.65	25.4

由表 3 - 10 可见，A、B、C 三只产品按特征权数获得的觉察价值评分，分别是 41.65、32.65 和 25.4。假设单位产品的市场平均售价仍为 2 元，则按特征得分计算出的价格分别是 2.55 元、2.00 元和 1.55 元。计算方法同上。

三个价格之间的关系，反映了它们的产品在顾客心目中的觉察价值。如果三家企业都愿意按顾客评定的价格，出售自己的产品，那么，每家的产品都能找到自己的市场。这是因为他们所提供的产品价格都获得了各自目标顾客的价值认同。

如果这三家企业之中的某个企业，将自己的产品价格订得低于根据顾客觉察价值计算出来的价格，就有可能获得别的企业产品的市场。在上述例子中，特别是 A、B 两家产品的降价，对 C 企业会造成巨大的压力。但 B 产品降低价格未必会夺去 A 的市场，C 产品降低也未必就能夺走 A、B 的顾客。

三、需求差异定价法

需求差异定价法是指企业依据消费者对商品或劳务需求上的差别，来确定商

21世纪经济与管理精品丛书

品或劳务的价格的定价方法。

造成消费者需求产生差异的原因是多方面的。但是主要的来自于两个方面：一方面，来自于消费者，如收入状况，性别、职业、社会阶层等；另一方面，来自于企业。在现代社会里大众传播媒介对于诱导、改变消费者消费意向，有着极大的影响。也就是说企业通过一定的方式、方法在一定程度上使消费者的需求产生差异。关于这方面的详细内容，可参阅本书第二章"企业价格决策的影响因素"。

（一）依据消费者需求对象差别定价

是指根据消费者对所要购买的产品的诉求中心差异来制订价格的定价法。

产品的诉求中心，是指消费者对所购买的产品最为关注的方面。从市场营销学的角度来看待产品。产品是一个包括三个层次内容的整体：即产品核心或称产品效用；产品形式包括款式、造型、品牌、包装等；以及产品的附加利益。消费者在购买产品时，不同的人对产品整体的三个方面的关注可能是不同的，有的消费者最为关注产品的核心层次的内容；有的消费者虽然也关注产品核心，但却更加关注产品形式层次的内容，或是讲究牌子，或是讲究造型。像这种对同种产品不同方面的关注差异，就是消费者需求的诉求中心差异。

一般的说，消费者需求诉求中心的差异，决定着其愿意支付的价格的高低不同。对于支付能力较强的消费者来说，其要求较高，在购买产品时除了在产品核心上要达到满意，还会对产品形式层次上的内容要求更高，或是讲究品牌，或是对考究的款式、造型钟爱有加。他们更加关注对所购买产品的感受。而对于另外某些消费者来说，可能只要求产品的效用。企业在为满足上述不同需求诉求中心有差异的消费者的产品制订价格时，必须考虑到这些差异。使产品的价格差异与消费者的需求差异相吻合，必须结合产品策略，方能恰当运用。这里，差异的载体是有差异的产品或劳务。例如，昆明卷烟厂生产的"云烟牌"云烟，普通"云烟"每包售价8元，而"极品"云烟每包售价为88元。如此大的差价，主要的不是因为成本和质量的差异，而是考虑到"极品"云烟购买者与普通"云烟"购买者需求的差异。

（二）依据消费者对产品需求的迫切程度不同的差别定价法

是指企业对同一产品或劳务，依据不同的消费者对其需求的迫切程度和讨价还价能力的大小，来制订差别价格的定价方法。

这种定价方法通常的做法是企业对所出售的产品，制订一个价格目录表向购买者展示。顾客，不管是急于购得产品的顾客，还是可买可不买的顾客所接触到的本产品的价格都是一样的。企业可以根据某些信息来判断顾客购买的急迫程度，以便决定成交价格。对于那些非买不可的顾客，由于其讨价还价能力较差，企业将按价目表出售；而对于可买可不买的顾客，为了促成成交，可以在价目表的价格基础上，酌情定价，通常是定得稍低些，以促成交易。

（三）按消费者购买的时间差异而进行差别定价的方法

是指根据消费者对同一产品或劳务,在不同时间购买而实行差别定价的方法。

有些产品或劳务在不同的时间,其成本是有差异的,因而,价格也应该是有差别的;有些产品或劳务虽然没有因时间不同而造成成本上的不同,但企业出于特定的经营目标,也可采用差别价格。后者,如有些旅行社和旅游区的宾馆房价,在淡季时,收费较低,而在旺季时则正常收费。昆明市有家中外合资的面包糕点公司,其出售的面包,每日自早上八点至晚上八点,一律按正常价格出售,而晚上八点以后,所有的面包全部半价出售。至于前一种情况,属于时令性的产品,如农副产品中的有些产品,像新鲜、较早上市的蔬菜等,由于提早上市,所耗费的成本较大,故价格可订高些。

（四）按消费者需求满足的空间差异的定价方法

企业之所以可以采用这种定价方法,是因为企业的产品或服务的成本在不同地区会有差别,故应实行差别价格;有些情况下,成本虽无差异,但为了特定的经营目标,也实行差别定价。像剧场、运动场馆,以及类似服务收费等。其定价根据空间位置不同而有差别,这里价格差别的原因不是成本而是消费者的需求差异。

（五）需求差异定价方法的运用条件

按照西方管理经济学的观点,所谓需求差异定价法,其目的就是把所谓的"消费者剩余"转移给厂商。虽然如此,但需求差异定价法至今无法创设出一个放之四海而皆准的计算公式,企业价格决策只能根据市场情况灵活掌握。采用需求差异定价法,必须具备下列环境条件:

1. 企业据以确定价格差异的需求差异,必须足够明显,并且企业有能力满足这些差异性的需求。

2. 在企业产品或劳务的低价市场范围内,其顾客没有将其低价品转手倒卖给高价市场的顾客,以赚取差价的可能。否则,企业采用差别价格的目标无法实现。

3. 在本企业产品的高价市场上,竞争者没有发动低价竞争的可能。

4. 实行差别定价的获利,包括直接获利和间接利益,必须大于进行分割市场和控制分割市场所需的费用。

5. 不会因价格的差异而引起顾客的不满,导致失去部分顾客,甚至损害企业的形象。

6. 实行差别定价,应注意到不能触犯有关法规,以免受法律制裁。

总之,需求导向定价法,是一种体现市场定位思想的定价方法。这种定价方法对利润的追求,是建立在较充分地满足顾客需求基础上的,和成本导向定价法相比,它显示出较大的灵活性,因而是一种有较强市场适应能力的定价方法。

21世纪经济与管理精品丛书

第四节　竞争导向定价法

一、竞争导向定价法的含义和分类

（一）竞争导向定价法的含义

竞争导向定价法是指企业制订产品或劳务的价格是为了某种竞争的需要。反映在价格制订过程中就是企业价格决策的依据，主要的是竞争对手的价格及其变动状况，而不是本企业产品的成本状况、市场需求状况。有时，虽然本企业产品的成本、市场需求状况发生了变化，但是企业产品价格仍然依据竞争者产品的价格来制订。

采用竞争导向定价法，要求企业综合分析影响竞争成败的各种因素，以便实现既定的定价目标。关于这部分内容的详细论述，请参阅本书第二章"企业价格决策的影响因素"。

（二）竞争导向定价法的分类

竞争导向定价法，依照企业参与竞争的目的，可分为：以应付竞争为目标的定价法，以避免竞争为目标的定价法和在特定情况下以发起竞争（或称抢夺竞争中领先地位）为目标的定价法。表现在所制订的价格上就是与竞争者同价、高于竞争者价格以及低于竞争者的价格。如果将这些竞争性的价格以载体的不同进行分类会发现，有的是以价格本身作为载体的，即直接的价格对价格的竞争；有的是以产品的特别之处作为载体的，即竞争的手段是制造出具有差别于竞争对手的产品作为载体的。我们把前一种情况称为价格竞争，把后一种情况称为非价格竞争。此外还有招标、投标报价方法。

二、竞争导向定价法的内容

（一）通行价格定价法

通行价格定价法又称流行水准定价法，是企业的产品价格订得和当前市场上同类产品的价格水平相等，或者说，企业力求使自己产品的价格与同行业一般价格水平保持一致。

采用这种定价方法的产品，大多有统一的标准，不同企业的这类产品基本相同。多数的基本生活必需品和工业生产的基础原材料都具有这样的特点，并且从消费者来说，对这些产品的需求也基本上是没有差异的。如食盐和一些机械产品的通用件等。尽管不同的生产企业，生产上述同类产品可能有成本上的差异，但在价格制订上，却不是依据本企业的成本消耗水平，而是习惯于采用上述的通行价格。企业之所以这样做,是出于以下原因。

1. 在难以确定标准成本的情况下,通行价格基本上反映了同行业为保证实现合理利润的集体智慧。即通常所说的"随大流"不会错。

2. 个别企业想要掌握消费者和竞争者对价格差别的反应的资料通常是困难的。因此,与其花费较大的精力去掌握上述反应,还不如"随大流"来得稳妥些。

3. 在一个较成熟的行业,按通行价格定价,对行业协调性的破坏性最小,可以避免劳而无功的竞争,各方面都减少了因价格竞争而付出的不必要的代价。

在一个竞争性的市场上,存在着大量的买主和卖主。这些交易当事人,没有谁能直接影响价格。企业出售与竞争者同样的产品,通行的价格是必要的。因为,如果某个企业试图提高产品价格,买主们立即就会向较低价格者购买,从而使提价目的落空;如果某个企业试图降低价格,就有可能导致别的企业也随之降价,最后是,大家都无功而返。在寡头垄断的情况下,少数大企业控制着市场,尽管如此,他们也倾向于订同样的价格。这一方面是因为消费者容易了解这为数不多的企业同一产品的价格,进而购买价格较低者的产品;另一方面,寡头们之间谁也不敢单方面提价或降价,因为他们之间缺乏起码的信任。如果某个居于寡头垄断地位的企业提高产品的价格,消费者就会转向未提价的企业求购;如果某个企业降低产品的价格,会引起寡头们的共同降价,因为他们谁也不愿意丢掉自己的市场份额,结果是谁也无法从降价中获得好处,从而失去降价的意义。

由此可见,不管市场竞争格局如何,出售同类产品的不同企业,都倾向于采用通行价格。

（二）行业协议定价法

行业协议定价法,又称协商定价。是指生产或销售同类产品的企业之间,为了达到一定的目的,或是为了保持行业稳定,或是保证既定的利润水平,也有可能是减少竞争的压力,对所生产、销售的产品的价格,按他们之间商定的标准,来制订各自产品的价格的定价方法。通常是首先制订一个定价标准,再依此制订一个统一的参考价格,由各企业共同参照执行。

协议定价,通常有两种情况:一是由政府有关部门或行业协会组织的协议定价;二是由行业内居于较高威信的企业牵头,由各企业自愿参与。像第一种情况,我国的国内贸易部就曾经倡导过推行行业协议定价。

行业协议定价法搞得好,可以促进企业乃至全行业的健康经营;搞得不好容易出问题,如出现价格共谋、行业垄断等,有时甚至损害行业中某些小企业的利益。特别是在一个法制健全的社会里,不规范的协议定价很容易触犯有关法规。

行业协议定价法,把企业之间单纯的价格竞争的可能性大大降低,有利于行业的经营、利润等方面的稳定。但它的不足之处在于共同执行的价格会使一部分企业因缺乏必要的价格灵活性而削弱企业的竞争能力和发展潜力。

21世纪经济与管理精品丛书

（三）产品差别定价法

是指企业将自己的产品和竞争者的同类产品相比较，赋予本企业产品"别具一格"的特色，建立在这一基础之上，制订产品的价格，并与竞争者相抗衡的定价方法。

这里所谓的"别具一格"，来源于企业生产、经营中的许多方面：如成本优势、销售渠道优势、品牌优势、技术优势，或是周到完善的服务等方面。如果一个企业的产品具备了受顾客欢迎而又是竞争者无法立即学会或模仿的上述优势中的若干个，那么，也就可以称得上"别具一格"，企业就可以采取下列差异定价法，因为此时，顾客对不同企业产品之间的价格差异的敏感程度被产品之间的差异掩盖了。

1. 将本企业产品价格订得高于竞争者。这需要企业在某一方面赋予自己的产品以特色，它既是其目标顾客所需要的，又必须是竞争对手难以模仿的。在国际建筑机械产品市场上，美国的凯特皮勒公司的建筑机械产品在许多方面具有特色，并且更为竞争对手望尘莫及的是该公司产品的零售商大约有250家，是同行业中规模最大的，而且这些零售商能向客户提供更多的优质服务，从而使该公司产品的价格远高于竞争者的产品价格，但却仍受其客户的欢迎。

另一种情况是，本企业竞争对手产品的价格，可能是在同行业中的拥有较高市场地位，但这并不妨碍将自己的产品价格订得高于竞争对手的产品价格。如广东嘉豪食品股份有限公司出品的"嘉豪"牌超浓缩鸡汁，在全国同类产品中是率先向同行业中的大品牌发起挑战的。众所周知，调味品行业中的跨国公司在国内有三个著名合资品牌，他们的产品价格在同类产品中处于同行业领袖地位，但广东嘉豪食品股份有限公司出品的"嘉豪"牌超浓缩鸡汁的价格，就定得比这些合资品牌的高，而且获得了极大的成功，就是这种定价方法的有力体现。它突破了传统的价格竞争的手法及其可能产生的不良结局，也从另一方面帮助了企业确立、维护良好的形象。

在一个崇尚消费个性，并且具备一定的消费水平的环境里，为这种定价方法的使用提供了基础。并且这种定价运用恰当的话，可以大大降低与竞争对手之间的正面价格战的可能，取得事半功倍的效果。

2. 将本企业产品价格订得低于竞争者。这种定价法有两种情况：一是本企业的产品或服务以及实力都不及竞争对手，出于保持既定的市场份额，企业只能将产品价格订得低于竞争者的价格。这也同样需要企业的产品市场定位准确。如我国的化妆品市场，据不完全统计，目前大约有500多个厂家生产近900个品牌的产品，但真正在市场上占有较高地位的不过10多个品牌，其价格在同类产品中高高在上，而其他大量的生产企业的产品价格与实力雄厚的大企业的产品相比，就相对低得多了，但是这些中小企业生产的知名度不高的产品有相当一部分都有自己的消费者。再如在商业企业中,有些名气大的企业因品种多,装潢考究,对顾客有较大的吸引力;但那些方便商店虽然品种、规模都不及大店,依靠价廉生意照样红火。

二是有些实力雄厚的企业,出于特定的经营战略,也可采用此法。尽管其产品和服务都具有优势,但为了竞争,也可以把价格定的低于竞争者,以夺取更大的市场份额。如我国的空调器行业中的"格力"空调,尽管实力强,产品优良,但面对空调器市场群雄逐鹿的局面,考虑到未来的市场前景,其产品价格,比市场上同类产品的价格要稍稍低一些,正是依靠这一点,使"格力"公司的产品获得了较大的市场占有率,公司也从大规模生产经营中获得了良好的经济效益。因为该公司认为:谁能在"诸侯混战"的情况下,保持并扩大市场份额,在生存竞争结束以后,谁就能获得发展。这种定价方法在一个经济发展水平相对较低的环境里,当消费者对价格较为敏感时尤为适用。

以低于竞争对手的价格来参与竞争,对那些在市场夹缝中求生存的企业来说,也较为有效。主要是因为消费者中总有部分人对价格较为敏感;此外,中小企业在成本、费用及经营机制的灵活性上都比大企业有相对优势。在我国许多发展中的中小企业就是利用这些优势获得了生存,并取得了发展。

21世纪经济与管理精品丛书

21世纪经济与管理精品丛书

第四章　企业价格决策策略

第一节　心理定价策略

一、整数定价策略

整数定价,是指企业对所出售的产品制订不含零头数的整数价格,有时也称"偶数"定价。如某产品定价为5元等。

整数定价策略的运用,出于对两方面情况的考虑:首先,对一些日常用品来说,价格不高,从消费者的角度来看,为了减少交易过程中的找零钱的麻烦,将其订为整数,可以方便消费者,更何况有些消费者对诸如4.99元和5元并不在意,找零钱1分给他,销售人员虽不嫌烦顾客可能会烦;再者,将5元的价格订为4.99元,甚至让有些消费者产生被"钓"的感觉,从而不利于处理好与消费者的关系。对商业零售企业来说,这种策略很有市场。其次,对一些贵重商品,运用整数定价策略,有时还能促成成交。如标价为5 000元一件的裘皮服装,改为4 999元,效果就不如前者好。这主要是因为,对这样贵重的物品,消费者购买它,一是不在乎便宜的1元钱,但更重要的是4 999元和5 000元属于两个价格层次,消费者购买它时,两种支付价格,其心理感受不同。因此,如何用好整数定价策略,对于促成交易有重要影响。但是,整数定价策略,虽然有其促成交易的作用,如果经济、社会环境不适宜,也不行。这种定价策略的经济社会环境要求是,人们的收入水平较高,生活节奏较快,较豁达的社会心态。

二、尾数定价策略

尾数定价策略亦称非整数定价,是指将价格订出个带有零头数量的策略。

运用尾数定价策略,主要是依据消费者的两种价格心理:一是求廉心理;二是求准心理。特别是商业零售企业,对那些价格不高的商品,在面向顾客时,将这类产品订成带有零头的价格,对于那些求廉心理的顾客来说,可以满足其要求。如将原本定价为3元的商品订成2.98元,消费者会认为只是2元多,不到3元,虽然2.98元与3元只差2分钱,但顾客对这个价格的感受就不同。采用这样的定价策略,可以促进销售;对于那些产品价值大些的产品,如 30 元左右的产品,将其订为 29.71 元,会给顾客这样的心理感受:这个价格可能是经过准确计算出来的,是一种诚实的价格。这样,企业会让消费者相信:诚实无欺,有利于树立诚实可靠的企业形象,从而提高企业经营效益。

在这里,运用带有零头数的尾数定价策略,要考虑到与产品本身的价格档次相适应。因为,不同价格档次的决定性因素是产品本身的价值档次,而顾客对具有不同价值档次的产品,在购买时,其价格心理是不同的,即有些是求廉的心理要求,有些是求准的心理要求。至于到底什么价格档次的产品,其顾客具有求廉或求准心理要求,一要靠企业在长期的经营实践中进行摸索和总结,还要能把顾客的价格档次的心理感受置于动态之中来考察。因为,随着消费者收入水平、支付能力的变化,其价格心理也会随之相应变化的。如在消费者收入水平、支付能力都不是太高的情况下,对 100 元以内 10 元以上的产品,具有求准的心理要求。可是当消费者收入水平和支付能力都有较大提高以后,上述数量界限可能会发生一些相应的变化了。

三、声望定价策略

是指企业依据部分消费者高价优质求名心理要求,在企业和所出售产品品牌具有良好市场形象前提下,对所出售的产品和服务制订较高价格的策略。

这里运用声望定价策略,应具备两个前提,一个是来自于定价企业和所出售的产品或服务。企业因素是主要的,一个企业以优良品质的产品面向消费者,消费者是能够觉察到的,如精美的装潢、完美的工艺、优质的原材料等造就了卓越的品质形象,当消费者面对同类产品时,便可发现其卓尔不凡。此外,良好的企业形象也支持其较高价格能被部分消费者接受。另一个是来自于消费者。只有对那些支付能力较高的消费者,并且在一定程度上具有求名心理要求的消费者,这种定价策略能行得通。事实情况是,在消费者中确实存在着一部分这样的人。

在现实经济生活中,有些企业运用这种定价策略取得了较好的效果。如茅台酒厂,在历经多年价格比"五粮液"稍低之后,推出定价比"五粮液"价格更高的产品,虽然价格比"五粮液"要高,但产品却销路甚畅。因为,从企业的角度来看待消费者的价格心理是这样的:在中国,最好酒是"贵州茅台",只有价格最高才能与"最好的酒"相匹配。正是基于这样的基本认识,在最近的几年时间里,使"茅台"重新获得了应有的市场。事实上也是这样。在许多场合下,顾客购买、消费"茅台"酒,都是出于这样的心理。

20 世纪 20 年代,美国有一款名叫"帕达"的汽车,是种"奢侈车",价格非常高。只有当时的百万富翁才能买得起。后来大家都纳闷:为什么它是"奢侈车"?回答的结果是:就是因为它价格高,价格本身给它以地位。

采用声望定价策略，对于企业来说，应注意以下问题：

1. 产品必须有明确的目标顾客，品质确有骄人之处。

2. 把握好订较高价格产品与同类产品之间的价格差异和品质差异，价格差异既不能过大，更不可过小，否则达不到预期效果。品质差异是一个综合概念，如同在前面需求定价法中所说的"别具一格"和独特而良好的形象。特别是从长计议，应做好品质完善和维护工作，始终让消费者信赖、偏爱。

3. 由于支付能力较高的消费者，相对来说，在任何社会经济环境里，总是广大消费者中的很少的一部分人。因此订成声望价的产品种类，特别是对一个多品种生产的企业来说，不宜过多。

四、招徕定价策略

是指企业在制订产品价格时，利用消费者的求廉心理，将所出售的全部产品中的若干种故意把价格订得低些，以吸引消费者的光顾，进而可能购买其他商品的一种定价策略。这种定价策略适用于多品种生产或销售的企业，尤其是零售商。

在企业的定价实践中，有两种具体的操作方法：

一是将某几种产品的价格订得较低，以吸引顾客光临，在顾客购买这些价格较低的产品时，有可能顺带购买其他商品，以达到扩大销售的目的。

但是，采用这一策略应考虑这些问题：招徕品的价格较低，是针对其他经营者而言的；招徕价格的产品与本企业经营的其他产品是否具有消费上的替代关系、连带关系等。

二是企业在特定的时间，出于招徕顾客的目的以无利甚至亏损的价格出售其产品。待到时机成熟时，通过调整产品组合等方式来进行正常价格的产品销售。这种定价策略的运用，需要首先选准时机，其次精心组织产品组合的调整。

采用招徕定价策略，必须切实，切忌弄虚作假，以次充好，或名曰价低，实则无货可卖，这样，不但得不到招徕顾客的效果，反而会损害企业的形象，起到反作用。

五、其他定价策略

其他定价策略包括：对比定价策略，单位标价策略等。

对比定价策略，是指将有关产品，根据它们之间的特定关系，为了达到促销的目的，把它们的价格订得让顾客产生相互对比的效果的一种定价策略。如有家商场为了扩大高级铝合金网球拍的销售，把竹制网球拍的价格订得和高级铝合金网球拍价格相差无几，并把二者摆放在一起。结果，许多顾客看到两种网球拍的功能和价格后，纷纷转向购买较高价的铝合金网球拍，从而起到了扩大铝合金网球拍销售的作用。

21世纪经济与管理精品丛书

单位标价策略。有些产品在销售时,由于销售计量习惯,使按习惯计量标得的价格较高,销售不旺,可采用改变习惯计量单位,重新标价的策略。如1公斤菜油的价格是7.80元,但若按每市斤标价,则顾客的价格感受就会不同。

第二节　折扣与折让策略

一、数量折扣

数量折扣策略又称批量作价策略,是指对大批量订货的一种价格减让。数量折扣的做法是,对于买主来说订货数量越多,所享受的价格减让越优惠。企业之所以能够这样做,主要是为了获得规模经济效益。

在现实的定价实践中,出现了两种数量折扣的形式,一是累积数量折扣;二是非累积数量折扣。

(一)累积数量折扣

累积数量折扣是指企业规定在既定时期内,买主购买本企业产品达到一定的数量或金额时,所给予买主一定的价格折扣。如企业规定:凡一年内,购买本企业产品金额达到1万元者,给予6%的价格优惠。这种定价策略,除了可以直接起到扩大销售的作用,搞得好的话,还可以培养顾客的忠诚度,融洽企业与买主之间的关系,使企业的生产经营管理更加稳定。

(二)非累积数量折扣

非累积数量折扣是指对购买者而言,凡一次购货达到一定数量金额,便给予一定价格折扣的定价策略。如企业规定凡一次购买满100元者返还5元现金或等值商品,就属于这种策略。这种定价策略,适用于一些零售商场采用。但应引起注意的是,企业不应玩"花头",即在该企业购买的100元商品,在其他企业购买只需95元。虽然表面上看,给顾客5元返还现金,但实则"羊毛出在羊身上",会引起顾客的反感。

非累积数量折扣,对于企业来说,能起到在短时间内迅速扩大销售的作用,但其不足之处在于和累积数量折扣相比,与顾客的联系是不稳固的。

二、现金折扣

现金折扣,又称付现折扣,是指企业为了加速资金的回笼,给尽快在规定时间内付清货款的买主的一种价格减让。目前,西方国家的许多企业都习惯于这种做法。企业之所以制订现金折扣策略,是因为买主欠账时间越长,卖主承担的风险越大或是费用越高,为了减少风险或费用开支,卖主情愿付出一定的代价,即折扣。如现在流行的现金折扣做法是：“2/10，n/30”。表明：买主若是在 10 天内付清货款，可享受原价 2％的折扣，至迟在 30 天内付清货款，但已不享受折扣。超过 30 天，就算是违约。

作为买主来说，一般较乐意提早付清货款。这是因为：反正要付款，早些付还可以享受折扣，有些甚至宁愿向信贷机构贷款，也愿意提前付款，因为卖方所给予的折扣率通常要高于同期银行贷款利率。作为卖主来说，折扣虽然减少了收益，但一来减少了货款收不回的风险，更重要的是及时收回的货款可以参与生产、经营的周转，减少存货积压。正因为此，这种折扣策略，在西方工商界，广受欢迎。

现金折扣的关键是要做好以下几方面的工作：

第一，最迟付款期限的决定。

第二，提前付款时间与折扣率的确定。

第三，折扣率与信贷机构贷款利率的比较。

三、交易折扣

交易折扣，又称职能折扣。是制造商对中间商经营其产品所付努力的报酬。有些制造商为了集中精力从事生产和技术提高，把本应属于自己执行的部分职能交给某些中间商去做，如运输、存储和技术服务等，并承担某些风险。中间商部分地履行了制造商的职能，都是需要开支的，这些都需要合理地予以补偿，并有盈利。交易折扣策略就是运用交易折扣来鼓励一些中间商努力地从事本企业产品的销售和服务的策略。制造商运用交易折扣策略鼓励中间商积极经营本企业产品，常根据不同的中间商及其所起的作用大小予以价格折扣。关于这部分内容的详细论述，请参阅本书第五章。

四、季节折扣

季节折扣，是指企业根据生产和消费的季节不同而对购买者的一种价格减让。有些产品由于原材料、生产和消费等方面的原因出现季节性特点，造成产量大而销量小或是消费量大等现象，为了减少生产经营上的波动采取按季节特点对购买者予以一定的价格减让，以促使大量购货。季节折扣可分为过季折扣和应季折扣两种。

（一）过季折扣

过季折扣是指企业给那些购买过季产品的顾客的一种减价策略。这样做主要是因为有的商品一旦过季就须存储，除了费用、损耗增加之外，还有成为冷背商品到时无法销售而成积压品甚至废品的可能。为了避免这种现象的出现，企业进行价格减让就可以适当地增加销量，收回资金。

（二）应季折扣

和过季折扣不同，应季折扣不是在产品销售淡季时进行价格减让，而是在消费旺季，销路顺畅的情况下，对买主的价格减让。传统的季节折扣认为，给予价格减让的应是过了时的产品，但既然是过了时的产品，减价所能增加的销量毕竟是有限的。而应季折扣认为，虽然某种产品很畅销，正处于消售旺季，但如果在此时减价可能会使销路更畅，对于那些生产潜力可以挖掘的企业来说，除了可以提高设备的使用效率外，更重要的是可以获得更高的市场占有率和更好的企业形象。有些企业生产的某些产品在淡季时央求客户购买，而到了旺季时，除了要求客户预付货款外，常借各种名义提价。虽然从短期看，旺季提价，客户有可能接受，也可以获些利，但却留给客户"见利忘义"的印象，从而不利于树立良好的企业形象，获得长远利益。

当然应季折扣，企业必须是设备的生产潜力可以挖掘，而无需重新投资。这种定价策略比较适合于有稳定可靠货源的中间商采用。有关这方面的详细内容，请参阅本书第七章。

五、折让

折让是一种在价目表基础上的减价。它有以下两种情况：

（一）以旧换新折让

企业回收顾客同类产品的旧货，将旧货折价收回，在购买新货时予以折让。如企业出售新的洗衣机，若顾客把旧洗衣机拿来折合为 200 元，而新洗衣机售价为 1 200 元，此时，顾客购买这台新洗衣机时只需付 1 000 元的价款。这样做一方面给顾客以良好印象；另一方面，在环境保护、节能减排浪潮方兴未艾的时代里还能获得良好的社会评价，有利于提高企业的社会形象和品牌美誉度，也有利于增强顾客对这类企业的品牌忠诚程度。

（二）促销折让

促销折让是指由制造商给予参与其产品促销活动的中间商的一种价格减让策略。如一个零售商为了销售某个牌子的服装，在当地的一家广告媒体上发布广告，那么该服装的制造厂家会为此而支付一定比例的广告费用，方法是通过价格减让来体现制造商部分地负担了该项费用。再如，某零售商为了促进某产品的销售，经过精心布展，取得了良好效果。制造商为了鼓励零售商的销售努力，会免费赠送若干个展品给该零售商，或是直接给予一定幅度的价格折让。

（三）现金回扣

有时为了有效地促进销售，在顾客交款取货后，当即返还部分现金给顾客，这种做法使顾客产生直接受惠的感受，因而促销效果较好。这种让价策略，适合运用在面对最终顾客的零售商场中运用。

第三节 新产品定价策略

一、取脂定价策略

"取脂"是一形象的说法。源自于煮牛奶时撇取上面最有价值的部分。取脂定价策略,是指在企业推出新产品时,根据产品自身特点和市场状况,将新产品订高价,以取得较高利润,待到市场状况发生变化时,再行降低价格或另做打算。这种定价策略的经济学理论依据是"需求曲线下滑",见图4-1,反映的是需求量随价格的变动而变动。

"需求曲线下滑"反映的是这样的内容:当一个可能在市场上对购买者来说有较大吸引力的新产品上市场,开始可以制订较高的价格,以后便逐步降低。即按图所示:当价格订为 P_1 时,销量(需求量)为 Q_1,这是由于愿意支付 P_1 价格的买主都是很急于得到该产品的;当这些人的需求获得满足以后,为了吸引更多的顾客购买该新产品,可将价格降至 P_2,相应的,销量便扩大为 Q_2;依照此理,当价格为 Q_3 时,销量便为 Q_3。但是,由于新产品刚上市时,按 P_1 价格出售,市场上该产品最有价值的部分已被企业取得了。

企业之所以对某些新产品采用取脂定价策略,主要是基于以下原因:

第一,制订较高的价格,使一定销量下的利润总额尽可能的大,有利于快速收回新产品的投资,为进一步扩大生产规模提供资本。

第二,对有些订高价的产品来说,高价往往是提高产品身价,进而更受目标消费者的青睐。多数情况下,细分市场定位较为准确的新产品销售数量在一开始很少受价格影响。有研究表明:决定新产品期初销售量的因素,往往是包括价格在内的销售策略组合,而不单纯是价格。所以,新产品上市初期,应将价格订得高些。有时价格过低,反而影响新产品的销售。美国市场上首次出现家庭自备烫发用品时,每套定价为不到1美元,当时理发店里烫一次发的价格是10~15美元,很多女顾客对该产品将信将疑,因而该产品销路不畅。在制造商了解情况后,立即将原来不到1美元一套的价格,调到接近2美元一套,结果产品销量却增加了。当然,这里的前提是目标市场、定位都较为准确。

21世纪经济与管理精品丛书

价格

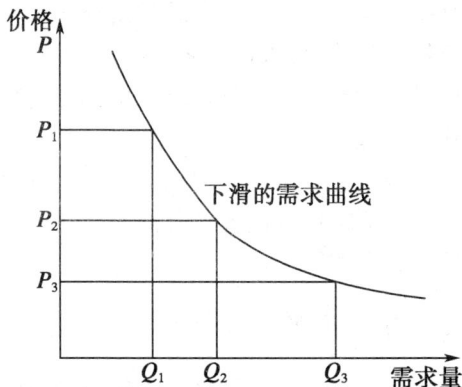

图4-1 需求下滑曲线

21世纪经济与管理精品丛书

这种新产品定价策略的心理依据是，由于消费者无法拥有新产品的消费经验，进而进行对比，习惯于按价论质，即认为价格高的产品通常质量不会低的。

第三，从企业的角度来说，将新产品订成高价，往往是试探市场的好方法，起到投石问路的效果。当企业需要降价以扩大销量时，有可降价的空间。如果起初定价不足够高，而需要降价时，回旋余地就没有或是很少了，企业容易陷入被动的境地。更不用说，意外原因导致成本增加时，为了保证一定的利润而提价了。

第四，将新产品订成高价，在一定程度上可以阻止新的竞争对手进入该产品市场。因为许多企业决策者都知道新产品订高价的绝大部分可能情况是随之而来的降价。特别是对那些时尚性的、市场寿命周期较短的产品就更是如此。

但是，取脂定价策略的不足之处也是显而易见的：由于价高利大，在客观上对竞争者有很大的吸引力，如果市场行为缺乏严格的法律约束的话，即使新产品有专利保护，也会遭到如替代品等的侧面进攻，甚至是假冒产品的骚扰。

二、渗透定价策略

渗透定价策略是指企业将新产品的价格订得较低，有时甚至低于成本，目的是使该新产品能尽快打开销路，进而提高产量以降低成本，建立在产量和成本优势基础之上，阻止企图进入该产品市场的竞争者加入。这种策略就是要使制订的价格低到足以使竞争者因无利或利微而退却。

渗透定价策略适用于以下这些市场环境：

第一，没有足够数量的顾客愿意支付高价购买新产品，因而不具备采用取脂定价策略的基础。

第二，虽然定价较低，但却可以通过低价格吸引大量顾客，进而扩大产量，可以使成本、费用水平显著下降，以支持低价策略。

第三，该新产品无技术、资金等方面的特殊要求，竞争者加入的条件并不怎么高，如不采取低价策略，竞争者有很大的可能加入竞争。

第四，消费者对该低价的新产品有较强的敏感性，低价会对消费者产生较大的需求刺激，从而挖掘消费者的购买潜力。

一般的，许多采取渗透定价策略的新产品都或多或少地具备上述市场环境的适应性。也正是这些市场特征，决定了采取该策略的新产品有市场。

但是，渗透定价策略的不足之处在于：如果市场实际的销售量不足够的大，企业就会承担较大的风险。

三、先发制人定价策略

先发制人定价策略是指通过定价策略的运用，将竞争者排斥在该新产品市场之处的策略。该策略从形式上看和渗透定价策略一样，开始时把新产品的价格订得很低,待到企业在市场上建立了较稳固而有利的市场地位时,通过与产品策略相结合,反而逐渐地提高价格。当企图进入该产品市场的供应商看到较高的利润时,出于以下方面的考虑,而不敢贸然进入该新产品市场:

第一,挤进一个由别人已经建立起来的市场所需代价较高,因而市场开拓的费用支出也将很大。

第二,推出了这种新产品的企业,经过一定时间已经积累了较丰富的制造和销售经验,当它面临新的竞争对手威胁时,有足够的条件立即降价。不过,采用这种定价策略,面临的一个现实困难是,当企业将要提价时,会冒很大的风险,因此,前期的市场调查和预测就显得很重要了。

四、排除竞争产品的定价策略

该策略是指企业为新产品制订一个特殊低的价格使消费者在比质比价的过程中确认该产品是优质低价的,从而把原有的竞争产品挤出市场的定价策略。拟采用这种定价策略的企业,必须细致研究采用该策略的合法性,避免触犯如"倾销法"等法律,而招致制裁。特别是在对发达国家的出口贸易中,更应小心从事。

上述各种新产品定价策略,取脂定价策略和渗透定价策略,都是较为极端的情况。至于企业为新产品定价采用何种策略,都必须首先占有较为充分的市场调查和预测资料,要从本企业及其新产品所处的市场地位、竞争格局、需求状况等实际情况出发,相机抉择。通常情况下,任何新产品,总会在市场现有产品中找到可作为比较的对象。顾客可借此进行对比,进而作出自己的评价和选择。这就要求企业,在制订新产品价格时,也能找到合理而可靠的参照产品,从而确定新产品和参照产品的合理差价,以使新产品在接受顾客的比较时,能获得一个较为有利的市场地位。

此外,在为新产品制订价格时,除了要考虑到新产品本身的销售问题外,还要考虑到企业相关产品的销售要求。

第四节　价格调整策略

一、价格调整的含义

企业为其产品制订了销售价以后,产品便可在市场上按此销售了。但这并不意味着这一价格就不再变动了,前述的各种定价策略中都介绍过了价格的变动及其环境。之所以会出现要对已订的价格进行修订,是因为在市场上随着来自于企业内部和外部的许多因素的影响,价格必须要进行调整,而价格调整又是涉及到方方面面关系的一个重要问题。因此,如何把握好价格调整的策略于价格调整之中,就显得极为重要。

价格调整策略通常有两种:一种是主动调整价格;另一种是被动调整价格。

二、主动调整价格

主动的价格调整,表现为两种情况:一是主动降低产品价格,即削价;二是提高产品价格,即涨价。

(一)削价

削价是指企业将其产品在原价的基础上降低价格的价格调整行为。

一个企业将其产品削价,必须有足够的削价理由。通常情况,无外乎以下几种:

1. 供求状况的改变。这主要是由于,一方面本企业的生产能力过剩,市场上同类产品又处于供过于求的状况,企业的产品销量需要扩大,而又无法或没有必要通过改进产品本身来扩大销量时,削价就成为扩大销售量的首选办法了。

2. 竞争压力大,迫使企业削价。在某些产品的市场上,同行之间的竞争有时相当激烈,为了保持既得的市场地位,也会削价,以应付竞争。特别是在那些产品内在质量差异不大的产品生产者之间,削价就成为应付竞争的一个利器。比如我国的比亚迪、吉利汽车公司生产的轿车,在受到日、美、欧等国家和地区的质量较好的轿车的竞争压力后,为了夺取市场,不得不将其产品价格一降再降。

3. 成本、费用等的变化。有的企业虽然在一定时期成本、费用开支水平是既定的,但如果降低成本、费用水平的潜力较大,而又切实可行的的话,那么当其成本、费用降低过以后,为了进一步提高市场占有率,扩大销量,削价也是很好的方法。

(二)涨价

涨价,是指企业将其产品价格提高的一种价格调整行为。涨价有不同的方式,既可以对产品不加任何改变而在原有价格基础上提价,也可以通过减少价格折扣来实现,还可以增加连带消费品中的某种产品的价格来达到提价的目的。

和削价一样,涨价通常有涨价的原因:

1. 供求状况。当一个企业的生产能力无法满足市场需求时,特别是该产品没有合适的替代品时,尽管企业的该产品成本、费用水平没有提高,企业也会考虑涨价。美国有家生产壁纸的公司,获悉其产品正面临着强劲的需求增长局面,而其代理商汇报给该公司的情况是:再过几个月,该产品就将滞销。面对上述情况,该公司断然采取了大幅涨价的办法。因为其代理商分析认为:将来该产品滞销的最主要原因不是价格。

2. 通货膨胀,物价上涨。通货膨胀,物价水平上涨引起企业生产成本、费用

21世纪经济与管理精品丛书

水平上升。为了对付各种局面,企业也可选择涨价。如我国近年来,由于货币发行过多而引起了一定程度的通货膨胀,企业生产成本、费用水平提高,迫使企业产品提价,就属于这种情况。当然我国一些企业产品的涨价也有从传统的计划价格向由市场机制形成价格转轨的影响。有些产品虽然从表面上看涨价了,但只不过是一种向合理价格的回归。

(三)主动调价应考虑的因素

因为调价,不管是涨价还是削价都直接涉及到购买者、竞争者的利益,有时甚至影响到政府的政策,因此,调价必须对上述关系者认真权衡,才能使调价切实可行。

1. 购买者对价格调整的反应。购买者对调价的反应,常是调价成功与否的决定性因素。就购买者对调价反应的分析,应从以下方面着手:

(1)需求的价格弹性。需求的价格弹性,是指价格变动的百分比和由此所引起的需求量变动的百分比之间的对比关系。需求的价格弹性,在不同的产品之间有大小之分。通常情况下,是在一定的收入水平、消费结构与消费水平条件下,根据较长时期的观察得出的一个经验数值。分析需求的价格弹性,对于价格调整能否达到预期目的有重要指导意义。对于生活必需品来说,通常情况下,其弹性较小,涨价只要幅度不是太大,销售量一般不会减少,或是减少不多;对于非必需品来说,需求的价格弹性就大些,削价的幅度如果足够大,就可起到扩大销量的效果。

(2)购买者感受分析。购买者感受,是指由价格变动所造成的购买者对它的感觉与评价。它是说明市场对价格变动反应的重要的中介因素,对价格与需求量的关系起极重要的作用。削价通常会引起更多的购买,有时购买者却可能产生不同的理解,更有甚者会曲解削价者的原意,而产生种种揣测:产品质量可能出了问题,原本就不值那么多钱;产品可能要过时了;现在削价了将来可能会削价更多。涨价,一般情况下,产品销量会下降。但是购买者的感受可能使销量未必下降。他们会认为:涨价意味着这种产品要成为紧俏货,成本上升了,质量提高了等。不管是削价还是涨价,认真分析消费者对变价的感受和评价以及反应,是决定企业价格调整能否达到预期目标的重要前提。这就要求企业在允许的条件,尽最大可能让购买者明白企业产品削价或涨价的真实原因,以减少不必要的揣测所造成的干扰,使企业价格调整的措施,尽快产生应有的效果。

当然,购买者对价格调整的不同感受,与其消费水平、收入水平和调价产品需求的价格弹性大小有密切联系,这就要求企业在调价前作认真客观的分析。

2. 竞争者对价格调整的反应。竞争者对本企业价格调整的反应,也是决定本企业价格调整时应着重考虑的因素。分析竞争者对价格调整的反应,须从行业、产品、竞争格局等方面入手。关于对竞争者的分析,请参阅本书第二章"企业价格决策的影响因素"。

3. 政府对价格调整的反应。企业产品的价格调整,涉及到政府的税收和其他政策。价格调整时要充分研究政府的有关价格法规和政策,以免触犯有关法律而受到制裁。如有最高限价的产品,企业在调价时就只能在此界限以内活动。特别在我国目前,由于在向由市场机制形成价格的转轨过程中,政府为了保证稳定的经济秩序而制订的许多有关价格法规,都应是企业在调价应着重研究的。对于一些暂时没有规范的,而又确实需要调整价格的,应该通过和有关部门多沟通,达到政府的谅解和支持,以便使调价顺利。

三、被动的价格调整

被动的价格调整,是指本企业的产品因受到竞争者价格变动的威胁,而随之做出的价格调整。关于被动的价格调整,对于企业来说,首先必须较为准确地判断主动调价者的意图、实力,以便做出反应;其次是分析主动调价者的产品和本企业产品的相互关系,如产品市场同质、还是异质。在此前提下,企业通常可以采取的反击措施是:价格不变,产品也不变;价格不变,以非价格手段,如增加服务项目、提供更多的附加利益等;随价格调整的发起者变动价格,方向一致等,也可以结合产品策略,方向相反等。

四、价格调整实例分析

企业利润的形成结构如图 4-2 所示:

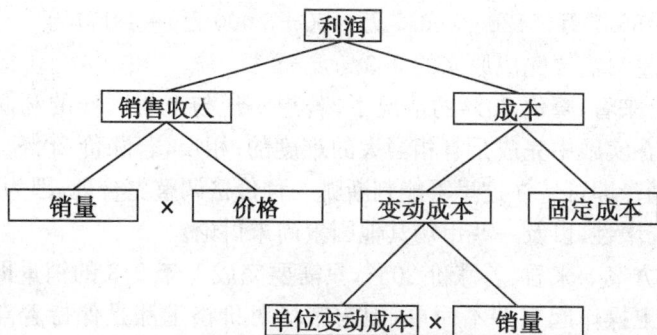

图 4-2　利润、费用、成本关系

利润＝销售收入－成本

调整价格时,销量随之发生变化,但销量的变化对上式右边的"销售收入"与"成本"同时产生影响,对利润影响的结果无法准确预知。下面我们以一个实例来分析:

A 公司的某产品信息如下:

21世纪经济与管理精品丛书

市场售价：100元/个；年销量：100万个

单位变动成本：60元/个；年固定成本：3 000万

年利润＝100万×100－（100万×60＋3 000万）＝1 000万

销售利润率＝1 000万/（100万×100）＝10%

假设第二年，A公司为实现同样的利润，可以做出的选择有以下三种：

方案1：维持原价；

方案2：降价20%；

方案3：涨价20%。

作为公司营销部门来说，会倾向哪种方案呢？从实践经验来看，作为一线营销人员，销售和竞争的压力，会促使他们选择第2种方案，这样，自己的产品价格有更大的竞争力了，销售任务也更容易完成了。但事实上是这样的吗？

方案1：维持原价，这里不做讨论。

方案2：若降价20%，欲获得相同的收益，销售量应为多少？

降价20%，单价100元/个→80元/个

年销售量为200万个时：

年收益＝200万×80－（200万×60＋3 000万）＝1 000万

此时，销量需要上升1倍。

方案3：若涨价20%，欲获得相同的收益，销售量应为多少？

涨价20%，单价100元/个→120元/个

年销售量为66.7万个时：

年收益＝66.7万×120－（66.7万×60＋3 000万）＝1 000万

此时，销量只需要完成原来的2/3。

从数据上来看，降价20%的情况下，若想实现与上年同样的利润，销量需要上升1倍，这在实践中完成是有相当大的难度的；相反，若涨价20%，只需要完成上年2/3的销量即可。在这里不能判断哪一种价格调整更合理，因为本案例自身具有一定的局限性，以及一些市场其他因素尚未讨论。

此外，从方案3来看，若涨价20%，只需要完成上年2/3的销量即可，看起来容易，但实际上操作起来并不简单，因为市场对价格上涨是保持着高度敏感的。那么，怎样实现这一点呢？其实，要市场上所有的客户都接受上涨20%的新价格是不可能的，但是，若我们能找到哪怕是10%的顾客能接受新价格，对总收益的贡献也是可观的。也就是说，可以考虑把我们的产品在市场上以不同的价格，销售给不同的顾客，即差别化定价。

第五节 差别化定价策略

从前面的例子里我们可以看出,价格差异化是改善总体价格的最佳手段。差别化定价正是基于这一思想的价格实践活动。该方法已经被企业大量使用,取得了较好的效果。但是,如果该方法使用不当,也会为企业带来负面效果,如让顾客感觉受到价格歧视等,甚至引起法律上的问题。

所谓差别化定价,是指企业在提供产品服务时,不是不加区别地对所有客户均提供相同的价格,而是综合考虑现实中多种复杂因素,谨慎行使产品价格浮动权,提供不同的有针对性的服务价格,在满足客户需求的同时,最大限度地提高企业的收益。

一、差别化定价的原理

差别定价之所以能够改善总体价格,是因为相对于单一价格定价法,差别定价充分考虑到了顾客的认知价值的差异,即对同一件产品,不同的顾客认为对自己的价值不同,愿意支付的价格也有所差别,从而提高了整体利润水平。关于这一点我们可以从一个例子中看出。

假设某公司制造的某款保温杯,经过调查,市场上顾客愿意出的最高价格是25元,最低价格是5元(即以5元出售企业可以收回变动成本,实现产品全部销售)。如果该公司把该保温杯以10元出售,获利的收益情况如下。

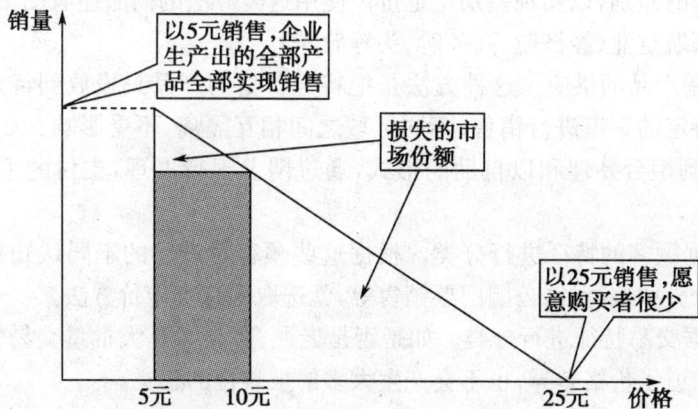

图4-3 无差异的价格与市场销售

如图4-3所示,若仅以10元价格销售保温杯,企业仅可以获利图中阴影部分所示的销售额,而损失了相当大一部分的市场。或企业根据顾客对此保温杯的

21世纪经济与管理精品丛书

❖企业价格决策

认知价值的差异,采取多元化的价格,例如制订 7 元、10 元、17 元三种价格,那么,如图 4-4 所示。

由图 4-4 可以看出,在这种情况下,图中阴影部分的面积增加了,损失的市场份额减少了。

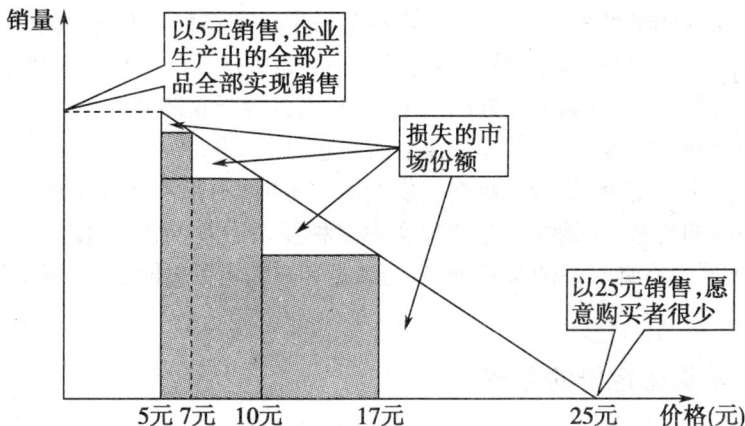

图 4-4　差异化价格与市场销售

虽然这种方式可以大大增加市场份额,但一个新的问题出现了:怎样让市场同时接受这三种价格?怎样让以 17 元购买保温杯的顾客不感觉受到了价格歧视?解决的方法就是建立价格屏障,让不同的顾客各取所需。其方法有:

1. 建立产品线。如可以把保温杯进行差异化的设计或包装,推出系列产品,使顾客对这些产品的认知价值产生差别,实际上,这些产品的成本差别远小于顾客认识价值的差别,以实现差别化定价。使用这类方法的商品还有图书(平装本、精装本等)、航空业(经济舱、商务舱、头等舱)等。

2. 控制产品的供应。这种方法是把特定价格的产品只投放到特定的区域,或只通过特定的渠道进行销售,不同区域之间相互隔离,不受影响。如银行汇款业务,顾客到柜台办理和以自助的形式,通过网上银行办理,支付的手续费是不同的。

3. 根据顾客的特征进行分类。根据这些顾客对产品的不同认知价值,进行差别化定价。如旅行社、公园门票销售等,就选取了这类定价方法。

4. 根据交易特征进行分类。如是否是老顾客,是否是大批量交易等。这样,即使顾客知道了价格差异,也不会产生太多的被歧视的感觉。

二、产品线定价策略

产品线是指企业拥有的一组密切相关的产品。一般来说,多数企业不会仅仅拥有一个型号的产品在市场销售,而是一个系列的产品,这些产品之间,存在着相互的关系,怎样为这一系列产品定价,这种定价方法可以看成是差别化定价的具体形式之一。

（一）确定产品线中的产品之间相互的关系

企业产品线中的产品基本上呈现两种关系:

1. 需要在一起才能使用的,如 DVD 播放机与电视机,DVD 播放机与影碟片,喷墨打印机与墨盒等。

2. 能相互替代的,如方便面企业生产的各类方便面产品,汽车制造厂生产的不同型号的汽车。这些产品中,顾客如果购买、消费了其中一个产品,对另外一类产品的需求就会降低或基本没有了。

（二）确定企业的盈利模式

对于第 1 类产品线,需要确定这些产品之间的配比关系,是 1∶1(如 DVD 播放机与电视机),还是 1∶N(如 DVD 播放机与影碟片,喷墨打印机与墨盒),并确定企业打算怎样获利。如销售喷墨打印机,是希望从打印机的销售中获利,还是希望通过销售廉价的打印机,提高市场占有率,从墨盒销售中获利。

（三）制订价格

对第 1 类产品线,企业可以根据自己的盈利目标来制订价格。

对于第 2 类产品线,定价过程如下:

① 决定价格最低的产品及其价格(低端产品)。

② 决定价格最高的产品及其价格(高端产品)。

③ 为所有的产品设定价格差别。

其中,两端的价格更容易被注意,它们的设定会影响产品线上所有产品的销售。高端产品及价格决定了企业产品的形象、品味与定位;定价最低的产品对整体产品线的销售影响超出其他任何产品线上的产品。随着产品线中产品档次的不断提高,产品的价格差应该逐渐扩大。同时,在制订、修订价格,或进行使用价格手段进行促销时,应注意避免冲击自己的同级别市场,最好能促使顾客的"向上购买"。

第六节　价　格　竞　争

一、由著名的"囚徒困境"谈起

囚徒困境指的是一个运筹学的问题,两个嫌疑犯被警察抓获。由于警察没有足够的证据控告他们,所以他们对被分开在两个处所的嫌疑犯提供同样一笔交易:

• 如果甲承认罪行,而乙保持沉默,乙将被判处 10 年监禁,而甲可以马上获得自由。

• 如果乙承认罪行,而甲保持沉默,甲将被判处 10 年监禁,而乙则可以马上获释。

• 但是如果甲、乙两个都保持沉默,甲、乙只能判处 6 个月的监禁。

• 如果甲、乙两个人都认罪,甲、乙每人将得到 5 年的监禁。

两个嫌疑犯头脑清醒,逻辑思维能力强,他们会做如下判断:

	乙 坦白	乙 沉默
甲 沉默	甲: 10年 乙: 0年	甲: 6个月 乙: 6个月
甲 坦白	甲: 5年 乙: 5年	甲: 0年 乙: 10年

作为旁观者非常清楚,对于甲、乙两人来说,最好的结果就是两人都保持沉默,分别得到轻微的处罚,但是,由于两个人都希望追求对自己更好的结果(如最好立即释放),反而是两个人都选择了坦白,各自得到 5 年的监禁。

如果我们把这两个嫌疑犯换成两个互相之间有竞争关系的企业,把受到的处罚换成企业的盈利情况,可以得到如下判断:

	乙 降价竞争	乙 维持原价
甲 维持原价	甲: 10年(较大亏损) 乙: 0年(较高利润)	甲: 6个月(中等利润) 乙: 6个月(中等利润)
甲 降价竞争	甲: 5年(较低利润) 乙: 5年(较低利润)	甲: 0年(较高利润) 乙: 10年(较大亏损)

同样,可以看到,每个企业由于追求更高的利润与市场份额,是很容易陷入价

格竞争之中的,即发起价格战。这种价格战对双方都是没有好处的,除非一方实力特别强,有能力彻底消灭对手,然后从长期对市场的垄断中获利,否则对任何一方都是没有好处的。唯一能短期获利的是顾客,从长期来看,不管是双方企业价格战伤了元气,还是一方企业获得了垄断的市场地位,对顾客都是不利的。

21世纪经济与管理精品丛书

第五章　制造商定价

第一节　制造商定价的内容

制造商根据其产品的具体情况,按照其经营目标,运用与之相适应的定价方法和策略所制订的价格叫做目录价格。通常情况下,目录价格是作为其实际交易时计算成交价格的基础,因此,目录价格又叫做基价。

基价作为实际交易时计算价格的基础,是为了适应与不同交易对象及交易方式和交易特点的要求。为了适应这一要求,制造商须对目录价格进行一系列的调整,进而形成制造商产品的价格结构,以实施目录价格。这便是制造商定价的内容。

制造商在目录价格的基础上,确定其产品的销售价格结构,主要从不同的销售条件出发。这些销售条件是指:

(1) 不同批量的销售。

(2) 对承担不同职能的各类中间商的销售。

(3) 对不同区位的买主的销售。

(4) 运用不同的信贷条件和结算方式的销售。

上述这些销售条件,企业在考虑了以后,便是对价格结构的以下内容进行决定:

(1) 付款时间和付款条件。

(2) 拟对购买者提供各种折扣的性质。

(3) 决定买主取得产品所有权的时间和空间界限。

制造商决定其产品价格结构的过程,实质上就是一个具体运用各种价格折扣政策以促进其产品销售的过程。关于各种类型的价格折扣,在本书的有关章节中已作过简单介绍。如数量折扣、付现折扣、职能折扣等。本章将对这些内容作详细说明。此外,还将介绍信贷政策、分地区定价等内容。

第二节 数量折扣的依据和方法

一、制造商决定批量档次和折扣率的方法

数量折扣的前提是制订出销售不同批量档次和与之相应的折扣率的标准。通常它是以表格的形式来表现，即批量折扣表。制造商在制订该表格的时候，须就以下三方面做出决策：

1. 无任何折扣的最低购买数量。

2. 购买者（经销商）享受批量折扣的起点和批量档次的划分。

3. 与各批量档次相应的折扣率。

制造商运用数量折扣，其基本目的是刺激需求的增加，同时降低了满足该需求水平的成本。从理论上来说，数量折扣不是普遍的降价，但实际情况是：对大批量采购的中间商予以减价，客观上必然会引起需求量的增加。因此，制订价格折扣表必须考虑相应折扣率的需求弹性大小。进一步地说，在制订价格折扣表时，必须对不同折扣率下需求弹性的值做出预测。制造商要考虑到的这种需求弹性，取决于中间商向其订货费用的降低和增加库存及管理费用提高之间的相对成本。如中间商在向制造商发出订货单时，加大每份订单的订货数量，虽然可以减少频繁发出订单的费用支出，但是，中间商由此会增加库存数量，进而库存及管理费会由此加大。因此，制造商在制订批量折扣率时，须计算出中间商订货费用的减少和库存管理费用提高之间的差额，要能够补偿中间商的费用提高带来的损失，并且有些盈利，才能吸引中间商加大每份订单的订货数量。这样对中间商和制造商而言，都可以从减少订单数量中获得好处。至于折扣率究竟给多大，取决于制造商从减少订单数量和接受不同批量的订单的成本降低幅度以及交易双方在市场中的地位。

由于加大每份订单订货数量和买卖双方成本都有所降低之间存在着一种函数关系，经济学家格罗瑟（Growther），设计出一个公式来说明，加大每份订单的订货数量和买卖双方之间成本变化的关系。

（一）加大每份订单订货数量，买方成本的变化

买方的成本函数是：

$$TEK_B = \frac{Ad}{q} + \frac{qpi}{2} \qquad （公式1）$$

式中，TEK_B：预期的中间商存货成本总额；

A：签订每一份订单的手续费；

d：计划期内对该产品的需求量；

q：一次订购的数量；

p：单位产品的价格；

i：每期单位产品库存管理费用占价格的百分数。

公式 1 说明：在中间商采购总量不变的情况下，每份订单订货数量越大，签订全部订单所需的手续费将越少，而平均的库存管理费用则越大。这一变化可由公式验证。在这个变化过程中，买方的存货成本 TEK_B 存在着一个最小值，与该最小值相对应，便是买方每一份订单的最佳经济采购批量。

计算买方每份订单最为有利的采购批量，可用微分法，由公式 1 求出当 q 变化时，TEK_B 的值最小，然后求得 q，可得出每份订单最有利的订货数量 q_0。

q_0 的公式为：
$$q_0 = \left(\frac{2Ad}{pi}\right)^{1/2} \tag{公式 2}$$

至于每份订单最有利的买方订货数量，也可以直接由公式 1 和试用不同订货数量的订单，计算出不同的买方成本数值，将这些数值作在坐标图上即可得出每份订单最有利的订货数量。

（二）加大每份订单的订货数量，卖方成本的变化情况

卖方乐意加大每份订单的订货数量，来自于两方利益：首先，减少订单数量多的手续费和存货管理费；其次，将节约的这些费用投入生产周转可增加的盈利。

卖方的成本函数是：
$$TEK_s = \frac{Ad}{q} - \frac{mpiq}{2} \tag{公式 3}$$

式中：TEK_s 为预期卖方存货成本总额；

　　　m 为卖方某产品的毛利率；

　　　A,d,q,i 所代表意义同公式 1。

公式 3 表明：在产品销售总量不变的情况下，卖方接受每份订货单的批量越大，全部订单处理的手续费会越少，同时，将节约下来的费用（包括减少存货及其管理费用的节约）用于生产的周转，可获得更多的利润。处理订单的手续费用总额，减去把节约的存储费用总额用于生产周转所增加的利润，余额就是卖方的成本节约数，此数总会是负值，反映了卖方大批量销售的成本节约数。

以买方每份订单最经济的购买数量为标准，用以上公式可以计算出不同批量交易下，买方多支出的成本及卖方节约的成本，以及买卖双方总成本的节约净额。

制造商的成本节约是决定折扣率的基础。它根据经销商大批量采购引起的成本增加，以及双方在市场中所处的地位，决定各种采购批量的折扣率。实质就是把成本节约的好处，与经销商分享。但这一好处，即折扣率要起到足以鼓励经

销商加大每份订单订货数量的作用。

在制造商实际划分批量档次，进而确定折扣率的操作中，通常是通过对以往销货记录的分析决定的。即从以往的销售记录资料中，统计出采购者每份订单订货批量，按平均批量的不同，将采购者分档次，再运用上述公式分析不同批量、不同折扣率的情况下，买卖双方利益的变化情况，对欲鼓励的采购批量档次，予以较高的折扣率；对欲限制的采购批量档次，予以较低的折扣率。

应该引起注意的是，根据批量档次决定的折扣率决不是一成不变的，制造商须依照对中间商的购货订单进行分析、分类，及时调整折扣率。

以上所分析的买卖双方成本变化，只是从销售角度来考虑的，如果加上制造商由于接受大批量订货导致成本降低的益处，折扣所带来的对买卖双方的好处还会更大。这是因为制造商的成本降低了，其目录价格将低些。

数量折扣的实例在附录案例中有详细介绍。

二、制造商运用数量折扣应注意的问题

制造商运用数量折扣，旨在促使中间商加大每份订单的订货数量，从而使双方在此基础上均有益处。但是，客观上造成了批量不同的买主，其进货价格高低不同。对于那些订货量大的买主，所得到的好处显然比订货量小的买主要大，因此，容易给不同批量的买主造成价格歧视的印象，不利于公平交易。有些国家，如美国，就以政府法令的形式做出了专门规定。该规定指出：卖主有责任证明其数量折扣的方法在同等条件下，对所有买主是一视同仁的；并且联邦贸易委员会有权经常检查卖主的折扣办法和要求卖主提供采用该折扣的成本节约数据以证明其折扣的合理性。

在我国，目前虽无专门的法律、法令，但《公平交易法》中有关条文，也作了近似的规定。企业在制订数量折扣办法和执行过程中，除了要遵照有关规定外，还应考虑到根据批量确定折扣率给买主造成的印象，即从保护企业形象的角度来认识这一问题。并且可以相信，随着我国经济立法的不断完善，相关法规的出台，也肯定为时不远。

第三节 付现折扣和信贷决策

一、付现折扣的基本概念及其模型

（一）付现折扣的基本概念

付现折扣是指制造商对其经销商在规定期限内付清货款的报酬。如制造商

在按目录价格的基础上依次给予了数量折扣、职能折扣和推销折扣之后,发票金额是 456 元。在发票上注明的信贷政策是 2/10,净 30。在此情况下,如果购货方在 10 天之内付清货款,可享受 2%的折扣,即付款 456 元×98%,为 446.88 元。如果购货方未能在 10 天内付清货款,就不能享受 2%的付现折扣,并且必须在 30 天内全额付清货款,即 456 元。通常情况下,购货方在此条件下,宁可贷款也会在 10 天付清货款的。这是因为:如果购货方未能在 10 天付款,而在第 11 天或以后付清货款,那么这笔货款对其来说所得到或失去的利益悬殊太大。请看如下演算过程:购货方在 10 天付清货款,享受 2%的折扣,实质上等于以 24%的年利率借用了这笔货款;如果购货方未在 10 天付款,就不能享受这 2%的折扣,等于以年率 73%的高水平利率借用这笔货款 10 天,因为 1 年有 36.5 个 10 天,1 个 10 天可享受 2%的折扣,即 36.5×2%=73%;如未能享受,便无法获得该折扣,因此,经销商等于放弃了该好处。正因如此,经销商一般宁可向金融机构借贷,也愿按 2/10,净 30 的条件付款。

从制造商的角度来看,做出付现折扣决策主要从以下方面考虑:

(1) 付现折扣率。

(2) 付款期限(允许赊账期限)。

(3) 催收过期账款所需费用。

(4) 确定可向其提供信贷折扣的交易对象。

(5) 信用额度。信用额度是指制造商规定经销商记账购货的限额。

传统观念一直认为付现折扣和信贷决策是企业的一项融资活动。但若深入研究,便可发现,它还影响到需求。所以,制造商决定提供付现折扣和信贷,对增加其产品需求量有积极影响。从这一点出发,为了使其信贷决策和付现折扣更加有效,制造商需要分析需求与以下方面的关系:

(1) 需求与付款期限之间的关系。

(2) 需求与付现折扣率大小之间的关系。

(3) 需求与托收货款之间的关系。

这是因为:在其他条件不变的情况下,需求量随付款期限的延长会有所增加,需求量也会随折扣率的提高而增加。但是不同的产品其需求的增加受该产品的需求弹性大小制约,这也是在制订付现折扣和信贷决策时应予以重视的。

(二) 付现折扣的模型

付现折扣的模型是指合理制订付现折扣的数学方法。向购买者提供延期付款的信贷决策涉及到两方面的考虑:首先,是来自坏账损失的风险;其次,是占用在应收账款中的资金,失去了将其用于更有利投资所能获得的利润的机会。但是,制造商可从中获得的好处是长期的销量扩大及由此所带来的规模经济效益。制订付现折扣和信贷决策,就是对上述费用和利润的权衡。

如前所述,提供信贷的期限长短和折扣率的大小,是决定这一决策的两个重要参数。下面介绍这一简单模型。

利润可表示为:
$$PR = P_0 - VC(Q) \qquad \text{(公式 4)}$$

式中,PR:表示利润,如在第四章中变动成本定价法中的贡献;

$\quad P_0$:单位产品价格;

$\quad Q$:需求量(产量);

$\quad VC$:单位产品的变动成本。

假定价格(P)、付现折扣率(i)、信贷期限(T)、收取欠账费用(E)均已知,即:
$$P = P_0 \qquad i = i_0 \qquad T = T_0 \qquad E = E_0$$

设信贷条件允许顾客在销售的下个月的第 10 天内付款,可以享受付现折扣,则用公式 4 得出调整后的利润函数为:
$$PR_1 = (1 - i_0) P_0 Q - VC(Q) \qquad \text{(公式 5)}$$

调整后的单位产品利润降低了 $i_0 P_0$,使调整后的总利润 PR_1 比调整前的总利润 PR 降低了 $i_0 P_0 Q$。

制造商对经销商实行付现折扣,就其实质来说是降低了对经销商销售产品的价格。根据需求的价格弹性,需求量将会增加(从用户的角度来看)。它对利润的影响取决于价格降低所带来的边际收入,是否大于增加产量的边际成本。从付现折扣的目的来看,它必须是由于降低价格导致的扩大了的销量所带来的总利润的增加,且足以补偿单位产品利润的损失,并有盈余。

上面讨论的是企业的全部销售予以买主享受规定期限内的付现折扣的必须或起码销售量要求。下面分析在企业的全部销售量中有部分销售不能享受付现折扣,而是在月末付清货款的情况下的信贷决策。

假定制造商提供的信贷政策是 2/10,净 30,但购买者无法在 10 天内(自本月 1 日至 10 日)付清货款,而是 30 日付清货款,也就是说制造商不能在该月内收清货款,甚至要为收清货款而支付清账费用,那么,首先,制造商就要把这部分资金的机会成本放弃。又假定该部分资金(机会成本)的收益率为 r,ΔA 是从 11 日至 30 日内未能付清的货款,那么制造商每个月要放弃的收益便是 $\Delta A r \dfrac{2}{3}$。由于在月末付款,购买者未能享受付现折扣 i,故对此购买者的价格较高,因而计算出来的利润应比公式 5 的数额为大,即:
$$PR_2 = P_0 - VC(Q) - \Delta A r \frac{2}{3} \qquad \text{(公式 6)}$$

这就意味着,当制造商向购买者提供延期付款的信贷政策时,必须要达到需

求量的增加足以补偿提供信贷政策所导致的机会成本的损失,即:

$$PR_1 \geqslant PR_2 \qquad (公式7)$$

上述简单模型的运用可延伸至决定不打折扣的付款期限的最有利期限分析,以及决定收账费用的最佳水平。总之,制造商向购买者提供付现折扣或延长信贷期限,只有在需求量对上述决策变量有足够弹性并能补偿单位产品盈利下降时,才是有利的。这两个模型的作用在于:首先,要求制造商考虑付现折扣对需求的影响,改变盲目的折扣;其次,要求制造商在进行付现折扣决策时,更多地吸收销售人员参与,因为他们更直接地了解需求与折扣的关系;再次,有利于制造商及时调整其付现折扣和信贷期限,使其更加合理。

二、付现折扣的目的和应注意的问题

1. 付现折扣的目的。

(1) 鼓励客户及时付清货款,从而加快制造商的资金周转,以提高收益。

(2) 减少信用风险和催收过期账款的费用。

(3) 追随同行业惯例。

2. 实行付现折扣应注意的问题。

第一,在某些情况下,制造商出于扩大单个订单的订货数量,会不适当地实行付现折扣,包括折扣率过高,付账期过长或过短;第二,虽然订单订数扩大了,资金也较及时地收回了,但失去的利益太多,不能补偿因提供折扣而让给买主的部分。因此,应引起高度的重视。

另一方面,实行付现折扣应是针对大数额订单订量而又在付现的折扣期内的购买者的,但有些购买者,仗依其是大客户,往往认为不管是否在付现折扣期内付清货款,都应享受折扣,从制造商的角度来说,因其是大客户,又不敢得罪,其最终结果是使得大客户享受更优惠的价格。客观上造成的结果是对不同买主有差别对待的价格,即价格歧视。这样一方面容易得罪另外一些客户;另一方面,在价格法规健全的法制社会里,可能要受到法律的制裁。

第四节　制造商对经销商销售产品的定价

一、职能折扣

制造商在大多数情况下要将其产品经由各类经销商转售给最终用户。职能折扣是以经销商在销售渠道中所处的地位为依据,并对其完成不同职能给予的补

偿或鼓励。如有的批发商为制造商提供产品的储存设施,协助零售商布置商品陈列,对零售商提供信贷以及其他一些服务等。

由于经销商的情况多种多样,完成的职能也多少不同,因而制造商在确定给予不同的经销商职能折扣时,既要有合理的梯度,又不能给不同的经销商以价格歧视的印象。下面举一个简单例子说明合理梯度和合法性:有某制造商同时把其产品销售给经销商,既有批发商,也有零售商。制造商提供给批发商的折扣,应该大于提供给零售商的折扣。这是因为,批发商执行着比零售商更多的职能,但是,这种折扣差别,不应该导致削弱直接从制造商进货的零售商,与从批发商进货的零售商竞争的能力,也就是说直接从制造商进货的零售商所享受的折扣,不应高于其从批发商进货所享受的折扣,否则,批发商的地位就会被削弱,从而危害公平竞争,即使零售商完成的职能和批发商相同。

假定某制造商欲将其产品的最终销售价定为 100 元,准备提供给零售商的折扣率为 40%;提供给批发商的折扣率是在零售商价格的基础上 10%。则计算方法是:

卖给零售商的价格＝最终销价×(1−40%)＝100×(1−40%)＝60(元)

卖给批发商的价格＝销售商买价×(1−10%)＝60×(1−10%)＝54(元)

注意:批发商在零售商买价基础上,享受 10% 的折扣,不是 40%＋10%＝50%,而是

$$\frac{100-54}{100}\times100\%=46\%$$

即批发商享受的折扣率为最终售价的 46%。

制造商在销售其产品给各类经销商时,应在充分衡量各类经销商所承担职能方面的差异后,确定给予其职能折扣率。

首先应该确定的是:

1. 经销商应该为制造商完成的职能。

2. 经销商完成上述职能所需的开支。

3. 制造商对不同类型的经销商销售的相对成本。

4. 不同经销商的贸易地位差别。

5. 在销售渠道各环节中,经销商之间的竞争情况。

6. 对批零兼营的经销商,应按其职能范围的差异,分别予以职能折扣。

7. 制造商对不同类型经销商销售的成本节约水平。

此外,还应注意以下方面的问题:

1. 说明对各类经销商职能分类的合法性及其依据。

2．说明享受折扣待遇的销售额,是按正确的分类折扣表执行的证据。

二、推销折扣或津贴

推销折扣或津贴是制造商对经销商,通过当地广告、特殊展销或其他推销措施,推销制造商产品所发生支出的补偿或鼓励,以刺激各类经销商采取有效的推销手段,扩大产品销售。推销折扣的做法,主要有以下几点:

1．在产品的目录价格的基础上,给予折扣。它类似于职能折扣。

2．供应部分免费产品。如一个直接从制造商进货的零售商,当他为制造商的产品布置了一次专门陈列后,由于起到了扩大影响的作用,那么制造商就在该零售商下次进货时免费供应一定数量的产品,以资鼓励或奖赏。

3．由制造商支付零售商广告费用的一部分或是全部,也可由制造商将广告费用直接支付给零售商的广告媒体,这种做法叫合作广告,是推销津贴的一种常见方法。

4．制造商对在淡季进货的经销商予以折扣。详细内容和做法,部分内容已在本书第四章中介绍过。

5．现金回扣。是指制造商按一定条件退给购买者部分价款。这种做法究其实质来说是降价,它的好处是可以直接刺激消费者。因此,就要求退还的价款能保证到达消费者手中。但是,对制造商来说,财务上的核算和管理的难度就增大了。现金回扣的具体操作办法总的来说可以分为两类:一类是由制造商直接向消费者提供;另一类是经由经销商向消费者提供。回扣作为一种推销手段,对扩大销售、清理库存积压产品,有显著的作用。

6．制造商以自己认可的旧货价值抵偿购买新货的部分价格。如荣事达公司推出在顾客购买其全自动新款洗衣机时,可以将任何旧洗衣机折价 200 元,在支付购买新款洗衣机时少付 200 元,即属此法。这种做法的目的,是为了鼓励消费者购买价格更高的新产品。

7．赠券或优待券。赠券或优待券的发放方式种类繁多。有的在购买者购买产品时随发票或交款收据发给,买一次给一张;有的在报刊杂志广告上印上赠券或优待券,顾客将此剪下,凡持该券者可到指定地点购买产品时充当部分现金;有的赠券或优待券还可以参与摇奖。这种做法是把好处给予消费者,进而起到刺激消费者购买的有效办法。

8．买一送一。是指顾客支付一个产品的价格,可以买到两个同样的产品,还可以买一对给三个。如顾客买一付洗碗用的橡胶手套,可拿到两只右手手套和一只左手手套(因为右手套坏得较快)。

9．自由退货全额退款。是指顾客在购买某产品后,一定期限内可按原价退货,出售者全额退还货款是以专用支票而不是现金的方式。该专用支票不规定使用期限,持有者可凭此在出售者所售卖的所有产品中,以该支票作现金支付。这种做法既给消费者以安全,值得信赖的印象,同时,在顾客使用该支票前,出售者可以使用该笔现金,而无需支付利息。

10. 赠送样品,是指对老顾客免费赠送新产品的样品。这一方面是对老顾客的鼓励,也是宣传新产品的一个好方法。这种方法主要是针对那些单价不高、产品更新速度较快、竞争较为激烈的行业。

第五节　分地区定价策略

按照到货定价法,制造商所报价格包括产品的目录价格和运输费用两部分内容。运输费中包括由起运地至目的地的装卸运输费、报检、报验手续费、运输保险费以及短途运费和中转存放费等等。

到货定价策略有以下几种常见操作方法。

一、统一到货价格法

统一到货价格法,即单一地区定价法。生产者对所有位于不同地理位置的经销商报相同的价格,报价包括目录价和平均运输费。卖主对这些买主销售产品所需实际运输费不同,实现的净利润也不同。这种方法常常用于运费在价格中所占比例很小的某些消费品,特别是制造商打算对其产品的转售价格进行有效控制时,往往采用这种做法。

二、分区定价法

分区定价法即多区定价法。分区定价不是一个地区一个价,而是将两个或两个以上地区,划为一个类别的区域,确定一个价。大多数零售邮购商品目录采用分区定价制度。买主只要确定在围绕邮购目录销售中心外围各个同心圆中,自己位于哪一个同心圆的范围内,就可以知道所订购商品的运输费用。地区间价格的不同,取决于离起运点的平均距离、竞争形势以及不同地区市场的需求。

一般说,分区定价制度使向各地区较远处市场的推销工作变得较为容易。另外便于控制转售价格,也提高了销售人员在销售谈判中报价的话语权。使用分区定价制度,便于卖主按需求弹性不同划分地区市场,分别制订不同价格,也有利于有效对付不同程度和不同类型的竞争。

但是,按这种方法定价,卖主每一笔销售额的净利润率不同,因为净利润随实际运输成本变化。另外,如果对企业产品的需求发生了地理位置上的转移,比如,远处市场需求增加,会导致实际运费增大。不过,如果有比较完善的信息系统,随时提供有关市场转移的情况,企业可以随之改变定价方法。由于按分区定价方法,任何地区价格中所包括的运费,都是该地区的平均运输费用,所以,实际上有些买主支付的运费大于卖主实际支付的运输费,而有些买主支付的运费小于卖主实际支付的运输费。此外,位于地区边界的买主,有的划在这个区,有的划在另一个区,从而支付的价格不同,支付较高价格的买主会不满意。最后一个问题是,分区定价制度由卖主选择运输方式、运输工具、处理损失索赔,以及支付运费等等,都会成为卖方的额外负担。

三、船上交货加运费补贴

船上交货加运费补贴是到货定价法的第三种形式。(船上交货早已演变成"某处交货")。按照这种做法,买主负责安排运输并支付运输费用,但是卖主按距离远近允许从发票总额中扣除一定的运费补贴。这样,买主通过安排较便宜的运输方法,例如,使用自备货运汽车,可以降低采购商品的进货总成本。这种定价方法,对卖主来说,每一笔销售业务的净利润不同,并且难以控制转售价格。

四、基点制订价法

到货定价法的第四种形式是基点制订价法。制造商按产品的目录价格加上从作为基点的某个固定地点到买方所在地的运费,构成实际销售价格。不论卖方是否位于基点城市,都按目录价格加上从基点到买方所在地的运费作为到货价格。即使卖方买方在一个城市内,如果该城市不是基点城市,也要加上从作为基点的另一个城市到这个城市的运费,才成为到货价格。

基点是指定的生产这种产品的某个城市。因为在实行基点制订价法的情况下,所购产品可能从不是基点的另一个生产城市起运,所以,位于基点的供货企业,从不同销售中获得同样的净利润(因为向远近不同城市的买主销售产品的到货价中所包括的运费都是实际运费),而不在基点城市的供货企业,从不同销售中所得净利润有所不同。离买主实际距离比基点距离买主近的,到货价格中包括的运费大于实际运费,因而利润大;而离买方实际距离比基点离买主距离远的,到货价格中包括的运费小于实际所需运费,因而利润小。图5-1说明基点制订价法的原则。X、Y、Z三个工厂位于三个不同城市,X厂所处城市是指定的基点城市。三个供货工厂对顾客A报相同的到货价格120元。这个价格是按基价100元,加上从X厂所在城市到顾客A所在地运费20元构成的。Y厂实际运费30元,比基点城市到顾客A所在地多10元,须其自己负担;而Z厂则多得10元影子运费,因Z厂实际运费比基点城市到顾客所在地运费低10元。基点制订价法分单一基点制和多基点制两种做法。在使用多基点的情况下,指定几个生产地作为基点。每一笔销售业务使用的计算运费的基点,应该是对买主交货成本最低的点。

21世纪经济与管理精品丛书

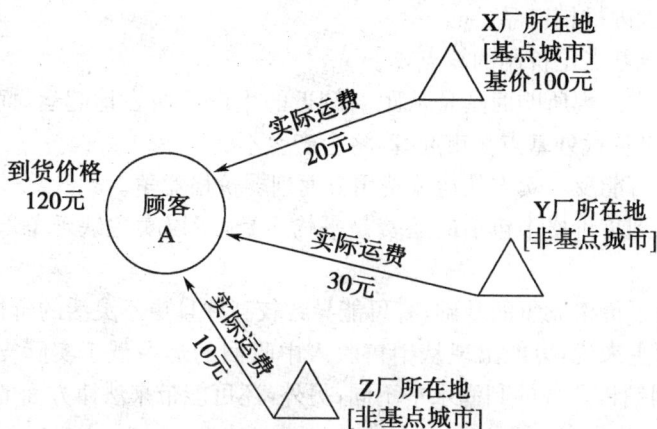

图5-1 基点制订价法示意图

基点定价制度可能适用于公司系统的定价制度,也可能是行业范围内的定价制度。行业内基点定价制度,有的是由行业惯例发展而来,有的由行业中处于领头地位的企业价格决策的做法演变而成。在领头定价情况下,厂商服从领头定价者的基点定价做法。还有的基点制是有关厂商互相串通的结果。

公司系统基点制订价的优点:

1. 消除了公司系统内生产厂之间因生产设备不同可能出现的价格竞争。

2. 公司有可能对所属工厂的发货情况进行协调平衡,保证各个工厂都有足够的发货任务,从而使它们的生产能力利用达到令其满意的合理水平。

3. 简化了报价工作,只需要制订各个基点的到货价格表,不需分别制订各个生产厂的价格。

公司系统基点制订价的缺点:

1. 可能引起发现所付运费大于实际运费顾客的不满意,当他们发现其他顾客支付运费低于实际运费时会更不满意。

2. 卖方从销售总收入收回的运费可能大大低于实际支出的运费,超出的部分需由卖方自己负担(这种情况称之为"运费吸收"),成为减少预期利润的因素。

3. 卖方每一笔交易的收益水平不同。

4. 实行基点制订价办法产生的价格差别,有可能被认为是价格歧视,从而引起法律纠纷。

行业系统基点定价制的优点:

1. 消除了因运输成本不同产生的价格竞争。

2. 由于企业扩大市场地区范围,不受远距离运输所需成本的限制,有利于企业扩大生产。

3. 因为买主在采购决策中,不考虑运输费因素,所以任何制造商都有条件在较大地区范围内推销产品。

行业系统基点定价制的缺点：

1. 当买主发现所购商品是从距离较近的生产厂所在地起运，而支付价格中包括的运费是从远处基点城市起算，将会产生不满。

2. 买方可能反对卖方从运输费用方面削弱价格竞争。

3. 因为到货价格中包括的运费是平均运费，所以卖主缺乏争取最便宜运输方式的动力。

4. 削弱了价格竞争的基础，有可能导致较高并且更不灵活的价格。

5. 对卖主来说，可能出现从销售收入中收回的运费低于实际支出运费的情况，并且不同销售业务的利润水平不同；另外，还可能带来法律方面的麻烦。

五、区域性定价与反对价格歧视

长期以来，在市场经济国家中，围绕区域性定价方法，有一些法律方面的纠纷，主要涉及是否存在价格歧视问题。例如，在美国，一般认为 F.O.B. 产地定价法是合法的，认为分区定价制度存在固有的价格歧视因素，因为有的顾客支付的运费高于实际运费，而另外一些顾客支付的运费低于实际运费。但实行统一到货价格的卖主却从未受到法律干涉，尽管这种办法也存在顾客支付运费不等于实际运费的情况。其原因显然是实行统一到货价格制度条件下，目的地销售价格都一样，所以联邦贸易委员会和各级法院不认为这种制度带有歧视性。其次，当所有厂商都实行类似的分区定价制度时常会遇到法律干涉，因为联邦贸易委员会认为，当相互竞争的公司的分区制度具有相同的边界和相同差价时，很可能存在共谋的情况。不管联邦贸易委员会的态度如何，基点制订价显然对一部分顾客是不公平的。制度的不公平，最终会导致一些顾客的不满意。在竞争的情况下，不满意的顾客必将去寻找另外的供货来源。

第六章　经销商定价

第一节　经销商定价概述

一、经销商定价的特殊性

经销商对其产品的价格决定不同于制造商。这是因为制造商对自己的产品规格、质量、品级、包装以及价格等的控制比经销商主动得多。这是由经销商在社会再生产过程中所处的地位决定的。一方面,在大多数情况下,经销商只是既定产品的接受者;另一方面,经销商定价要受其供应商(制造商)卖价或是其对价格控制的影响。因此,经销商在产品价格制订中,表现得较为被动。

二、经销商竞争的特征和内容

由于经销商在大多数情况下都是既定产品的接受者,就会使得同一地区或相邻地区的不同经销商,经营同种或同类产品。这种现实使得经销商之间的竞争有特定的内容。制造商之间常常在很大的地区范围内开展竞争,并且这种竞争只是类似产品之间的竞争,很难找到两个产品完全相同的制造商之间的竞争。而经销商之间的竞争则不同,它们可能从同一个制造商处购进产品,因而这时经销商之间的竞争就更尖锐化。经销商之间展开竞争主要体现在以下方面:价格竞争、地理位置、对顾客的服务以及经营商品的种类、质量等方面。

（一）地理位置

经销商所处的地理位置是一定程度上决定其在竞争中成败的关键因素之一。就批发商来说,其所在的地理位置直接影响到它的购进货物的运输成本、发送货物的成本、费用。由于批发商通常是大量进货,销售则相对分散,所以进货时按整车运价(铁路货运整车、公路货运整车),而发货却按较高的零担运价。于是批发商越接近其目标市场,就越有条件按较低的到货价格向其客户供货。在其他条件相同的情况下,具备上述地理位置优势的批发商,其在竞争中首先就占据了优势;此外,批发商所在的地区如果是产品种类比较齐全的大型批发市场,由于货品较全,对进货者的吸引力也会大些。目前在我国有不少这类大型的批发市场,其产品种类齐全,对前来进货的零售商产生较大的吸引力,就是例证。如浙江义乌小百货市场、安徽芜湖的中国茶市等。

对于零售商来说,其所处的地理位置更是决定其经营效益优劣的重要因素。在零售商中间有些是经营日用品、选购品的,有些是经营特产品的。对经营日用品和选购品的零售商来说,地理位置更加重要。这是因为对这些产品而言,顾客在购买时,主要是出于便利,购买时不愿意花费较多的时间和精力到远处,因此,这样的零售商店必须尽可能地处在顾客密集的地方,以方便顾客购买和挑选。纵观国内的许多大型零售商场,莫不是处在繁华的商业集中区,如上海南京路上的第一百货、上海华联等,北京的王府井百货大楼等,其之所以有骄人业绩,与其所处的区位优势是不可分割的。

(二)对顾客的服务

经销商对其客户提供的服务项目和质量,在现代市场经济条件下,特别是在经销商之间竞争更加激烈的环境里,常常成为决定其经营成败的又一个重要因素。经销商应向其客户提供的服务就批发商来说包括:满意的交货时间、地点、信贷期限、对零售商的业务指导和帮助等。而对零售商来说,对顾客提供的服务包括:扩大赊购和分期付款、免费送货、退货保证、产品消费指导、咨询等,这些都是与所出售的产品直接关联的服务项目。随着零售商,特别是大型零售商店之间竞争的加剧,有些商店甚至提供与所出售商品不直接相关的服务项目,如有些大型零售商店辟有托儿场所,派专人替顾客照看孩子,并提供一些玩具。这些服务项目都成为零售商场吸引顾客的内容。当然对于有些顾客在购买某些产品,如食盐等时,他们对服务便是无所谓了。

上述这些,都是从物质的角度看待经销商对顾客提供的服务。实际上顾客所需要的服务,除了上述这些顾客可以带走的服务外,顾客对购物场所环境的优劣评价,反映出顾客对经销商,特别是零售商场给顾客的心理上、精神上的服务。如有一部分顾客总是希望能在环境良好、装潢典雅、格调清新的商店购物,就是这方面需求的体现。正因如此,现在国内的许多大型商场都在掀起一浪高过一浪的装潢热潮。

(三)经销商经营的商品种类、质量以及经营范围

经销商经营商品的种类是一个重要的竞争因素,所以根据不同市场的需要组织供货,是问题的关键。经销商经营产品总的质量水平,是它区别于其他竞争者的重要方面。对于许多顾客来说,对经销商印象的又一个决定因素是其经营商品的范围,这表示顾客可以在多大程度上进行选择。

总的来说,经销商更应注意在所处地理位置、服务项目、经营产品范围和价格水平方面发掘自己的优势,以使自身从整体上与竞争者相比更吸引顾客,而不像制造商那样可以通过产品的差异化与竞争者竞争,来提高自己在顾客心目中的

地位。

三、经销商的分类

按商品流通环节来分,经销商可分为批发商和零售商。根据经营业态来划分,可以分为折扣店、大卖场、便利店等。关于经销商定价,以下将分别讨论批发商和零售商这两类。

第二节 批发商定价

一、批发商定价的影响因素

（一）市场供求状况对定价的影响

市场商品供求状况对价格的影响主要表现在以下两个方面:

1. 市场商品供给总量与市场对商品的需求总量的比例关系,决定着商品的价格总水平。从宏观上来分析,这两者之间的比例关系,实质上是生产和消费之间的矛盾在市场上综合反映,它取决于国民经济的宏观比例关系状况。当市场上商品供给总量超过该时期的需求总量时,必然会引起物价总水平的下降;反之,就会造成物价总水平的上升。处于上述环境中的批发商,在为其商品制订价格时,应考虑到这种情况对本企业价格决策的影响。

2. 市场上不同商品的供求状况与价格之间的相互影响程度是不相等的。从总量上来说,当商品供过于求时,价格下降;供不应求时,价格上升。具体到某些商品时,由于其需求的价格弹性各不相同,需求弹性小的商品,在一定幅度内升降其价格,对其需求量,即销售量的影响不大;而那些需求弹性较大的商品,其价格升降,对销量的影响就要大些。至于具体到某类商品,确定其需求弹性大小,需求经过统计分析。一般来说,生活必需品的需求弹性较小;而享受和发展所需商品,其需求弹性就较大。但是应该注意的是必需品、享受品的划分标准也是随社会经济、文化的发展而相应变化的。

（二）商品成本对定价的影响

成本是价格的重要组成部分。对于批发商来说其成本主要包括两个部分:一是进货价格,二是进货和销售费用。批发商在销售商品时,除了要收回这两项支出外,还要取得一定的利润。因此,批发商在制订其商品价格时,原则上应以收回成本为最低界限。

（三）市场状况对定价的影响

市场状况主要是指批发商所面临的市场范围、市场竞争状况、市场的需求特征等。

1. 批发商所处的市场范围对定价的影响。它通常是指商品从生产者（制造商）到达消费者所经历的空间范围。对于地产地销的商品，其价格相对稳定；地产外销的商品，价格波动要大些。

2. 市场竞争对批发商定价的影响。市场竞争状况是批发商定价不可忽视的一个重要因素。对批发商来说，考虑到竞争的要求，除了要运用价格竞争手段外，还必须考虑运用非价格竞争的手段。如同一区域范围内的竞争者为其客户提供的服务之间的竞争状况等。

3. 市场需求特点对批发商定价的影响。市场需求特点，对某一具体的商品而言，是购买行为特殊性的具体体现。购买行为特殊性对价格的影响，主要表现在需求弹性、购买频率、追求时尚的程度等方面。需求弹性大的商品，价格不宜定得过高；需求弹性较小的商品，价格可以定得高些。购买频率高的商品，宜采用低价策略；时尚性商品应定较高的价格。

4. 国家的有关政策对定价的影响。批发商实施定价之前，首先应全面了解、掌握国家的有关价格法规，合理确定各类商品价格，使企业的价格及其行为不至于违法。

二、批发商定价目标

（一）以获取最大利润为目标

获取最大利润是企业共同追求的目标，批发商也不例外。但是需要指出的是：以获取最大利润为目标，并不意味着批发商就可以将其商品价格订得最高，这里还有以市场能接受为前提。

（二）以获取既定的投资报酬为目标

任何一个企业，包括批发商在内，当它们投入资金后，都期望获得既定的投资收益。由于对所投资的领域前景看法不尽相同：有的是为了在短期内实现既定目标，有的则是为了长期的稳定报酬，由此决定了不同批发商的价格制订及其价格水平。

（三）以稳定价格为目标

对于那些备有充足货源的批发商来说，考虑到日后的经营和效益，当其为了巩固其自己的市场地位时，应以稳定价格为目标。因为，如果价格不稳定，其存货的收益会受到影响。

（四）以维持或提高市场占有率为目标

批发商的市场占有率高低，反映了其总体经营实力。在绝大多数情况下，关系到企业的生存和发展。为此，批发商通常以广告让价与储运让价来维持或提高其市场占有率。由此决定的价格就应该有助于实现这样的市场目标。

（五）以应付和防止竞争为目标

对于批发商来说，由于自身无法改变既定的产品，它们之间对竞争对手的价格尤为敏感，通常是经过缜密的市场分析，再确定自己的商品定价。大的批发商由于实力雄厚，通常有较大的价格调整空间，而对实力不济的中、小批发商来说，只能是尾随其后。

第三节　批发商定价方法和策略

一、成本在批发商定价中的地位

批发商由于是既定产品的接受者，从其经营的角度来说，它是将制造商的转售价格作为定价时的最主要依据。并且，批发商购进时，在支付货款之外，还有流通费用等的支出。此外，还有销售费用，这些构成了批发商的成本，对于批发商来说，是其定价的最低限。

但是，通常情况下，一个批发商所经营的商品不止一种、一类。对于多品种经营的综合性批发商来说，搞清各品种商品的经营成本，是结合不同品种商品需求状况和竞争状况制订恰当价格的重要前提。特别是对那些共同成本，如仓储费用等，如何合理地分摊到不同类别的产品中去，就显得很重要。

在现实的定价实践中，有三种成本定价法为批发商采用：一是平均成本加成定价法；二是按产品分别规定不同的加成率；第三就是成本倒推，即先估计某产品顾客愿意支付的价格，按此价格减去估计成本，从而确定可能获得的利润，以便决定该产品是否值得经营。成本倒推法承认需求因素对价格的影响，因而具有良好的市场适应能力。

批发商不管采用何种成本定价法，都是承认成本在定价中的地位。这就要求进行销售成本分析，以提高经营效益。这是因为销售不同的产品，其成本对利润的影响不同。批发商不能只满足于算总账，唯有如此，才能改善经营状况。

二、批发商定价策略

（一）满意定价法

满意定价法是指批发商将其产品价格订得适中，既能使客户满意，又不致引起其他批发商的反感。当批发商具有某方面的优势时，如有吸引客户的货源，可采取订高价策略。但从更广泛地赢得客户出发，还是适宜于采取满意定价法。

（二）单一价格策略

单一价格策略，又称不二价策略、统一价格策略。它是指批发商在相同条件

21世纪经济与管理精品丛书

下,对购买相同数量的同一产品的不同客户,实行同样价格,如有优惠,也是一视同仁。单一价格策略,有以下原因支持:

第一,简化了销售工作;

第二,对所有客户一视同仁,使其更加信任卖主;

第三,促使自己的销售人员和零售商把主要精力集中在产品质量和服务水平的提高上,而不必过多地关注价格。

但是,对那些产品销售空间范围广的批发商来说,除非很好地解决运输和由此造成的损坏等问题,否则统一价格会显得缺乏灵活性。特别是经济实力差别较大的不同地区之间更显得过于僵化。

（三）可变价格策略

所谓可变价格策略,是指批发商根据竞争状况、买主的讨价还价能力,对在相同条件下,购买相同数量的不同买主,实行不同价格的策略。

采用可变价格策略,对于批发商来说,有其独特的理由,那就是:在批发业务中,通常是业务量比较大,成交金额大,个别交易比零售商的个别交易对其利润的影响要大,资金周转速度对其影响也大。经营实践表明:恰到好处的小幅度价格调整,是批发商争取客户的有效手段之一。

但是,可变价格策略,容易在客户中间造成价格歧视和不公平的印象,从而损害批发商的企业形象。除此之外,可变价格策略还存在以下难以克服的弊端:

第一,需要配备精干的销售人员,导致销售成本提高;

第二,讨价还价造成时间浪费太多;

第三,要求批发商建立专门的定价部门,或者至少设立专门的岗位,配备专门的人员;

第四,不同客户不同价格,容易引起客户的不满;

第五,有可能客观上造成鼓励销售人员为争取更多的销量而随意削价的局面;

第六,增加了会计部门的工作量,特别是经营品种较多的综合性批发商,更增加了会计核算的工作量。

当然,采用可变价格策略,对批发商来说从总体上看是有其独到的优势的。

单一价格策略,可变价格策略,按传统的观念来看,是对立的。但是,若从批发商定价策略的运用对经营效果的影响来看,应该是有机统一的。只是要求批发商能够结合特定市场环境,特定的经营内容等方面具体情况决定如何统一。

（四）降价保证策略

降价保证策略是指批发商为了扩大产品销售,刺激零售商订货,向零售商保证在一定时期内,如果产品价格下跌,其所蒙受的跌价损失由批发商负责补偿的定价策略。

在批发商向零售商提供该保证时,首先必须考虑自己是否享受供应商的跌价保证。如果批发商的供应商没有提供这样的保证,那么批发商就该慎之又慎。

降价保证策略,对那些销售专用商标的批发商来说特别重要。

批发商的定价策略,除了上述四方面以外,还有折扣与折让策略,分地区定价策略等。这些内容,考虑到已在前面有关章节中作过相关分析,这里就不再重复。

第四节　零售商定价

一、零售商的形式对定价的影响

零售商的企业组织形式是流通领域中最容易发生变化的部分。从历史上看零售商的组织形式大体经历了如下变革:百货商店、连锁商店、邮购商店、超级市场、专卖店等,以及现在广为流行的平价商店、折扣商店、仓储式商场、购物广场等。在这些变革中,价格常常起重要的作用。回顾零售商组织形式变革历史,可以看出:每当新的零售商组织形式出现时,总是伴随着某些方面的价格策略的创新采用。

零售商业态的创新促使零售业的定价机制与价格都发生了许多变革。在我国,传统百货商店正逐渐势微,在百货商店母体中分离出了许多专业化的零售店,有的已经成为具有举足轻重影响的业态,如从传统母体中分离出来的家用电器类产品连锁经营业态的国美电器等零售企业,由于大规模连锁店对顾客的吸引力,使其在与供应商的谈判中具有显著的价格话语权。这类连锁企业,通过大规模定制化采购、包销,使得制造商不得不在许多情况下向前者在价格制订上对其让步。最终的结果是,总体上这类产品的价格水平有了较大幅度的降低。如电视机、家用空调等产品的价格水平,自 1998 年到 2008 年的 10 年间,累计降价幅度达到了 30%。

虽然多种形式的零售商组织形式创新之初都以低价策略吸引顾客,但随着竞争的加剧,必须在服务上增加吸引力,诸如改善购物环境,增加花色品种,提高服务质量等,最终还是归结到促使顾客愿意支付较高的价格上去。如超级市场之间、超级市场与老式零售商店即百货商店之间,开始时,都是以低价策略进行竞争,后来就是通过提高服务水平来吸引顾客。这样结果就使得创新的零售商经营成本增加,从而使低价策略显得难以应付。鉴此,社会各界特别是零售商自身们,普遍认为目前的各种零售商需要继续进行能够提供质优价廉的改革与创新。

21世纪经济与管理精品丛书

二、零售商定价中的成本

零售商的销售成本包括进货价格、直接销售成本、间接可分配的销售成本和共同销售成本。直接销售成本,如包装材料费用,可直接分配到各种商品中去。间接可分配的销售成本包括"营业面积成本"、"存货成本"、"运输成本"等。不能直接分配到各类商品中去的共同成本,如办公经费、管理人员工资等。用贡献分析法分析零售商盈利,从销售收入减去商品进货价和直接、间接可分配到商品中去的费用,其余额便为"贡献"。各类商品的贡献总额减去共同销售成本,即为盈利(亏损)。用公式可表示为:

销售收入－(直接成本＋分摊的间接成本)－进货价＝该类商品贡献

各类商品贡献之和－共同销售成本＝经营利润

当经营利润为负数时,便是亏损。

销售成本分析对制订合理的零售价格有很大帮助。首先,可以掌握各种备选方案资料;其次,能够掌握所经营的各类商品的相对盈利程度,有助于零售商就经营品种、价格调整时机进行准确的决策;再次,能够提供零售商向其供应商进行价格调整建议的有力证据。

三、零售商价格水平的决定

(一) 等于市场价格

等于市场价格是指零售商将自己商品的价格订得和直接竞争者的同种商品一样的价格,这种定价适用于在空间位置、目标顾客、经营范围、内容等方面与竞争者相比,差别不大的零售商采用。现实经营中,很难找到两个在上述方面完全一致的直接竞争对手,因此,零售商只需对完全和竞争对手同样的商品订得和竞争对手一样的价格即可。至于其他难以直接比较的商品,其价格就不必完全相同。

使得零售商把自己的价格定得跟竞争者相同的原因是:首先,对于市场上的同一商品,大家都按同样价格出售,如果甲零售商制订另外的价格,势必会影响其销售;其次,有些商品的价格直接受制造商控制,或是施加压力以影响零售商的转售价格。如上海家化出品的"六神"牌花露水,净含量为195毫升的,制造商的建议零售价为9.50元/瓶;再次,避免与竞争者之间直接的价格战;第四,有些商品,由于需求状况难以确定,还是随大流的好。

(二) 低于市场价格

低于市场价格是指零售商将自己经营的商品价格订得低于竞争对手同类商品的价格。制订低于市场价格,定价者是为了发挥价格在扩大销售中的作用。也就是说,其出发点是通过薄利以多销。但是,对零售商来说,并非所有的商品薄利就能多销,因此,选定哪些商品制订较低的价格,就显得具有决定性意义。

决定薄利多销目标能否实现的关键因素是这类低价格商品的需求弹性。虽然,市场上很多消费者对价格高低都较为敏感,但并不意味着他们对服务质量的忽视。因此,实行低于市场价格的零售商不能让低劣的服务冲淡价格对消费者的吸引力。

将自己经营商品的价格订得低于竞争对手,一方面可能招致竞争对手的反击,使低价格努力失效;另一方面会损坏该商品制造商在消费者心目中的形象。这是在实施这一价格策略时应细致分析的。许多制造商实施了利用零售商之间相互约束的避免个别零售商擅自降低产品售价的策略,以制约少数零售商的低价行为。如,同一品牌空调器的同型号产品,在不同的零售店销售,其中会有这样的约束"与其他销售者相比,差价双倍返还"。当零售商以低于竞争者价格出售商品时,考虑到成本、利润,就会减少一些需要成本的服务项目。例如,有些零售商店以低价吸引顾客,由于毛利率低,而又要保证目标利润总额的实现,因此,就想方设法扩大现有的营业面积,把一些原来供顾客小憩的椅子撤走,一方面减少了直接的服务成本;另一方面扩大了营业面积,增加了营业收入。

（三）高于市场价格

是指零售商在拥有独特经营优势或出于特定经营目的,把自己所经营的商品价格订得高于竞争对手。这里所谓的独特的经营优势,可能是商品本身的,也可能是其所处地理位置的,还有可能是企业服务水准或信誉的等。

但在实际经营中,必须考虑到,在目前的消费水平条件下,相当一部分顾客对价格高低,特别是同一商品的不同经营者的差价是十分敏感的。因此,高于市场价格的价格策略,运用时须有充足的而又让目标顾客接受的理由。

零售商在以下情况下,可能采用高于市场价格的价格:

第一,经营成本高于竞争者;

第二,欲在市场上树立专营高质量商品的形象;

第三,所经营的商品质量优于竞争者同类商品;

第四,实行厚利少销策略;

第五,所经营的商品在本地市场范围内独一无二。

四、分档系列定价

实行分档系列定价,是指零售商将其所经营的商品按货品的档次,分别制订与该档次相应的价格。如按照商品的不同规格、质量,制订高、低两档价格,或高、中、低档的价格。分档价格在一定程度上简化了零售商的定价工作量。一般的,确定了各档次的价格以后,比较稳定,对于零售商来说,只要采购与各档次价格相

21世纪经济与管理精品丛书

21世纪经济与管理精品丛书

应的商品就可以了。

由于按既定价格档次销售的商品,其供货来源不同,到货成本不等,因而所提供的利润水平也不同。分档系列定价,通常是根据既往经验确定,即按各类商品过去一般成交价格决定,有些也是按经营者对市场判断而主观确定的。不管是根据既往经验,还是主观判断,在确定系列价格档次时,都必须考虑到竞争对手的价格档次。同时还要使不同价格档次之间的差价幅度对消费者来说,有实际意义。即差价既不能太大,也不能太小。差价太小,会使消费者认为不同档次的商品没有什么差别,从而拒绝接受这种价格的商品;差价太大,会促使顾客倾向于接受两个档次之间的商品,从而使零售商的目标无法落实。

实行分档系列定价,对零售商来说,有其独到益处:首先,简化了库存管理工作,方便进货决策;其次,不需要售货员记忆品种繁多的不同商品的价格,减轻了销售工作强度;再次,减少了经常变动价格的麻烦。

但是,分档系列定价的不足之处也是明显的:首先,在成本发生变化,特别是面临成本上升的情况下,如果零售商仍欲维持原来的盈利水平,就难以维持原定的分档价;第二,就顾客来说,对零售商所确定的价格档次,可能不感兴趣;第三,不能根据各种商品的不同情况及时调整价格,导致价格相对固定,从而削弱了价格作为促进销售手段的有效性。

五、降价

(一)降价理由

零售商制订的初始零售价,都是在特定的经营环境下形成的。随着市场情况的变化,必须进行调整,特别是在买方市场条件下更是如此。其中,为了吸引顾客,降价是常常使用的手段之一。一般的,零售商实行降价主要基于以下理由:

第一,初始价格订得过高,阻碍商品销售;

第二,购进的商品花色品种不对路,需求量估计过高,也可能是进货时间没把握好;

第三,供应商降低了现在出售的商品价格;

第四,有些商品即将淘汰;

第五,拟用降价作为促销手段;

第六,面临直接竞争者的削价。

上述这些理由除第五是零售商主动降价外,其余均为其陷入被动境地。但是,有些零售商在进行经营决策时,就把一定时期的降价作为总的价格政策的一个重要组成部分,规定在相应时机实施。

(二)降价时机选择

恰当的降价时机应根据所经营的商品种类和原因而定。

1. 及早降价。有些商品由于某种原因,当销售状况不妙时,应立即降价,只须降低较小的比例就可以加速销售,回笼资金,避免积压。如换季服装,由于大多数零售商普遍认为该在旺季时多捞一把,但却容易忽视,销售疲软的状况会立即到来,如果零售商能及早把握时机降价,便可以及早将商品尽可能多销售些,以减少可能的积压,这叫做"以时间换空间"。现在随着计算机信息管理系统、网络等信息化手段在零售商经营中应用的普及,有些零售商把销售、库存情况输入计算机,可以及时发现周转速度减慢的商品,以便及时采取降价措施,以获得降价的全部好处。因为,在此时降价比和大家一起降价,效果要好得多。特别是对那些顾客可以直接进行比较的商品,及早降价的效果,更是明显。

2. 尽可能推迟降价。尽可能推迟降价时间,对零售商来说,可以获得如下好处:首先,按原先的较高价格销售的时间尽可能长些,由此获利也可能多些;其次,使零售商有可能集中一些商品进行大规模降价活动,来吸引有求廉动机的顾客,以提高清理库存的效果。这对于少数定位于高端顾客、经营的商品定高价而又兼具时尚性商品的零售商尤为有利。因为这样的零售商认为:经常的降价吸引的只是专爱挑便宜的顾客,而集中性降价,对那些爱挑便宜的顾客来说光顾只是在大减价时。

（三）降价幅度的确定

降价幅度的把握,是降价政策中又一决定降价效果的关键因素。降价幅度太大,会使企业本该获得的较多利润丧失一部分;降价幅度太小,起不到刺激顾客购买的欲望,难以实现降价初衷,致使降价失败。对零售商来说,确定合适的降价幅度,需要其掌握以下方面的依据:准备降价的商品的需求价格弹性、竞争程度、库存数量、原定价格、降价原因以及成本等。一般的,销售情况越是不好,就越不应该过多地考虑成本因素,哪怕只能收回完全成本中的变动成本,总比积压着好。根据一些零售商掌握的经验资料表明:设计第一次降价的幅度要求至少能刺激销售掉现有库存量的 25%。当然,不同类别的商品降价的习惯幅度可能会有些差异。

六、领导品定价法

领导品定价法是临时性降低一种商品的价格,通常用于名牌商品,将其价格降低到习惯水平以下,依靠其影响,将顾客吸引过来,进而扩大商店里其他商品的销售。有时甚至采用亏损先导定价法,即把价格降到低于成本时。领导品定价法,要求作为价格领导者的商品应具有以下特点:

第一,是人们熟知的,目标消费者广为接受的商品;

第二,价格低到适应较多人们的购买水平;

第三,价格没有低到无利润的地步;

第四,人们一般不会大量采购或贮存;

第五,这种商品的需求价格弹性较大;

第六,与本商店经营的相关商品,不存在竞争关系,不至于使另外相关商品销售减少。

实行领导品定价策略的零售商,所要承担的可能性风险也是明显的:它有可能引起竞争者的报复,从而使率先降价的零售商得不到实际的好处,甚至可能导致价格战;另一方面,如果许多顾客只购买领导品,而不购买其他商品,就会使该零售商的这一定价策略目标落空;再次,有些制造商不乐意零售商将其产品作为领导品,也会使该策略受阻。

七、引诱品定价

零售商宣称商店里出售的较知名品牌的商品,价格低于惯例,目的是吸引顾客到该店来购买别的商品的定价法。引诱品定价法,从零售商来说,并不情愿销售该引诱品,只不过是以该商品为引诱,当顾客进店后,通过介绍、宣传鼓动顾客购买其他商品。这种定价法现在已越来越不受欢迎了,起码对那些朝引诱品而来的却又买不到的顾客产生欺骗的印象。

八、虚假定价法

是指零售商利用传媒宣称某商品在惯例价格基础上降价多少,而实际上却未降价或是未降多少的定价法。通常的做法是在商品目录价格或价格标签上注明:"以前售价××元","正常价格××元","制造商建议××元"等。由于其他的减价也是采用此法,故顾客也未必能看出此举是真是假。

零售商实行虚假定价法的原因是出于这样的二种考虑:一是消费者中总有一部分人对减价感兴趣;二是大部分消费者不去花时间和精力了解市场行情,除非是单位价格较高的商品。虚假定价法被零售商采用后,会影响到有关制造商,不管制造商是否参与了弄虚作假。如:一方面会使有关制造商的销量增加;另一方面当消费者发现自己上当受骗时,会殃及制造商,而不管制造商是否参与了该项活动。正是因为虚假定价法存在的上述问题,使得这种方法渐受冷落。

九、廉价商店

廉价商店,也可称为折扣商店,是零售行业中的一种企业经营、组织方式,其经营的全部或大部分商品价格低于正常零售价格。具体地又可分为:

1. 不公开经营的折扣商店,专门为一定团体服务,其价格低于正常零售价。

2. 公开经营的折扣商店,适合销量大,加成率低,服务有的商品经营。

3. 折扣百货商店。折扣商店经营品种较齐全,一般陈设装璜较简单,商品陈列类似仓储,附有标价,由顾客自己选货,用手推车推到付款处付款。

由于折扣商店经营成本低,所以有条件制订较低的价格。一是这类商店提供的顾客服务有限;二是在硬件设施上较简单;三是维持最低限度的库存;四是薄利多销;五是大规模折扣商店可以享受到供应商的大批量采购的折扣较高;六是销量大,存货和资金周转速度快。

折扣商店的商品价格在美国比普通零售商的约低 10％～30％,平均的加成率约为零售价格的 18％～25％之间。其他普通零售商店加成率约为 35％～40％。

折扣商店在起初阶段销售的商品,多是些质量不太过关的,但随着折扣商店之间的竞争,发展到今天,大部分折扣商店的商品和普通的零售商店没有多大区别,有些甚至是著名品牌的商品,而其零售价却比普通零售商店要低些。另外,折扣商店之间和折扣商店与普通零售商之间的竞争,一方面使得它们必须提供更多的服务,另一方面也使其经营利润水平有所下降。

第五节 中间商品牌商品的定价

一、中间商品牌商品的含义

中间商品牌,又称中间商商标或称专用商标,是指中间商经营的商品其品牌为自己所拥有,而不是该商品的制造商的品牌。在欧美等许多发达国家,一些经营消费品的批发商和零售商都拥有自己的专用品牌。目前,这种倾向有愈演愈烈之势。如全球著名的英国马狮百货集团所经营的许多日常消费品,是由制造商生产,却冠以马狮所专用的"圣米高"牌。有些制造商乐意生产不使用自己品牌的商品,而专为一个或多个中间商生产其要求的专有品牌商品。我国的一些连锁规模较大、门店数量较多的连锁零售商,如北京华联等,部分快速消费品就是通过OEM方式,以华联自有品牌的方式上柜销售。大润发、沃尔玛等零售连锁巨头的自有品牌商品数量也正在不断增加。

二、使用中间商品牌的原因

中间商采用自有品牌主要有以下几方面原因:

第一,销售自有品牌商品的毛利水平常高于销售制造商品牌的商品,这主要是因为自有品牌商品的到货成本低些;

第二,由于品牌为中间商专有,顾客只能到该中间商处才能买到该商品,因而使中间商在对付来自其他中间商的直接竞争中获得某种保障;

第三,随着自有品牌信誉增长的任何好处都属于拥有该专有品牌的中间商。

此外,面临以下情况,中间商也可能采用自有品牌:

第一,如果中间商觉得制造商没有供应他们希望销售的某种商品,只要他自行设计,以自己的专用品牌组织生产,销售有把握时;

第二,中间商采用完全能由自己控制价格的专用品牌,可以避免供应商对价格的控制;

第三,不少一部分制造商会将商品直接卖给零售商或最终消费者,使得中间商或批发商处于被动,为改变这种局面,有些中间商为了生存必须建立自己的品牌。

虽然,中间商在使用自有品牌有上述诸多优点,但和制造商确立品牌知名度一样,中间商要想树立较高的品牌知名度,其所需的投资也是不少的,而且,要获得进货成本低从而毛利较高的好处,还必须具备大量进货的前提,而这就更非一般实力的中间商所能为。

另外,中间商采用自有品牌,虽然可以避免制造商越过他们直接销售其商品,但中间商引入自有品牌后,有可能还会引起同类产品的制造再用越过他的方法进行报复。

在面临制造商越过中间商向直接消费者销售产品的问题上,批发商和零售商的境遇却是不同的,特别是对那些大型的零售商而言,制造商的跨越难度是相当大的。

三、中间商自有品牌商品的定价方法

中间商自有品牌商品的定价方法,在国外已有的经营实践中,通常是参照制造商的竞争性品牌定价。由于自有品牌商品在某些方面和制造商品牌相比,客观上存在的劣势,使得自有品牌商品的价格通常比制造商品牌价格略低些。但是,如果自有品牌商品,其品牌知名度较高,或者是消费者想当然地将质量和价格联系在一起,并且中间商欲通过制订较高价格使顾客感觉到商品的高质量,那么也可以将自有品牌商品价格订得稍高于竞争性的制造商品牌商品。尤其是在顾客的"价格—质量"比认识程度较高的情况下。

虽然,有些情况下自有品牌商品的定价一般地低于制造商的竞争性品牌商品,但由于经营自有品牌商品的贡献率较高,却使得经营者们乐此不疲。但是必须注意的是,除非达到足够的销量,不然贡献率虽高,贡献总额却未必大。中间商经营自有品牌商品之所以能够获得较高的贡献率,是因为采购自有品牌商品的到货成本常低于采购制造商品牌商品的到货成本。至于制造商为何能提供给中间商较低的供货价格,其原因是:中间商自有品牌商品所需的推销工作量较少;这些商品是利用多余的生产能力产出的;中间商的采购批量很大;中间商的货源广泛,增加了中间商的讨价还价能力等。

中间商之所以乐意采用自有品牌,是考虑到没有竞争对手能提供完全相同的商品,不会面临直接的价格竞争。并且自有品牌对中间商来说还有以下好处:能够控制围绕销售时间和地点的各种条件,如调整货架陈列、做地方性广告、进行个人推销活动以及采取其他有利于自有品牌商品销售的措施。

但是自有品牌商品的劣势在于:制造商品牌常受益于大规模广告和品牌信誉,而自有品牌则对此无能为力,因此,市场对自有品牌商品的接受程度就不及制造商品牌的商品。

第七章　农产品定价

第一节　农产品价格的特殊性

一、农业在国民经济中的地位

国民经济是一个庞大的体系,各部门相互独立又相互依存、相互促进。其中,农业处于极其重要的地位,它是整个国民经济的基础。

农业是人类生存之本,衣食之源。人类要生存、要生产或从事其他社会活动,首先要有必需的生活资料,其中相当一部分是直接或间接由农业部门生产出来的;同时,农业是社会生产和其他活动的起点,是其他部门得以独立和发展的基础。在人类社会,农业是第一个首先存在和发展的社会生产部门。马克思说:"农业劳动是其他一切劳动得以独立存在的自然基础和前提。"农业劳动主要是为人们提供生活资料的,"这是生产特殊物品,满足社会对特殊物品的一种特殊需要所必要的劳动。"工业和国民经济其他部门从农业中独立出来之后,其发展的规模和速度,仍然要受农业生产水平的制约,因为农业劳动生产率越高,为其他部门提供的生活资料、劳动力、原料等就越多,这些国民经济部门的发展就越快。

农业是国民经济的基础这一客观规律是任何国家都不能否认的。世界各国的经济发展表明,农业是经济发展的关键。世界银行曾在《世界发展情况报告》中指出,绝大多数农业发展速度高的发展中国家,经济发展得也快,相反,凡是农业发展慢的,经济总的发展也慢。综上所述,农业在国民经济中举足轻重的地位具体表现在以下几个方面。

1. 农业是人民基本生活资料的主要来源。人类社会发展到今天,人们仍然不能离开动植物和自然的活力去建立食物的生产体系,只能通过现代生物知识和人类劳动去干预和影响生物的生命过程。

2. 农业是工业和其他部门劳动力的主要来源。我国农业人口占全国人口的60%以上,发展工业和其他部门需要农业提供劳动力。

3. 农业是工业特别是轻工业原料的重要来源。通过工业化过程,农业间接向人们提供生活必需品。

4. 农业是工业品的重要市场。广阔的农村市场是许多工业品销售所不可忽视的部分。

5. 农业是国家资金积累的重要来源。农业发展快慢,对财政收入的多少有重大影响。同时,农产品及其加工品是我国主要的出口物资。

6. 农产品生产流通和价格行为的市场化,使得农产品生产经营者成为其价格决策的主体。

二、农产品价格的特殊性

农产品价格的特殊性是由农业在国民经济中的特殊地位所决定的,主要表现在以下三个方面。

（一）农产品价格是基础性价格

农产品价格是整个市场价格的基础,这是因为农业在国民经济中处于基础性的位置。农产品价格的高低同经济建设和人民生活关系密切,对其他商品价格有重大影响。

1. 农产品价格在很大程度上决定工业消费品价格,特别是以农产品为原料的工业消费品的价格。据统计轻工产品的原料 70% 来自农产品,农产品价格的变化直接影响这些工业的原料成本的变动,最终导致这些工业品价格的变化。

2. 农产品的价格直接关系到人们的基础生活消费品价格,从而直接关系到活劳动的成本费用,进一步影响到整个社会的工资收入水平与成本核算的问题。

3. 农产品价格的变动在许多方面最终影响作为生产资料的工业品价格,其中包括供应农村的农业生产资料的销售价格。这样,反过来又影响了农产品本身的生产成本。

（二）农产品价格具有波动性的特点

同其他商品价格一样,农产品价格也具有波动性的特点。但由于农产品生产和消费的特殊性,农产品价格波动的原因同其他商品价格有着显著差别。农产品的生产过程受到气候、土壤等自然条件的制约,不稳定的自然条件自然影响到生产进而影响其价格水平。自然条件好的地区和年份,单位产品耗用的价值量低,其成本相对较低;反之自然条件差的地区,单位产品生产成本较高。同时,由于农产品大多分散生产,集中收购,从产地到集散地市场和销地距离不等,运输条件不同,所支付运杂费等费用不同,同一农产品最终价格也不同。农产品生产明显的季节性是其价格出现差异的又一直接原因。农产品一般是季节生产长年消费,其淡旺季价格水平往往差别较大。另一方面还由于不同季节生产同一种农产品所耗费劳动不同,如冬季就比夏季生产同种蔬菜所耗费的劳动要多。这样,同一农产品在不同季节价格水平就高低不等。

（三）农产品价格受政府政策干预较多

各国政府都对农产品价格采取了比其他商品价格更多的干预措施,从而波动性强的农产品价格往往被控制在相对稳定的范围内。正常年份,政府干预措施有时体现不太明显。当农产品的生产和消费受相关因素影响,价格出现大的波动时,无疑会给整个社会的生产、生活带来极为严重的影响,政府就会运用经济、法律乃至行政等手段来调节农产品市场状况从而调节其价格,甚至直接规定最终价格,使得价格与社会经济的发展状况相适应。如自 2006 年以来,我国政府就出台了针对确保粮食生产、销售与消费稳定的最低收购价格(又称保护价格),目的就是为了稳定主要粮食、油料作物的生产稳定。

第二节　农产品生产者价格

一、农产品生产者价格的特点

农产品生产者价格是农产品生产者出售农产品的价格。其中,农产品生产者向商业企业出售农产品时的价格,从商业企业角度看,就是常说的收购价格。农产品种类繁多,包括农、林、牧、渔四业生产的产品。农业本身又可分为粮、棉、油、麻、丝、茶、糖、菜、烟、果、药、杂等 12 项。林业、牧业、渔业也可细分为许多具体的品种,有多少农产品品种就有多少种价格。

农产品生产者价格是农产品调拨价格、批发价格和零售价格的基础,是农产品流通领域中的最初价格,价格合理与否直接影响着农产品的生产、分配、交换和消费,从而影响着国民经济的发展。因此,深入研究农产品生产者价格运动的规律,合理制订和管理农产品生产者价格,对统筹城乡发展,特别是在现阶段为解决三农问题,从而促进农村经济的发展有着重要意义。农产品生产者价格形成的特点如下:

1. 农产品生产者价格形成的基础是劣等土地所耗费的社会必要劳动时间。马克思指出,农产品的社会生产价格不像工业品那样,由平均的中等生产条件决定,而是由产量为社会所需要的劣等地个别生产价格决定。这是因为土地的有限性和土地的经营垄断、土地肥力和距离市场的远近以及在土地上连续追加投资引起的劳动生产率的差异。由于土地数量有限,而且质量优劣一般说来也是自然形成的,不是短时期内所能改变的,因此,谁租用了较优的土地,谁就获得了这种土地的经营垄断权,另一部分人则经营劣等土地。这样,社会对农产品的需要,就只能由不同等级的土地共同来提供。土地肥沃程度不同,形成的劳动生产率不同,单位农产品的个别劳动耗费也不同,如果不能保证劣等地的经营者也获得平均利润,资本就会转移,人们就会放弃劣等地的经营,进而就会造成农产品的供应减少而不能满足社会需要,农产品价格就会上升,一直上升到劣等地的经营者也能获得平均利润为止。所以,农产品的价格是由劣等地的劳动耗费来决定的,这是客观的经济规律所决定的。

在我国目前阶段的各种经济、技术等条件下,仍然存在农产品价格要由劣等土地的劳动耗费决定的客观条件:

(1) 我国是社会主义市场经济,因此商品经济的一般条件和价值规律作用仍然存在。

(2) 目前我国的耕地小部分是全民所有,大部分是集体所有,土地垄断依然存在,农村家庭承包经营与国营农场内部承包责任制,使土地的经营权的转移仍然受到许多因素的制约。

(3) 耕地面积有限和肥沃程度差别很大。我国人口众多。

相对耕地面积少,并且我国地域辽阔,气候、土壤、地区等自然条件各地差异很大,使得土地肥沃程度有较大差别。

(4) 随着社会的发展,对农产品的需求日益增长,而农产品的供给还落后于社会需求,从而,不仅优等地、中等地的产品为社会所必需,而且劣等地的农产品也为社会所必需。这就决定了在供求规律和价格规律等客观经济规律的共同作用下,农产品的价值必须由劣等土地上的劳动耗费来决定。

2. 社会主义市场经济条件下,也存在着级差地租和绝对地租。马克思指出,在资本主义条件下,由于农产品的社会生产价格由劣等土地的个别生产价格决定,因此,优等和中等地的经营者的个别生产价格低于社会生产价格并按社会生产价格出售,从而长期地保持生产上的优势,稳定地取得超额利润。这部分超额利润归土地所有者所有而转化为级差地租。绝对地租指的是由于土地所有权的垄断所决定的,租种任何土地都绝对必须交纳的租种费即地租。

在我国的市场经济条件下,农产品生产者价格也应以劣等土地的社会必要劳动消耗为基础形成,使经营劣等土地的生产者获得平均利润,优等和中等地的生产者获得超额利润。这种由于土地的优劣不同,距离销售市场远近不同,使生产者获得收益差异,实际上就是级差地租的表现形式。因而,承认以劣等土地的农产品作为定价基础,实际上就是承认级差地租的存在。级差地租的分配,实际上大部分归了农民,少部分归了国家,并往往通过差价的形式取得。同时,由于多种所有制形式并存,土地所有权分全民所有和集体所有,相应形成不同层次的土地所有权的垄断,土地所有权不能随便转移。绝对地租的形式是通过征收土地使用费的办法,如有偿使用和土地征用费来取得。

21世纪经济与管理精品丛书

二、农产品生产者价格构成中的生产成本

农产品生产者价格是由农产品生产成本、农产品纯收益、应纳税金三部分构成。

（一）农产品生产成本的含义

农产品生产成本是指生产一定数量的农产品所消耗的生产资料费用和人工费用的总和，也就是所消耗的物化劳动和活劳动价值的货币表现。同其他商品一样，农产品的生产成本是制订农产品价格的基本依据，是制订农产品价格的最低经济界限。制订和调整农产品生产者价格首先应考虑的就是生产成本变化与否及变化程度。

尽管农产品的具体品种很多，各种农产品的生产过程和生产方法各不相同，各种农产品生产成本的具体构成也不完全相同，但基本上可划分为物质资料费用和活劳动人工报酬两部分，这就确定了价值构成中成本的理论基础。由于农产品种类繁多，因而各种产品生产过程开支的费用项目和活劳动用工项目不尽相同。归纳起来分为直接费用和间接费用、直接用工和间接用工四部分。以下再具体细分各个项目。例如种植作物，直接生产费用包括：种子费、肥料费、农药费、畜力费、机械作业费、排灌费和其他直接费用，这种费用在核算时直接计入成本。间接费用包括：固定资产折旧费、小农具购置和修理费、管理及其他间接费用、销售费用等等。这些费用先经分摊然后计入价格。直接生产用工包括：翻地整地用工、播种用工、田间管理用工、排灌用工、施肥用工、收获用工和初制加工用工等。间接用工包括：积肥用工、销售用工、经营管理用工以及其他间接用工等。

为了能使农产品生产成本真实地反映农业生产过程中的物质耗费和人工耗费，真正成为提高经济效益和制订农产品价格的可靠依据，在核算时应注意保证成本资料的真实和准确性，建立健全原始记录，审核费用资料；确定成本资料的连贯性和可比性，严格遵守成本开支范围，凡是与生产有关的可计入成本，与生产无关的不能计入成本；对不同品种和不同地区的成本费用应区别对待。

农产品生产成本调查主要采取典型调查的方法，其方式有：

1. 一年一度的一次性调查，对于所需调查的品种，选择具有代表性的生产单位和农户，在年终收割完成后，通过座谈、询问等方式进行一次性调查获得成本资料。

2. 固定点调查。在固定调查点上，建立成本资料登记制度，由专人负责进行日登记、月结算，年终汇总算出成本。

（二）农产品生产成本的核算原则

1. 制订农产品价格的生产成本应是劣等条件下的生产成本。经营劣等地的农产品生产者所提供的农产品的个别成本的加权平均数，也即劣等地农产品的平

均生产成本才是我们所说的劣等条件的社会成本。这样才能充分利用土地资源，满足社会对农产品的需要。

2. 制订农产品价格的成本应是正常年份的生产成本。农产品生产过程中受自然条件影响较大，导致同种农产品在同种社会环境中由于自然因素影响从而不同年份的成本差别较大，按正常年景的生产成本确定价格，以避免成本波动造成价格大幅度波动。

3. 制订农产品价格的生产成本应是完全成本，能全面反映物质费用和人工费用两个部分。利息核算可计入成本，其他凡是从收益中开支的费用，如公益性支出，不得计入成本；属于农业扩大再生产的开支，不得计入当年的生产成本，而应按投资形式的固定资产值，提取折旧费计入成本；劳动报酬水平的确定要以农业劳动力再生产的必要费用为标准。劳动力再生产的必要费用是指为保证劳动力再生产所必需的生活资料及相关要素的价值总和。

（三）农产品成本的核算方法

1. 调查面积、产量、产值的核算。种植业的调查面积是按生产单位和农户当年实际种植面积计算的，不是按耕地面积、收获面积和计划播种面积计算，间作、套种作物按占有面积折算。农产品产量按实际产量计算，计量单位应按国家农业统计部门规定的计量单位计算。产值按实际出售价格计算。

2. 物质费用的核算。直接物质费用，凡能分清费用发生对象的可直接计入。涉及几个品种甚至几个行业的费用，按开支的实际费用总额计算每亩应摊费用。最后把各项直接费用加总，按播种亩数分摊出每亩直接费用。间接费用的计算，是指费用均为若干种产品或几个行业共同支付的，所以不能直接计入成本，要进行分摊后才能计入成本。

3. 劳动用工的核算。其分为直接生产用工与间接生产用工两部分。直接生产用工可直接计入生产成本，间接生产用工在各业之间分摊后计入生产成本。对于生产用工应进行货币估值，即劳动用工作价。从理论上讲，应按照马克思关于劳动力再生产费用进行测算，在实际工作中是根据当地统计部门上年农村家庭人口人均生活消费支出的情况进行测算。工价计算公式为：

$$每劳动日工价 = \frac{平均每人年生活消费支出 \times 每个劳动力负担人口}{253}$$

4. 主产品成本的核算。以上核算的物质费用与用工作价之和即为总成本。以种植业为例：

$$每亩总成本 = 每亩物质费用 + 每亩用工费用$$

当存在主副产品时，将主产品成本分离出来，公式为：

$$每亩主产品成本 = 每亩主副产品总成本 \times \frac{每亩主成品产值}{每亩主副产品总产值}$$

21世纪经济与管理精品丛书

若按每百斤(即 50 千克)单位,则:

$$每百斤产品成本=每百斤产品平均售价 \times \frac{每亩总成本}{每亩总产值} \times 100$$

5. 分析农产品成本。如同工业企业对于成本数据进行综合比较分析一样,农产品的生产者也应面向市场立足成本状况,对于农产品生产成本进行分析、比较。从生产角度看,能总结出低投入、高产出、低成本、高效益的生产经验;从价格角度看,结合收益的高低研究农产品比价对生产发展的影响,预测成本及价格变化趋势,提供价格调整的成本依据。对生产成本主要从三个方面进行分析:

(1) 将生产成本与标准品的平均价格对比,分析市场上的收购价格水平,即生产者价格水平。

(2) 对不同农产品比价进行分析,比较各劳动日的净产值。

(3) 分析农产品生产成本的变动趋势,将本单位个别成本同平均社会成本对比,寻找降低生产成本的途径,调整生产经营布局,改善生产经营状况。

三、农产品生产者价格的确定

农产品生产者价格中生产成本是能提供农产品的劣等地的社会成本。农产品收益是农产品生产者价格扣除生产成本和应纳税金的余额。剔除工农业产品价格"剪刀差"因素应相当于工业企业的利润。应纳税金是指国家规定的定额农业税和对水产品、林产品、土特产品等征收的特产税(我国政府为了解决三农问题,已于 2006 年宣布在全国取消农业税,但是在计算农产品价格时,从理论上来说,仍然应该包括农业税金)。确定合理的农产品价格要注意遵循价值规律的客观要求,正确核定农产品的社会成本,合理确定利润的计算方法。同时要注意市场供求状况的变化,在国家政策规定范围内及时调整价格。由于农产品的情况不同,计算收购价格的方法也不相同,主要有两种计算方法。

(一)成本法

以劣等地的社会成本为基础,加合理收益和应纳税金进行计算。公式为:

$$农产品生产者价格=农产品社会成本+农产品收益+应纳税金$$

或:

$$=\frac{农产品社会成本+农产品收益}{1-农业税率}$$

例:某经济作物平均亩产 60 千克,全部生产成本平均每亩 192.90 元,农业税每亩应摊 9.45 元,每亩纯收益为 52.00 元,则

$$某经济作物每千克平均生产者价格(收购价格)=\frac{192.90+9.45+52.00}{60}=$$

4.24(元/千克)(在政府取消农业税之后,上面的公式中的税金应该去掉。但是,

从理论上来说,税金是农民使用土地的租金。公式中的税金并不影响农产品定价的机制)。

采用成本法计算出的理论价格,应结合市场供求因素:一是根据供求变化提高或降低上述公式中的收益,二是在理论价格的基础上加减市场因素造成的涨价或降价幅度。因而中等、优等土地上的产出会更高。

从农业生产的实践来看,随着农业技术、生产条件的改善、良种的推广,劣等地上的产出也在不断地得到提高。至于中等地和良田上的产出就更是会高出劣等地上的产出。

(二)比价法

比价法是以要定价的农产品与其他农产品的历史比价为依据,采取现行比价与历史比价不变的办法制订价格。公式为:

$$农产品(交换品)生产者价格=被交换品现行生产者价格\times$$

$$\frac{某历史时期交换品生产者价格}{某历史时期被交换品生产者价格}$$

采用此法要注意参考比较历史比价水平,测定其合理性,计算出理论价格,参考现行市场供求状况,及时调整。

第三节 农产品经营者价格

农产品价格按照不同的购销环节大致分为:

1. 农产品生产者价格,通常即收购价格。

2. 农产品批发价格。由商业企业收购的农产品在流通各环节的中转价格,有产地批发价格、销地批发价格及中转地批发价格等形式。

3. 农产品零售价格。这是农产品进入消费环节与消费者见面的最终价格形式。

上述后两种价格统称为农产品经营者价格。它是指经营农产品的商业企业在农产品经营过程中所耗费的物化劳动和活劳动的货币表现。随着我国农产品流通体制改革的深入,农产品经营者同其他商品经营者一样成为联结农产品生产与消费的纽带,其价格毫无疑问也极为敏感地反映着农产品经营状况、市场环境及国家政策干预因素。农产品经营者在确定价格时应注意:

第一,确定计价基础。以收购价格为基础,核算购销差价,测定合理的价格水平。一般原则是价格水平应与平均消费者工资收入相适应,才能满足人们生活的根本需求,维护消费者的经济利益,从而赢得这一特殊市场。

第二,确定价格应从合理的流转方向和计价环节为依据。农产品流通一般坚持合理流向、就近消费的原则,计价环节也应是正常经营情况下必要的中转环节,尽可能减少不必要的环节,避免迂回运输,以便降低流通费用。

第三,农产品经营企业要合理核定费用,防止乱摊费用。配合国家对农产品市场的以供求平衡和稳定市场为主要目的的管理要求,自觉遵守特殊时期国家有关差率、限价等农产品价格政策的实施。

一、农产品产地批发价格

农产品产地批发价格,是指农产品在产地市场上由农产品生产经营者就近批发给其他农产品经营者的价格。日常生活消费性的农产品,若产地收购后直接销售给消费者,其销售价格即为零售价格。产地批发价格,是由产地收购价格加上一定的购销差价组成。这里购销差价即产地批发价格减去收购价格之差,由批发企业本身的费用、利润和税金构成。

农产品产地批发价格的计算主要采用顺加法:

$$农产品产地批发价格=\frac{(收购价格+直接费用)(1+商品周转天数×日处息率)}{(1-损耗率)(1-经营管理费率-利润率)}$$

在实际计算中,往往采用其简化公式。一般是在产地收购价格的基础上,按一定的购销差率,用顺加法作价的办法计算农产品产地批发价格,公式为:

$$农产品产地批发价格=农产品收购价格×(1+购销差率)$$

其中:

$$购销差率=\frac{购销价格}{收购价格}×100\%$$

$$购销差价=产地批发价格-收购价格$$

自1994年1月1日起,我国实施的新税制对商品销售征收增值税,而批发环节实行价外税和实行凭发票注明税款扣税制度。实行价外税,就是将过去的销售收入一分为二,对其中的增值税税金单独进行反映,以销售收入减去增值税后的余额,作为商品的价格,税法上称之为"销售额"。因此,增值税税金加上销售额(价格),等于原先的销售收入。实行凭发票注明税款扣税制度后,销售者应向对方出具增值税专用发票,上面分别注明商品价格和应负担的增值税,买进商品的纳税人,可凭增值税专用发票上注明的增值税进行扣税。根据税法,农产品产地批发企业也应缴纳增值税,计算公式为:

$$应纳税额=销项税额-进项税额$$

式中销项税额是批发企业按税法规定的税率计算并向购买方收取的增值税额,计算公式为:

$$销项税额＝销售额（价格）×税率$$

式中销售额指销售者向购买方收取的全部价格（包括向对方收取的代办费、包装费及各种基金等价外费用）。

进项税额是指产地批发企业采购农产品时向对方索取增值税专用发票上注明的税款来冲减销项税额的扣税部分。对于农产品产地批发企业购进免税农产品及向免征增值税的农牧民直接收购的棉花、蚕茧、羊毛等农产品，按税法规定农产品产地批发企业亦可按买价和 10％率计算进项税额，公式为：

$$进项税额＝买价×扣除率$$

如农产品产地批发企业采用销售额和增值税合并定价的，可按下列计算公式计算价格（销售额）：

$$批发价格（销售额）＝合理批发价格（含税销售额）×（1＋税率）$$

二、农产品销地批发价格的确定

农产品销地批发价格是指销地批发企业将农产品批发给其他企业的价格。产地价格与销地价格之间就体现了地区差价，这主要由销地批发企业的费用和利润组成。各农产品产销的具体情况不同，从产地到销地所经过的流转环节也不同，有的农产品产销地集中，可直接从产地调往销地；有的农产品产销地分散，需要经过中转环节，然后再分散到销地市场。因此，销地批发价格的形成也就多种多样。有的是在产地批发价格基础之上，有的是在中转地批发价格基础之上。其基本公式为：

$$销地批发价格＝\frac{（进货地批发价格＋直接费用）（1＋在途天数×日利息率）}{（1－损耗率）（1－经营管理费率－利润率）}$$

为了简化计价工作，在实际工作中常将地区差价构成中除运杂费用以外的利息、损耗、经营管理和利润四项换算成综合差率，然后通过综合差率来计算销地批发价格。计算公式为：

$$销地批发价格＝（进货地批发价格＋直接费用）（1＋综合差率）$$

农产品销地批发企业缴纳的增值税计算公式为：

$$应纳税额＝销项税额－进项税额$$

$$销项税额＝销地批发价格×税率$$

进项税额为购进农副产品时所取得的增值税专用发票上注明的税额来冲减销项税额。

21世纪经济与管理精品丛书

三、农产品零售价格的确定

农产品的零售价格是和消费者直接见面的价格,直接关系到消费者的切身经济利益,也是广大消费者最关心的商品价格。确定农产品零售价格时各种差率和利润率要精心测算,使得价格水平能适应市场需求。

（一）农产品产地零售价格

在农产品产地,从收购到零售一般只经过一道环节,因此农产品产地零售价格大多数是批零一价,即在产地收购价格的基础上加上购、销差价制订的。其计算公式为:

$$产地零售价格＝收购价格\times(1＋购销差率)$$

有些农产品在收购时应纳农产品采购税的,其计算公式为:

$$产地零售价格＝产地收购价格\times(1＋采购税率)\times(1＋购销差率)$$

对于某些收购需经初制加工为成品才能出售的农产品,如猪肉等,其购销差价中还包括加工费用和加工税金的内容。

（二）农产品销地零售价格的计算

农产品销地零售价格一般是在销地批发价格的基础上,加上批零差价制订的。其计算公式为:

$$销地零售价格＝批发价格\times(1＋批零差率)$$

（三）农副产品零售价格中的增值税

按规定,零售价格标价均应含税,不得在价外再收取税、费。若符合条件可开具增值税专用发票的,"销售额"和"销项税额"两项合计应等于原销售价格。零售企业也可依据向进货方索取的增值税专用发票计算并抵扣进项税额。

四、集市贸易价格

集市贸易包括农村集市贸易和城市农副产品市场。尽管新中国成立以来对集市贸易的政策变化很大,但社会经济的历史进程说明了市场经济条件下,作为我国一项传统流通渠道的农贸市场和城市集贸市场,是现行市场体系的有机组成部分,是不可缺少的一种交换形式。集市贸易价格是指参加集市贸易的交换双方协商议定的价格。集市贸易价格一般有以下特点:

1. 集市贸易价格由价值规律支配自发形成。集市贸易价格水平不是由国家计划规定的,它充分体现了价值规律和市场供求规律在价格构成中的作用,是在交易中自发形成的"自由价格",具有灵活多变、不稳定的特点。同一产品、同一时间在不同集市上,价格会有不同;同一产品、同一集市在不同的时间内价格会有变

21世纪经济与管理精品丛书

化,甚至相同时间、不同摊位价格也会有差别。

2. 集市贸易价格是交易双方直接协商议定的。集市交换双方在集市上直接见面商定成交价格,价格高低反映交换双方的意志,直接影响着他们的经济利益。所以,双方对价格都十分关心。一般来讲,交换双方只有在价格合适的情况下,也就是在等价或近乎等价的情况下,才会达成交易。

3. 集市贸易价格构成中的费用水平相对较低。集市贸易大多遵循就近交易的原则,产销双方往往直接见面,经历流通环节少,节省了运费,并且很少固定资产之类需要按期折旧,更没有管理机构和管理人员,所以流通费用水平较低。在买卖双方商定价格时适应性强,价格具有竞争力。

4. 国家对集市贸易价格一般不进行直接的干预。除在特定时期对少数集市贸易中的重要品种实行限价管理外,国家一般不直接干预交易中市场的零售价格,而主要通过规定上市商品的上市范围、规定交易市场行为规则(如不准欺行霸市、强买强卖、缺斤少两、掺杂使假等)等法制手段来管理市场,从而影响价格的形成,稳定市场交易价格。

第四节　农产品价格政策与农产品价格

一、国际借鉴: 美、日等国的农产品价格政策

(一)美国的农产品价格政策

美国具有特别强调经济自由的传统。美国政府管理价格的基本方法是,建立与完善市场体制下的价格形成机制,即创造一个充分的价格自由形成的市场环境。这一方法是当代美国各种价格管理与控制方法的基础。美国价格管理中,除了公用事业之外,农业的价格管理也是作为特殊行业的管理来处理的,而且美国政府对农业价格的干预比对公用事业的干预(仅限于规定最高或最低收费标准)广泛得多。主要包括以下措施:

1. 减少供应的措施。① 休耕补贴,即通过现金补贴,鼓励农场主休耕一部分土地,减少农产品产量,相当于休耕地部分减少的产量由政府付给农场主现金作为补偿。播种面积由农场主与政府个别签订"自愿"缩减耕地面积合同来确定。② 实物补偿,即通过实物补偿,鼓励农场主按一定计划休耕某些特定作物的播种面积,减少供应量,达到实现休耕土地和减少政府库存的目的。③ 农产品抵押贷款,也就是通过对农场主发放抵押贷款,控制农产品的上市量。

2. 扩大需求的措施。① 将国内救济补助计划纳入农产品价格计划,以扩大国内对农产品的需求量。② 通过向国外提供农产品援助,扩大农产品出口。

③ 出口奖励。通过补助或提供信用贷款,鼓励向国外出口剩余农产品。补助是对价格的补贴,其数额相当于美国国内市场价格与国际市场价格的差额。信贷支持则是给农产品出口商或国外农产品进口商提供资金、信贷,以鼓励购买美国农产品。

3. 直接价格补贴措施。① 平价补贴。即以"平价率"作为支持的标准,使农产品价格提高到与历史上某一时期农产品价格相等的相对购买力水平(比较的基期是美国农业黄金时代 1909—1914 年),当产量超过平价价格所能卖出的数量,政府对于农场主的低于平价出售的其余农产品,以现金补贴或政府以平价收购农产品。具体规定是,规定保证平价率最高不超过 90%,最低不少于 50%。由于平价率造成政府沉重的财政负担,1973 年宣布废除了平价率制,而采用目标价格制。② 目标价格补贴。1973 年美国实行目标价格制。目标价格的构成是成本与收益,即目标价格等于某种农作物生产成本加合理利益。政府每年对主要农产品(粮食等)规定"目标价格",收获后如市场价格低于目标价格,参加计划的农场主可得到政府的差额补贴。但差额超过一定限度,则不一定补齐(如每年农民最高补贴限额为 5 万美元)。

4. 美国农产品补贴政策的最新趋势是部分放弃价格补贴。价格补贴的成本及其所造成的农业供给的扭曲和利益分配明显的不公平已经导致了新政策的出台。1996 年出台的《农业市场交易法案》使美国农民不再受价格补贴政策的保护,而且激发了由市场力量控制的农业利润回报,该法案不能免去农场主得到的一切补贴,但是补贴的数量减少了,而且以一种让种植决策不受影响的方式来提供补贴。农场主要想得到没有额外附加条件的直接的现金"转移"支付需要满足一些条件,那就是签订合同确保将他们的土地仅用于农业生产的目的,并且同意保护特定的保留地和沼泽地。换句话说,新的政策直接帮助了农场主,但是这种方式既不影响农业供给又不影响农作物价格。

每年提供的支付总量被减少到最大限度,从 1996 年的 56 亿美元下降到 2002 年的 40 亿美元。总额在七种作物的种植者之间分配:大约 26.3% 分配给小麦、46.2% 给玉米、5.0% 给高粱、2.2% 给大麦、11.6% 给高地棉花、8.5% 给大米,还有 0.2% 给燕麦。

每个相关的农场的年收入总量以计算得到的数据为基础,计算的方式为每英亩产品的标准产量乘以农场面积的 85%。为农作物提供的所有款项根据这种计算方式在所有相关的农场间按比例进行分配。这种支付方式仍然和农场的规模成比例,但是该法案使得单个农场在任何一年中得到的支付都不会超过 7.5 万美元。

实践中,在该政策实行的头两年,商品价格很高,而且农民们很高兴,因为除了从农作物的销售中得到的收入之外还能拿到转移支付。但是当价格在 1998 年

21世纪经济与管理精品丛书

和 1999 年下跌时,农民们开始向政府寻求更多的帮助。国会当然不会坐视不管,它的及时反应是将数 10 亿美元作为紧急援助发放给农场主。在 1999 年,该援助达到 87 亿美元,这项额外的支出使规定的转移支付总额大约翻了一番。即使不考虑长期的经济收益,重建完全竞争的农业市场在政治上是否可行仍是个问题。

5. 其他价格补贴措施。虽然政府已经放弃了对前面列出的七种商品的价格补贴,但是仍然存在其他措施。花生和烟草的价格受到法律的扶持,法律限制生产这些农作物的土地面积。

从柑橘类水果到坚果,覆盖面很广的一系列商品的价格,都受农业部发布的市场规则限定。这些规则允许生产者组织市场委员会,市场委员会被赋予广泛的权利去限制生产,并且控制指定商品的交易。除了某些职业化运动,市场委员会是美国允许的唯一不受监管的合法的垄断组织。该委员会限制生产,有时候限制可被运输的产品的质量和型号。一些委员会将配额分给单个的生产者,同时还要求生产者"储备"以低价位出口的额外产品,以此来提高商品价格。成立市场委员会的政治好处是他们把补助措施的全部成本直接加在消费者身上,从而避免了政府预算费用的增加。

市场规则和政府干预联合起来维持了牛奶的价格。农业部长制订的市场规则规定了价格,该价格为乳制品厂商向生产牛奶的农场主支付的人们消费必需的液体牛奶的价格。该价格越高,乳制品厂商购买的牛奶越少,但是市场规则不规定产量。为了解决这个问题,政府规定农场主不能以固定价格销售的所有牛奶都会当做"工业等级"牛奶出售,无论价格是多少。"工业等级"牛奶被用来做黄油、乳酪和奶粉。政府的代理机构——商品信用公司(CCC)提供贷款来支撑对工业等级牛奶的需求,已制成的乳制品作为贷款抵押品交给 CCC。

当市场条件恶化的时候,生产者把产品留给 CCC 而不再还贷款,这样 CCC 积压了商品库存。政府一次又一次地将积累的黄油、乳酪和奶粉等库存品发放给贫困的家庭。

6. 农业政策和 WTO。世界上几乎任何一个国家都会制订政策对农业进行干预。这样做扭曲了生产和价格,使其脱离了由完全竞争的世界市场决定的水平。例如,按原来的政策,美国和 41 个产糖国签订了进口配额协议,并通过这些协议来维持糖的价格。结果是将全部支出(据估计每年大约为 23 亿美元)转嫁给了消费者,对消费者来说糖价大大超过了直接成本。在世界市场上,这意味着进入美国市场的糖不是来自最有效率的生产者,而是来自有幸能拿到配额的国家。进口配额也扭曲了美国的国内市场。高价格诱使许多小麦生产者将生产转移到甜菜的生产上来。也许国内受影响最大的是消费者——特别是饮料生产厂商——过度地从糖转移到其替代品上来,特别是那些富含果糖的谷类糖浆(HFCS)以及低热量的甜味剂。美国甜味剂市场中糖的份额从大约 80% 下降到 40%。

WTO 的主要功能是确保贸易尽可能地自由。为了使农业符合竞争性的国际市场的要求,WTO 协议要求各国政府废除鼓励过度生产的政策,取消出口补贴。出口补贴使得农场主们将剩余产品以低于国内市场的价格销售到国外。到 2002 年为止,对生产有直接影响的国内价格必须下降 20%。

只要不刺激生产,政府可以持续向农民进行直接补贴(美国农业政策的这种变化在前面的部分中已进行了解释,该政策和条款是一致的)。另外,政府也可以进行某种直接补贴,以使农民们限制生产。政府还可以持续向农民提供服务,例如,提出建议、科学研究、病虫害防治、公路建设等等,但是对于农民们以低于国内水平的价格向国外销售的行为不再提供补贴。

必须用关税政策来代替配额和其他非关税措施限制农业进口,因为关税可以提供同等水平的保护。为达到这个目的,根据旧配额体系下每个国家的进口量设定"关税配额"。在达到关税配额量之前,进口关税会大幅度地削减,但是当进口超过配额时,超过部分要被进口国征收更高的关税(在某些情况下会更高)。

国与国之间贸易政策的摩擦和争端可以通过一致认同的争端解决机制来解决,在该过程中会根据 WTO 协议检查贸易行为。

7. 消费者安全和WTO。政府控制进口食物安全性的能力是 WTO 协议的一个重要方面。当然,所有的政府有义务保护它们的人们免受有害的或者不安全的产品的伤害。困难在于,尽管存在 WTO 条款,有些政府仍会以公共安全问题为借口来保护国内的种植者免受国外同行的竞争。WTO 协议鼓励成员国运用现有的国际食品安全标准和指导方针,但是规则说"如果有科学证明"的话允许各国使用更高的标准。换句话说,各国可以设定自己的标准,但是规则不能是随意的,必须有它的科学依据。

遗憾的是,这不仅意味着国家不能用安全问题作为绕开 WTO 规则的一种方法,而且更重要的是科学依据限制了国家的能力,使得国家无法基于谨慎的考虑监管可能会有害但又无法进行检测的进口商品。什么可以构成有效的科学依据,这是美国和欧共体近年来争论的基本问题。几个欧洲的国家,特别是法国禁止进口美国牛肉,因为这些牛被注射了生长激素。美国抗议这种说法——生长激素使人们消费牛肉变得不安全是没有"科学依据"的,该举动仅仅是试图保护欧洲的牲畜饲养者,使他们免受美国牛肉进口的冲击。美国向 WTO 提出申诉,WTO 同意缺乏"科学依据"的说法。虽然 WTO 不能强迫欧洲区购买注射了激素的牛肉,但是它批准美国可以报复,对从欧洲进口的一些奢侈商品加征 100% 的关税。

对于无性生殖、食物放射性处理、食物的基因修正以及类似的高技术新产品,许多消费者怀疑它们的安全性,而且我们预期对它们会有越来越多的争论。

(二)日本的农产品价格政策

日本的价格管理是在日本特定的"官民混合"管理体制背景下进行的。总的说来是以市场价格机制为基础,政府积极进行间接或直接干预、有效调控的管理体系。日本的农产品价格和公用事业收费一样是属于日本政府对价格实行直接干预范围之内的对象之一。主要措施有以下几方面:

1. 大米价格管理制度。日本大米的生产、购销和价格由农林水产省负责管理。农林省每年根据前几年的消费趋势制定大米流通和消费计划,将计划需求量通知给地方政府,再逐层通知到市、町、村,作为农民申请交售的限额。其中,政府收购 50%,称"政府米",另一半为"自主流通米"。"政府米"价格由政府规定购销价格在批发环节倒挂。对零售价格只规定一个指导性标准米价格。由于有"自主流通米"的竞争,且其质优于"政府米",故"政府米"的价格低于"自主米"价格。

2. 蔬菜价格补贴制度。日本政府为了稳定蔬菜价格,制订了"蔬菜生产、交货安定法"。该项法规规定,在指定生产基地生产指定的蔬菜,在加强生产及交货计划的同时,为使菜农安心从事蔬菜生产,建立了蔬菜补贴制度。即当蔬菜价格下跌时,由蔬菜安定基金会通过交货团体向菜农按规定的办法支付"差价补助金"。蔬菜安定基金会的资金由中央政府、地方政府和菜农三方共同负担。其中,政府负担 75%,地方负担 10%,菜农负担 15%。

3. 鸡蛋价格安定制度。由畜产振兴事业团、地方政府和生产者团体共同出资,成立全国鸡蛋价格安定基金会。基金会通过各地的农民团体与生产者签订有关鸡蛋价格补贴的基本合同(为期三年)和年度合同,根据合同规定征收补贴基金。如果合格鸡蛋的交货价格低于补贴标准价格时,由基金会通过农民团体向生产者支付相当差额 90% 的补贴。

4. 保证最低价格制度。日本政府为保证某些农产品的最低收购价格而采取了这一制度。主要运用于甘薯、马铃薯、淀粉、甜菜、砂糖、麦类等。政府对这些农产品规定最低基准价格,当市价跌到最低价格之下时,由政府按最低保证价格收购。麦类的最低收购价高于销售价格(批发),其流通量的绝大部分是由政府控制的,亏损部分由政府财政补贴。

(三)其他国家的农产品价格政策。

1. 韩国的农产品价格政策。韩国政府非常重视物价总水平的稳定。对粮食实行"价格预示制度",对蔬菜等生活必需品实行"价格稳定带制度",对畜产品实行"连动价格制度"。20 世纪 60 年代末期,韩国实行了双重米价制、双重麦价制,即政府收购粮食实行高价,销售粮食以低价给居民的做法。同时,政府增加库存,在收获季节以高价向农民收购粮食和进口部分粮食储存;当粮食短缺价格波动时,则以低价投放库存粮食,稳定粮价。70 年代末起,对油脂、肉类和水产品等 10多个品种也实行了这种"高价收购、平价销售"的农产品价格政策。价格差额由财政补贴。此外,韩国政府还对农产品实行了期货价格制度,对促进主要农产品生产(如棉花、亚麻、油菜籽等)起到了很好的效果。

21 世纪经济与管理精品丛书

2. 泰国的农产品政策。20 世纪 60 年代以后,泰国经济发展迅速,正成为继亚洲四小龙之后又一个新兴工业化地区。泰国的农业人口约占全国总人口的三分之二。90 年代初,稻米出口量列在世界第一。为了稳定农业发展,保证整个国民经济的稳定增长,泰国政府对农产品价格进行了积极的干预。其基本形式之一是实行农产品收购保护价格制度。这种收购保护价格每年根据实际市场状况进行调整。对农产品,如大米,政府设立收购目标价格。在市价过低时,农民在银行可获得抵押贷款,同时,政府给予银行相应的补贴。政府还采取限制进口、降低生产成本等政策措施以保护国内农产品的生产。另一基本形式是设立价格调节基金,主要用于防止农产品价格暴跌,扩大大米出口和支持咖啡等主要农产品价格。当国际市场农产品价格高于国内市场价格时,为避免过多的农产品外流影响国内消费物价,政府将其差额拿走,并作为基金的来源之一。当国际市场农产品价格低于国内市场价格时,为保护农民利益,政府以基金对市场价格进行调节,以避免农产品国内价格随着国际市场价格下跌。此外,政府还对化肥、饲料等价格进行管理。从生产环节方面,通过政策措施,使农业生产成本有所降低或保持稳定,防止农产品价格大幅度波动。而对于居民消费的主要农产品零售价格(如粮食等),政府或直接予以限价或维持低价并予以相应的环节补贴。

二、我国的农产品价格政策

从计划经济向市场经济转变的一个重要标准就是新的流通体制的形成。农产品价格的放开代表着农产品新的购销体制的确立。正如世界各国一样,在由市场机制调节农产品价格的同时,我国政府采取了干预农产品市场供求和价格波动的经济措施。

(一)实行农产品最低保护价格制度

实行农产品(以粮食和油料作物为主)最低保护价格制度,目的在于保持和稳定满足最低限度社会需求的农产品供给能力。农产品价格波动往往受市场供求和自然因素变化的双重影响,因此农产品价格波动幅度往往较大。政府实行农产品的最低保护价格制度,以避免市场农产品价格跌至生产成本的水平之下。制订最低保护价主要有两个参照因素:一是满足社会需要量的农产品生产成本,最低保护价应能够补偿。二是农产品的供求变化状况,在市场供求大体平衡的情况下,最低保护价只能定在维持生产成本的水平上;而市场供求偏紧的情况下,最低保护价就必须考虑不仅能补偿生产成本,而且要使生产者有利可图,这样才能较快地调整农业的资源配置,迅速地增加供给。公布最低保护价还有利于影响市场价格水平。一般说来,市场农产品价格在多数情况下都将高于政府公布的最低保护价。

（二）建立专项储备体系

以粮食储备为代表的农产品的储备制度，大体可分为：一是粮食的战略储备；二是应急储备；三是周转储备；四是专用于调节粮食市场供求和价格波动的专项储备。这是政府调控粮食市场的主要手段之一。前三项储备，在我国历来就有，而第四项储备，则是从 1990 年秋才开始设立的。

粮食专项储备的目的是通过粮食的吞吐，来调节市场上粮食的供求和价格。当市场粮价过低时，说明市场上的粮食的供求状况是供大于求，这时粮食专项储备系统就按政府规定的保护价吞进粮食，促使粮价上升；当市场粮价过高时，市场上是供不应求，专项储备系统就按合理的价格吐出粮食，逼迫市场粮价回落。通过这样吞吐调节，一是基本保持市场上粮食供求状况大体平衡；二是保持市场粮价的波动始终控制在合理的范围之内；三是避免了粮价的暴涨暴跌，也就保护了农民和消费者的经济利益。同时，对于稳定全社会的经济、社会、政治生活有着极为重要的帮助。

（三）设立风险基金

实行最低保护价格以及专项储备，需要有雄厚的财力作后盾。专项储备部门正常运作所需的资金由两部分构成：首先是用于购进粮食并进行储存、调运等经费，这部分资金由政策性银行负责提供；其次是粮食专贮部门对在一定时期发生亏损的补贴。过去，我国大多数农产品价格长期存在着购销价格倒挂的现象，各级财政对农产品的销售价格均有大量补贴。价格放开后，按国务院规定，从中央到地方的各地政府财政减少开支的诸如粮食加价款和补贴款，都必须全部用于建立粮食风险基金，不得挪作他用，财政每年都要拨款充实这笔基金。实际上，当市场价格高涨，专储系统吐出时，一定时期财务上也会有盈余；利用国际市场通过进出口来进行品种调剂时，财务上也会有盈余，这些盈余划归风险基金。

（四）建立期货市场，稳定市场农产品价格

随着郑州、合肥粮食期货市场的建立，自此农产品期货市场起着繁荣市场的作用之外，还能够在一定程度上稳定市场价格。当农产品丰收时，市场上出现供过于求，价格下跌，买方交易者就会大量购进期货合同，使需求趋旺，供需关系趋向协调；反之，市场供不应求价格上涨时，合同卖方交易者会大量抛售期货合同，供应量增大，供求矛盾趋缓，抑制价格上涨。

同时，建立和完善灵活而有效的农产品进出口机制，调节国内市场，稳定价格。

21世纪经济与管理精品丛书

第八章　企业内部调拨价

第一节　企业内部调拨价的由来

在市场经济条件下,有些大公司下设许多分公司、各种职能业务部门和派驻机构,从而形成庞大复杂的有机整体。这庞大的公司所属的各单位在核算上相对独立,在经营的业务内容上有密切的联系,需要相互协作、分工。为了达到高效率的分工、合作,常常由总公司对所属分公司实行分级管理和分级考核的责任制度。由总公司向下逐级确定各部门的经营责任,并考核其完成情况。这种责任制是以获取利润为目标的。一般的做法是,按各下级部门的经济责任范围,把它们划分为三种责任中心:

1. 总公司作为投资中心,负责确定利润和投资分配。

2. 总公司下设若干个盈利中心,由公司总部确定各盈利中心的利润计划,定期进行考核,以经营成果为标准,实行奖惩制度。

3. 各盈利中心,分别设立几个成本中心,由盈利中心确定各成本中心的标准成本计划,定期进行考核,按标准成本计划的完成情况进行奖惩。在同一个成本中心内,还可以再分几个层次的成本中心。例如,分公司作为盈利中心,分公司的生产部门作为一级成本中心,所属各厂作为次一级的成本中心,然后再逐级划分成更小的成本中心。一般的说,最小的成本中心是工段(或小组)。如此,整个公司形成一个有层次的核算体系,其财务会计核算制度叫做责任会计制度。总公司确定各层次部门、单位相互关系的原则,以充分调动一切积极因素,尽可能地扩大整个公司的总利润。

由于责任制的目标是利润,所以这种管理制度就是通常所说的目标利润管理制度,或利润中心制度。围绕着利润目标规定的各项责任目标,成为引导公司全体员工进行经营活动的努力方向和考核标准。

因为各盈利中心或成本中心都有自己的利润目标或成本目标,所以他们之间相互提供产品或劳务需要用内部调拨价格进行结算。

内部调拨价格的含义是:"集团内一个成员的产品,调拨(或出售)给另一个成员使用的价格",或者说:"企业内部各独立核算单位之间转移中间产品或生产性和非生产性劳务所用的结算价格"。例如,纺织印染总公司所属的纺纱厂将纱卖给织布厂,织布厂把坯布卖给印染厂,这些转移产品的过程,都要使用内部调拨价格进行结算。内部调拨价格涉及供、需双方的经济利益。价格高低影响到总公司内部各企业的成本和利润。

　　合理确定内部调拨价格,可以正确考核、评价公司内部各部门、各级组织的经营成果,促使企业内部各单位更节约、更有效地利用资金,节约原材料以及生产性和非生产性劳务支出,促使他们注意执行严格的成本控制制度,提高工作效率。因此,实行内部调拨价格制度,首先是实行责任制或是盈利中心制度的核心。

　　随着我国企业改革和发展的进一步深化,组建集团公司、乃至跨国公司都已为时不远,这类公司运作中的一个重要方面,便是其内部调拨价格的制订。

第二节　制订企业内部调拨价格的方法

内部调拨价格在实行分级管理的企业中,有两方面的作用:

1. 衡量各盈利中心投入资源的价值。

2. 衡量各盈利中心最终的经营成果。

这两方面的作用往往相互之间产生矛盾。一个盈利中心制订的内部调拨价格,对本单位可能是合适的,但对整个企业可能并不合适。所以,企业确定内部调拨价格时,不仅要考虑适当照顾企业内部供、需双方的经济利益,还要考虑有利于整个企业实现最大利润。这就是说,当企业为了取得长期内更大的经济效益需要调整生产结构时,企业管理部门可能需要有意识地提高或压低某些部门产品或劳务的内部调拨价格,以调剂单位之间的经济利益,引导供需双方按照有利于整个企业的方向发展。不过,由于各成员公司的利润,直接影响公司股东和职工的利益,所以用抬高或压低某些内部调拨价格的办法调节利润,会遇到很大阻力。这种阻力最终会迫使公司管理部门必须遵循一定的原则,采用合理的计算基础来制订内部调拨价格,使所确定的价格能够为有关各方所接受。

　　在实践中,制订内部调拨价格的方法有许多种,下面分别加以介绍。

　　1. 按同等质量的同类商品的市场价格作为内部调拨价格。其理由是,如果不同公司的同一部门(或分公司)调入或转出中间产品都按市场价格计价,则同类生产单位的成本、利润就有可能进行比较,从而可以促进不同公司相同部门之间的竞争,达到改善生产经营、提高经济效益的目的。据 20 世纪 70 年代对 351 家美国和日本大公司的调查,以市场价格或市场价格减销售费用为基础确定内部调拨价格的占 32%。

　　使用市场价格作为内部调拨价格方法的前提条件,是供需双方都可以对企业外部市场进行购销活动,而不完全限制在企业内部。但是困难在于企业内部调拨的产品常常是中间产品,没有市场价格可以遵循,或者虽然有市场价格,但交易量很小,没有代表性,需方不同意按这种价格作为内部大量调拨产品的结算价格。

2. 按标准成本调拨。标准成本是正常生产情况下,按各种定额规定的目标成本。按标准成本作为内部调拨价格的做法,有利于促使供方降低成本,因为它不能转嫁成本超支;在实际成本低于标准成本时,可以有所收益。但是,当实际成本等于标准成本时,从生产经营的角度说,已经达到了所要求的水平,可能没有任何利润。这种做法受需方欢迎,但不符合投资应该允许获取利润的原则。

3. 按标准成本加成调拨。这种做法既可以鼓励供方降低生产成本,又可以保证供方在实际生产成本等于标准成本时,也能得到一定的利润。需方往往对供方的标准成本和加成比率是否过高提出异议。

4. 按变动成本调拨。这是内部调拨价格的最低限度。供方只收回产品的变动成本,不但没有任何利润,连产品应负担的固定成本也不能补偿。这种办法适用于原材料积压不易对外处理,生产能力过剩,想维持现有职工队伍的情况。

5. 按变动成本加成调拨。按变动成本加一个固定的百分数,作为内部调拨价格。

6. 按不盈不亏成本调拨。按变动成本加补偿固定成本的贡献率调拨。

7. 按完全价格调拨。按变动成本加能够补偿固定成本并满足目标利润的贡献率作为内部调拨价格。对供方来说,这可能是最理想的作价方法,但对需方来说,可能由于进货价格高,影响需方产品的利润。在实行现金折扣和销售佣金制度的情况下,完全价格不等于目标销售价格,因尚不包括现金折扣和销售佣金。

8. 按能够在供需双方之间合理分配利润的价格调拨。这种办法是最可能的选择,可以使供需双方都得到合理利润。通常采用以双方附加成本比例为基础分配利润的方法,或者以加工成本为基础进行分配。

9. 供需双方协商定价。这种办法随意性较大,由供需双方根据公司经营目标,协商制订双方能够接受的价格。

以上9种办法中,第1~3种办法很容易理解。第9种办法随意性最大。第4~8种办法属于用贡献概念制订内部调拨价格的几种不同做法,其中第8种做法是最可能被供需双方接受的办法。现以某服装厂制订一件需要5个缝制工时的服装的内部调拨价为例,将第4、6、7、8种办法的计算方法说明如下(第5种办法是在变动成本的基础上,加上一个固定加成率作为调拨价,固定加成率大体也在第6、7、8种办法的贡献率范围内):

第一步,计算每个工时的目标贡献额。

21世纪经济与管理精品丛书

表 8-1 每工时的目标贡献额

单位：元

金 额		可供销售的工时总数	（工时）每工时的目标贡献
1		2	3（=1÷2）
固定成本（预算）	70 150	48 730	1.44
预期实现利润	20 000	48 730	0.41
目标贡献总额	90 150	48 730	1.85

第二步，计算一件服装的成本和外部市场的目标销售价格。

表 8-2 一件需要 5 个缝制工时的服装的成本和外部市场中的目标销售价格

单位：元

原材料（里、面、衬和装饰物）	8.25
直接人工（剪裁、缝制、整理）	3.675
其他变动成本（交货、包装材料）	0.40
变动成本合计	12.325
目标贡献（5 个缝制工时 每小时 1.85 元）	9.25
合计	21.575
现金折扣（占价格的 3%）	0.703
销售佣金（占价格的 5%）	1.173
目标销售价格	23.451

表 8-3 用第 4、6、7、8 种办法计算的内部调拨价格

单位：元

项 目	第 4 种办法——按变动成本	第 6 种办法——按不盈不亏成本	第 7 种办法——按全价格	第 8 种办法——按供需双方合理分配利润的价格
原材料	8.25	8.25	8.25	8.25
直接人工	3.675	3.675	3.675	3.675
其他变动成本	0.40	0.40	0.04	0.40
变动成本合计	12.325	12.325	12.325	12.325
贡献				
第 6 种办法（5 小时×1.44）[①]		7.2		
第 7 种办法（5 小时×1.85）[②]			9.25	

续表

项　目	第4种办法——按变动成	第6种办法——按不盈不亏成本	第7种办法——按全价格	第8种办法——按供需双方合理分配利润的价格
第8种办法				8.36
内部调拨价格	12.325	19.525	21.575	20.685③

注：①见表8-1；②见表8-2；③见表8-4。

第三步,计算内部调拨价格(上述第4、6、7、8种办法)。

表8-3计算出来的各种内部调拨价格,均低于表8-2计算的外部市场的目标销售价格。

表8-3第八种办法内部调拨价20.685元的计算方法见表8-4,贡献额8.36元,为20.685元减变动成本12.325元的余数。

表8-4　按企业内部供货、进货双方合理分配利润的原则制订内部调拨价格

单位：元

项　目	顺序号	供货方（生产部门）	进货方（销售部门）	合计
假定产品的市场销售价格	1		25.00	25.00
原材料成本	2	8.25		8.25
供货方的附加成本				
直接人工	3	3.675		
相进货方交货和包装费用	4	0.04		
固定成本(5小时×1.20元)	5	6.00		
小计	6	10.075		10.075
进货方的附加成本				
现金折扣3%	7		0.75	
销售佣金5%	8		1.25	
向顾客交货费用				
固定销售费用(5小时×0.24元)	10		1.20	
小计	11		3.50	3.50
产品销售利润	12			3.175
按供货进货双方成本				
比例分配利润	13	2.36	0.815	
内部调拨价格	14	20.685	20.685	

表8-4中,供货方(生产部门)、进货方(销售部门)都是企业内部独立的盈利中心。生产部门将产品转给销售部门时,按双方附加成本比例分配利润的计算方

法说明如下：

（1）第1行进货方的销售价格就是企业最终的销售价格，因进货方是企业的销售部门。销售价格25.00元，是企业价格决策者根据表8-2计算出来的目标销售价格23.451元，参照市场需求、竞争、企业经营目标等其他有关情况经过判断决定的实际销售价格。

（2）第2行供货方原材料成本是生产该产品的原材料成本，（见表8-2）。

（3）第3行、第4行均属供货方的附加成本（见表8-2）。

（4）第5行生产部门固定成本6.00元和第10行销售部门固定成本1.20元的计算方法，是将表8-1每个工时对固定成本的贡献数1.44元按生产部门和销售部门固定成本发生的情况，划分为生产部门1.20元，销售部门0.24元，然后分别乘以生产一件服装所需缝制工时数求得。既然一件服装需5个缝制工时，因此生产部门为5×1.20元$=6.00$元；销售部门为5×0.24元$=1.20$元。

在评定内部调拨价格时，如何划分调出调入双方的固定成本，往往产生争议，此时一般是授权企业的最高董事会解决，如有必要，则由董事长作出最后裁决。

进行内部调拨的双方，可能是固定成本水平很不相同的不同规模的公司，仲裁时一般采用供方的小时贡献作为划分基础，因为供货方是交易中的主要当事者。

（5）第12行产品销售利润3.175元，是第1行市场销售价格25元，减第2行该产品的原材料成本8.25元，减生产部门的附加成本10.075元，再减销售部门的附加成本3.50元的余额。

（6）将产品销售利润3.175元按生产部门和销售部门各自附加成本的比例分摊：

$$生产部门应得利润 = 3.175 \times \frac{10.075}{10.075 + 3.50} = 2.36（元）$$

$$销售部门应得利润 = 3.175 \times \frac{3.50}{10.075 + 3.50} = 0.815（元）$$

第8种决定内部调拨价格的方法，在实践中可以作以下变动：

（1）现金折扣作为销售价格的降低处理，不作为销售部门的成本。

（2）不考虑双方的固定成本，而是以双方其他附加成本为基础，分配销售价格减双方变动后所剩余的贡献额（不是分配净利润额）。计算方法如表8-5。

21世纪经济与管理精品丛书

表 8-5 按企业内部供货、进货双方合理分配贡献的原则制订内部调拨价格

单位：元

项　目	顺序号	供货方	进货方	合计
假定产品市场销售价格	1		25.00	25.00
减：现金折扣(3%)	2		0.75	0.75
净销售价格	3(=1-2)		24.25	24.25
原材料成本	4	8.25		8.25
供货方附加成本				
直接人工	5	3.675		
交货和包装	3	0.04		
小计	7	4.075		4.075
进货方的附加成本：				
销售佣金(5%)	8		1.25	
向顾客交货费用	9		0.03	
小计	10		1.55	1.55
贡献额	11	7.516	2.859	10.375
内部调拨价格	12	19.841	19.841	

注：贡献额分配方法同表 8-4 计算说明第 6 条分配利润的方法。即：

$$生产部门应得贡献 = 10.375 \times \frac{4.075}{4.075 + 1.55} = 7.516 \text{ 元}$$

$$销售部门应得贡献 = 10.375 \times \frac{1.55}{4.075 + 1.55} = 2.859 \text{ 元}$$

对供货方来说，用低于目标销售价格的内部调拨价格销售的产品越多，就越要加重其以市场价格销售产品的负担，否则不能实现目标利润的要求。

下面以表 8-1 数据为基础举例说明这种影响的情况：

假定企业的固定成本、预期利润及目标贡献的数字如表 8-1 所列，假定企业需要用 20% 的生产能力来完成企业内部实行内部调拨价格产品的生产任务，假定实行内部调拨价格的产品每小时可实现的贡献额仅为 1.583 元，比表 8-1 企业平均每小时目标贡献额 1.85 元低 14.33%。那么，在这种情况下，销售其他产品实现的每小时贡献额要提高到 1.92 元，才能使整个企业实现每小时目标贡献 1.85 元的既定目标。计算情况如表 8-6。

表 8-6　内部调拨价格低于正常价格对目标贡献和利润的影响

单位：元

项目	顺序号	合计	实行内部调拨价格的部分	其他销售
可销售小时数	1	48 730	9 746	38.984
（小时）	2	70 150		
固定成本	3	20 000		
目标利润	4(=2＋3)	90 150	15 428	74.722
目标贡献	5(=4÷1)	1.85	1.583	1.92
每小时目标贡献	6(=2÷1)	1.44		
其中：固定成本	7(=3÷1)	0.41		
目标利润				

　　由表 8-6 可见，由于企业的 48 730 个可销售的总工时中，有 20%（9 746 工时）用于生产实行内部调拨价格的产品，实现小时目标贡献额 1.583 元，低于企业的目标小时贡献（1.85 元），因之，其余 80% 生产能力所生产的产品，需要实现的小时目标贡献额必须达到 1.92 元，才能保证实现企业小时目标贡献额 1.85 元的要求。就是说，当企业有些产品达不到要求的目标贡献率时，其差额必须由其他产品来弥补。

第三节　跨国公司的内部调拨价格

一、跨国公司的发展及其对世界贸易的影响

　　资本主义生产方式的发展与国际经济关系密切联系在一起。从资本主义发展史看，对外贸易一直是推动资本主义生产发展的重要动力。但是，直到第二次世界大战之前，资本主义各国的对外经济联系，基本上只是通过对外贸易，很少直接向国外投资。

　　第二次世界大战后，在新科技革命推动下，国际分工日益发展，由部门间的专业化，逐步向部门内的专业化发展，不仅产品，而且零部件的生产、加工以及科技开发等，都在国际范围内走向专业化和分工协作，分散在不同国家生产的零部件相互交换，最后组装成产品。例如，英国生产的一种大型载重汽车，发动机由瑞士供应，底盘和弹簧从美国进口，控制设备由德国制造，车身则由意大利生产。又如美国"波音 747"大型客机，由 450 万个零部件组成，这些零部件的生产，分别由在美国和其他 6 个国家的大约 1.7 万家企业生产。所以，可以说，目前资本主义世界现代化设备在很大程度上已经成为国际化产品。据统计，美国、英国、法国三国

21世纪经济与管理精品丛书

出口机械中,有 60%以上是整个产品或部分零部件由国外企业制造。西方发达的工业国家愈来愈依靠在国外生产(不是靠从国内出口)来满足世界市场的需求。例如美国跨国公司在国外的产量,已达美国出口贸易的 5 倍,是生产国际化程度最高的国家。

生产国际化必然带来了资本的国际化。战后资本主义国家的私人对外直接投资增长速度非常快。在 1960 年至 1985 年的 25 年内,资本主义世界的私人对外直接投资额,从 580 亿美元增加到 6 500 亿美元左右,增长了 10.2 倍,年平均增长率高达 10.2%,超过了主要资本主义国家的国内生产总值、工业生产、对外贸易等指标的增长速度。在这阶段内,美国对外直接投资总额从 319 亿美元,增长到 2 326 亿美元,增长 6.29 倍;日本从 1961 年的 4.47 亿美元增长到 1985 年的 834.98 亿美元,超过了联邦德国,居美英之后。

跨国公司是随着生产和资本国际化过程发展起来的国际组织。世界范围的巨型跨国公司,绝大多数是发达国家的最大垄断组织。例如,美国 187 家最大工业公司的对外直接投资,占美国对外直接投资总额的 70%以上,它们所得的利润,占美国企业国外业务利润总额的 84%。世界上 400 家跨国公司,集中了 90%的国外直接投资,其中最大的 52 家跨国公司,集中了一半的国外直接投资。虽然早在第一次世界大战后就出现了跨国公司,但跨国公司的大发展是从第二次世界大战后开始的,特别是从 20 世纪 60 年代末、70 年代初开始迅速发展起来的。据联合国跨国公司中心统计,60 年代末,主要资本主义国家的跨国公司共有 7 267家,拥有国外分支机构 27 300 家。到 20 世纪 80 年代初,资本主义世界跨国公司已发展到 2 万家,海外分支机构达 12 万家之多。

巨型跨国公司的规模非常大。据统计,20 世纪 80 年代,世界最大的 100 家工业跨国公司的销售额,占当年美国和西欧 18 个国家国内生产总值的 37.5%。

现代跨国公司的经营以全球为目标,不像早期跨国公司的经营目标,仅限于个别国家或个别地区。尽管利润最大化是跨国公司的最终目标,但它们并不是把利润最大化当作唯一目标,另外还有销售量最大化、协同作用最大化、企业成长率最大化等目标。许多跨国公司往往把增长作为第一位目标,利润放在第二位。因此,跨国公司一般并不要求所有海外子公司及其分支机构都实现利润最大化,而是要求它们服从总公司的全球战略目标,以有利于实现整个公司系统的长期最大利润。

跨国公司总公司(母公司)设在本国,是全公司系统的计划和经营中心。总公司对整个公司系统的投资计划、生产安排、价格制度、科研开发、利润分配、市场安排、人事升迁等重大决策,实行高度集中的统一领导。换句话说,总公司支配着国内及国外所有子公司或其他附属机构的经营活动。或者可以说,母公司总经理的支配权跨越了国界,甚至有少数大型跨国公司控制着有关产品的世界市场。子公司之间的关系则是回避竞争,互相依赖、互相补充。

在跨国公司系统内,母子公司之间或子公司之间发生交易使用的结算价格,叫做跨国公司的内部调拨价格。由于跨国公司系统内部交易量的增加,这种内部调拨价格对世界经济的影响也日益增大,据 20 世纪 70 年代末期的统计,世界贸易总额中,有三分之一是用内部调拨价格结算的。美国公司的收入中,有 80% 来自子公司,银行贷款的三分之二涉及子公司。美国进口总额的一半属于企业内部的交易。因此,跨国公司非常重视内部调拨价格的制订。跨国公司内部调拨价格,不但涉及子公司之间、子公司与母公司之间的利益分配,涉及总公司系统的整体利益,还涉及母子公司所在国家的利益。

二、有关跨国公司内部调拨价格的几个问题

（一）跨国公司的收入

跨国公司的收入有两方面来源:一是来自公司内部的交易,二是来自公司外部的交易。总公司的收入除利润、利息、使用费、佣金之外,还有通过抬高向子公司出售商品的内部调拨价或压低子公司向总公司出售商品的内部调拨价得来的。

（二）跨国公司的成本

跨国公司的成本(C),可划分为影响现在经营的支出(C_1)和影响将来经营的支出(C_2)两部分。影响现在经营的支出(C_1),分为公司内部交易的支出(C'_1)和公司外部交易的支出(C''_1)。影响将来经营发展的支出(C_2)中,包括研究和发展经费、广告费等等。这部分支出在现在的账上表现为支出,但对将来却是一种投资,将为公司带来更大的收入。现代资本主义企业在计算收入时,不只着眼于眼前利润,更注意扩大未来的财源,所以,它们非常重视研究与发展工作,肯在这方面下大本钱,并且由于这些投资在现在账目表现为支出,可以避免向政府交纳投资税。

（三）跨国公司收入的运用

公司收入用于支付与公司外部交易的费用(煤、水、电、工资、材料等)、交纳所得税、支付给外国人和本国股东红利、关税以及其他预扣的费用(如工人基金、预扣税金等)。利润是收入的一部分,对所得税和红利有影响。

（四）跨国公司内部调拨价格的基本内容

跨国公司内部调拨价的基本内容,是如何处理母子公司相对支出和收入之间的关系。

相对支出 $= C'_1 + C''_1 + C_2$。

C''_1 与当时当地市场有关系,$C'_1 + C_2$ 与子公司有关系。母公司在 $C'_1 + C_2$ 方面的支出较多,子公司在 C''_1 方面支出大。

母公司收入 $= y' + y''$。

21世纪经济与管理精品丛书

y'＝从子公司的收入，y''＝从公司系统外的收入。

y'可能来自子公司的利润，也可以来自抬高或压低母子公司的内部调拨作价。

当 $y''<C$ 时，表示国内市场小，需要通过与国外子公司的内部调拨价转移收入来抵消国内母公司开支。如果 $y''>C$，那么为了逃税，就要求子公司不宣布利润，而通过内部调拨作价，将利润转回本国。母子公司间的支出不公开，通过内部调拨作价就能转移利润。就是说子公司表现的利润，并不完全反映母公司的收入，母公司还通过内部调拨价收回子公司利润。

跨国公司在与外国合营的企业中，有时为了减少外国应该分享的利润和利润中应该用于职工奖励的奖金，也常常通过内部调拨作价的途径，将一部分利润转移出去。

在跨国公司之间为争取外国市场进行竞争的情况下，各跨国公司在处理内部调拨作价方面的问题更为复杂，往往需要用电子计算机来计算并衡量各种情况下应该采取的对策，争取对其最有利的方案。

（五）跨国公司利用内部调拨作价争取实现最大利润的其他策略

1. 避免外汇汇率变动的风险。按照常规，子公司应该在年终结算出利润之后才可汇出利润，但如果跨国公司根据可靠预测，知道所在国货币到那时可能会贬值，则有可能通过内部调拨作价手段提高把利润转出，并将准备投入该所在国子公司的资金推迟投放。如果当根据预测，所在国货币到那时可能会升值，则会采取与上述策略相反的做法，即通过内部调拨价推后汇出利润，将准备投入的资金提前投入。

2. 对付所在国的外汇管制。如果根据所在国外汇管制办法，外国人所得利润不准全部汇出国外，往往通过内部调拨作价转出利润。这样，不但逃避了外汇管制，还会使所在国减少应该征收的所得税。

3. 利用各国资本成本的差距，追求更大利润。跨国公司通过比较子公司所在国利率的不同，用低利率借钱，通过调拨作价将资本转移到利率较高的国家。

在投资机会不同的情况下，也可通过内部调拨作价转移投资资金。

4. 通过内部调拨作价转出部分利润以压低过高的账面利润率，避免所在国政府提高税率。低报利润率还避免工会提出提高工资的要求。另外，利润率与关税水平也有关系，为取得关税优惠，也会故意通过内部调拨作价转出利润，压低账面利润率。

5. 利用各国税率的不同争取利润。大多数发达国家的税率大大高于发展中国家，位于发达国家的母公司为减少纳税常常有意地让位于发展中国家的子公司宣布利润，待完税之后，再将税后利润汇回母公司；或通过控股公司把利润从一家国外公司转移到另一家，或利用设在低税国的公司积累利润。跨国公司还常常通过内部调拨作价把利润转移到税率更低的地方（如香港、瑞士、巴拿马等），将完税后的利润汇回位于发达国家的母公司。

6. 利用内部调拨作价在有垄断能力的地方实行高价，在竞争激烈的地方实行低价，排挤竞争对手，对局部的亏损换取整个公司系统的最大利润。

由于跨国公司常常利用内部调拨作价的手段转移利润，有关国家政府税务部门非常注意这种可能性，常常采取干预措施。例如，美国税务局曾对跨国公司母子公司之间的内部调拨价格进行了干预，结果多收回税款 6.65 亿美元。

第九章　涉外企业产品定价

第一节　涉外企业价格的制订

一、涉外企业产品价格的制订原理

涉外企业产品价格是指涉外企业产品的国外成交价格。准确地制订这种价格，对鼓励出口，发展对外贸易，提高社会经济效益有十分重要的意义和作用。

（一）出口产品的定价原则

出口产品外销价格，不仅直接影响产品在国际市场上的竞争力，而且也关系到企业的经济利益和国家对外贸易的发展。因此，要按照一定的原则制订出口产品的外销价格。

出口产品的定价原则是，在贯彻平等互利的原则下，根据国际市场的价格水平，结合国别（地区）政策，并且按照我们的经营意图确定适当的价格。

平等互利是我国一贯坚持的外交政策，它同样也适用于我国的对外贸易。它的基本含义是，国家不论大小，不论强弱，在经济往来中，都应该相互尊重对方的主权和愿望，双方处于平等的地位；在贸易中必须根据双方的需要和可能，在自愿的基础上互通有无，确定合理的价格和贸易条件，使买卖双方都可以从中获得满意的利益。

国际市场价格是指历史上形成的商品世界集散中心的价格或商品交易所的排价或输入国、输入地区的当地市场价格。它们是商品国际价值的货币表现，是国际市场上商品在国际间交换的具有代表性的价格。它们是在价值规律的作用下、在激烈的国际市场竞争中自发形成的。它既反映了价值规律关于国际商品交换必须以国际价值为基础的客观要求，也符合我国对外贸易中平等互利的基本原则，是贸易双方都容易接受的。当然，国际市场价格并不是一成不变的，它随着国际生产价格、汇率、供求等因素变化而波动。因此，在制订出口产品价格时，首先要把握该产品的国际市场行情和价格运动趋势，根据国际市场供求关系制订适当的价格水平。一般而言，价格看涨的产品，要适当控制销量做到随涨随卖逐步提高；对价格看跌的产品，要不失时机地一次降价到位（具有保值意义和我国占领市场的产品除外），并迅速组织对外成交。

我国涉外企业的对外贸易活动不单纯是为了做生意创外汇、扩大经济效益，它们也是我国外交工作的一个重要组成部分。企业制订出口产品的外销价格要适当体现我国外交政策中的国别或地区政策，考虑政治上的需要，配合国家的外交活动。对于我们的友好国家或地区，在确定交易价格时可以在经过国家有关部门批准后适当予以照顾和方便。

企业的营销意图就是企业的交易目的，它必须符合国家的外贸发展意图，就是要根据出口产品的不同情况、特点和市场条件，灵活制订价格。对具有独特风格、稀少、珍贵的工艺品，为提高其"稀缺度"和收藏价值，可根据工艺水平、艺术价值和国际市场需求等情况适量面市，争取卖高价；对我国独有的名贵土特产品和在国际市场上占优势的产品可在打开销路并有一定的知名度后，适当稳定在较高的价格水平上；对新产品和未打开销路的产品，为了在国际市场上打开销路站稳脚跟，可以按略低于国际市场价格作价；对库存积压和市场滞销产品，应制订较低的销售价格出售，并在收汇方式、贸易方式等方面适当予以优惠；对于某些国际市场竞争激烈的产品，可以采用竞争性价格，即在质量相同的情况下，可以略低于竞争对手的同类产品的价格；反之则反是。

（二）进口产品的定价原则

出口产品的定价原则同样适用于进口产品的定价。因此，在确定进口产品价格时，要根据国际市场价格水平和进口工作中的具体情况和特点，灵活掌握和运用定价原则，做到既能节省有限的外汇，又能实现国家的进口计划，支援我国的现代化建设和满足国内市场需求。要注意研究和预测国际市场价格水平的变化趋势，进口产品的价格要不高于或争取略低于国际市场价格水平；进口大宗产品，要切实搞好咨询、技术交流、考察、询价等一系列工作，然后全面比较，综合分析，择优选购，大宗重点产品和成套设备宜通过招标方式购买进口；对国家建设急需的某些进口物资，不能单纯考虑价格，必要时可按略高于国际市场价格的价格成交；要善于利用国际市场竞争或经济周期导致的销售困难的机会，争取尽可能有利的成交价格。

二、涉外企业产品定价应考虑的实际因素

确定进出口产品的价格是一项错综复杂的工作，除了应遵循上述定价原则外，还必须考虑下列实际因素：

1. 商品的质量和档次。在国际市场上，一般都实行按质论价，即好货好价，次货次价。产品品质的优劣、档次的高低、包装装潢的好坏、式样的新旧、品牌知名度的大小等都影响产品的价格。

2. 运输距离。参与国际市场交易的产品，一般都要经过长途运输。运输距

离的远近,影响运费和保险费的开支,从而影响产品的价格。因此,确定进出口产品交易价格时,必须核算运费成本,做好比价工作,以体现地区差价。

3. 交货地点和交货条件。在国际市场交易中,由于交货地点和交货条件不同,买卖双方应承担的责任、费用和风险有所不同,因而使得进出口产品的实际成交价格不同。

4. 季节性需求的变化。某些节令性产品季节性需求变化明显,交易的价格差别很大。旺季时,市场需求量大,交易的价格高;淡季时,市场需求量小,交易的价格低。因此,我们必须掌握好这种季节性差价,争取按对我方有利的价格成交。

5. 成交数量。按照国际贸易的习惯做法,成交量的大小影响交易价格。成交量大时,在价格上应给予适当优惠;成交量小,就不能享受价格优惠;低于起订量时,价格反而会提高。所以,在确定进出口产品的价格时必须考虑成交数量的大小,实行数量差价。

6. 支付条件和汇率变动的风险。在开展国际贸易业务时,货款的支付条件影响交易价格,采用预付货款和凭信用证付款方式下,其价格应当有所区别;同时,外贸涉及到两种不同的货币,货币间汇率的变动会给交易双方带来一定的汇率风险,进而影响交易价格。通常,适当提高出售价格或降低购买价格,可以减少甚至消除汇率风险。

7. 关税税率。关税是对进出口产品所征收的税,它是影响进出口产品价格的一个重要因素,它的高低一般是由关税税率水平来决定的。在进出口产品的成本和利润一定的条件下,税率高,进出口产品的价格水平就高;反之,税率低,进出口产品的价格水平就低。

此外,交货期的远近,市场销售习惯和消费者的爱好等因素,都对涉外企业产品定价有不同程度的影响,必须通盘考虑和正确掌握。

三、定价方法

在国际贸易中,产品定价的方法多种多样,可以根据不同情况,分别采取下列定价办法。

(一) 固定价格

固定价格是指由交易双方协商一致,在合同中明确规定的具体价格,它具有明确、具体、便于核算的特点。固定价格是国际上常见的做法。按照各国法律的规定,合同价格一经确定,交易双方在合同期内就必须严格执行。除非合同另有约定,或经双方当事人一致同意,否则任何一方都不得擅自更改。

实际上,由于国际市场行情多变,供需情况的变化,各种货币汇价经常变动,使得市场价格剧涨暴跌的现象时有发生,所以在外贸合同中规定固定价格,就意味着交易双方要承担从签约到交货付款以至转售时价格变动的风险。况且,如果行情变动过于剧烈,这种做法还可能影响合同的顺利执行。一些不守信用的商人很可能为逃避巨额损失,而寻找各种借口撕毁合同。因此,在采用固定价格的方法时,首先,必须对影响市场供求的各种因素进行过细的分析,并在此基础上,对价格的前景做出判断,以此作为制订合同价格的依据;其次对交易对象的资信进行了解和研究,慎重选择贸易伙伴。另外,为了减少风险,促成交易,提高合同的履约率,在合同价格的规定方面,也可以采用一些变通做法。

（二）非固定价格

非固定价格是指交易双方在签订合同时,对交易价格不作明确具体的规定,而是采用一般业务上所说的"活价"。其方法大体上可以分为下述几种:

1. 在合同中只规定定价方式,具体价格留待以后确定,届时按当地或国际市场价格水平确定正式价格。

2. 采取暂定价的方式,即在合同中先规定一个初步价格,以此作为开立信用证和初步付款的价格,待交易双方确定价格后再进行清算,并多退少补。

3. 在合同中同时采用固定价格和非固定价格的做法,即对近期交货的产品采用固定价格,对远期交货的产品采用非固定价格。

非固定价格是一种变通的做法,在市场行情变动频繁、或交易双方未能就价格取得一致意见时,采用这种做法有一定的好处。第一,有助于暂时解决交易双方在价格方面的分歧,先就合同的其他条款达成协议,早日签约;第二,有利于交易双方在一定程度上避免价格风险。

在采用非固定价格时,要注意以下几方面的问题:第一,合同中应明确定价标准和依据。如以有代表性的某个商品交易所在某一日期所公布的价格为准,或者以某一商品主要集散地市场价格为准,并明确取其最高价、最低价或平均价。第二,合同中应明确定价时间。如在装运前定价,即按一般规定在签定合同后若干天或装运前若干天定价;装运时定价,一般是指按装运单据日期的行市或装运当日的平均价定价;装运后定价,一般指在装运后若干天,甚至运达目的地后再定价等等。

四、价格的调整

在国际贸易中,对于加工周期长、远期交货的产品交易价格,因成本变动频繁而不易准确预测,普遍采用价格调整的方法,也就是在合同中订立价格调整条款。通常,交易双方在订立合同时只规定初步价格,并明确初步价格的成本基础,如果产品的原材料价格、工资等成本因素发生变化,卖方可相应调整产品交易价格;而买方则应注意卖方所在国工资指数和价格指数的选择,并在合同中加以明确。

21世纪经济与管理精品丛书

第二节　涉外企业产品价格的构成

一、涉外企业产品价格的构成

涉外企业产品价格的构成与产品的国内市场价格不同,它们通常有四个部分,即计价货币、计价金额、贸易术语和计量单位,缺一不可。

二、计价货币

(一)计价货币的含义

计价货币是交易双方用来计算债权债务的货币,也就是用来计算价格的货币。在国际贸易中,它是构成交易价格的一个必要成分。

在一般的交易中,价格都表现为一定量的特定的货币。在国际贸易中,每一次交易的参于国家或地区至少有两个,涉及的计价货币至少有两种,所以存在着计价货币的选择问题。由于世界各国的货币价值不一样,并且不是一成不变的,特别是各主要发达国家普遍实行浮动汇率,使得通常用来计价的各主要货币币值经常变动;同时,国际贸易的每一次交易交货期都比较长,从订货到履约往往需要有一个过程,在此期间,计价货币的币值要发生变化,甚至会出现大幅度的起伏,其结果必然直接影响交易双方的经济利益。因此,如何选择合同的计价货币就具有重要意义。

(二)计价货币的选择

在选择计价货币时,一般要注意下面两方面的问题:

1. 如果交易双方所在国家订有贸易协定或支付协定,而交易本身又属于上述协定的交易,必须选择协定规定的计价货币计价。

2. 一般的进出口合同都采用可兑换的国际上通用的或交易双方同意的支付手段进行计价和支付。由于目前世界上货币的软硬程度不同,发展趋势也不一致,因此,具体到每一笔交易,都必须在深入调查研究的基础上,尽可能争取把发展趋势对我方有利的货币作为计价货币。从理论上讲,进口时用软通货计价,出口时用硬通货计价比较合算。但是,在实际业务中,以什么货币计价,应视交易双方的交易习惯、经营意图以及交易价格而定。如果为达成交易而不得不采用对我方不利的货币,则可以设法用下述两种办法补救:一是根据该种货币今后可能的变动幅度,相应调整交易价格;二是在可能的条件下,在合同中订立保值条款。

三、计价金额

（一）计价金额的含义

计价金额是指交易产品的每一计量单位的价格金额。即通常的交易价格。在国际贸易中，产品的交易价格一般受单位产品的进出口总成本、涉外运输费、涉外运输保险费、佣金和折扣等因素的影响。

（二）计价金额的组成

1. 产品进出口总成本。产品进口总成本是指产品的国外购进价格。在由买方办理进口或出口手续的情况下，包括进口关税或出口关税。

产品出口总成本是指出口产品的生产或收购成本加上出口前的一切费用，包括涉外企业生产加工出口产品所花费的一切费用，或从内贸企业购进产品以备出口所花费的一切费用，和将出口产品运到装运港备运出口的整个流通过程所花费的各项费用的总和。在由卖方办理进口或出口手续的情况下，还要包括进口关税或出口关税。

2. 涉外运输费。涉外运输费是指产品从出口国口岸运往进口国口岸的运输费用，它与特定的货物运输方式有关。在涉外货物运输中，由于运输方式不同，货物的运价是不一样的。目前国际上的涉外货物运输价格有：国际海运运价、国际航空运价、国际铁路联运运价、集装箱运价、国际多式联运运价、公路运价和管道运价等。

3. 涉外运输保险费。涉外运输保险费是指对涉外运输的货物进行保险所需支付的有关费用。运输方式不同，保险费的计收标准是不一样的，但原则上都是以保险金额为计算基础的。

$$保险费＝保险金额×保险费率$$

中国人民保险公司承保进口货物的保险金额，原则上以 C. I. F. 货值计算，不加成。由于我国进口合同大部分采用 C. F. R. 或 F. O. B. 条件，为简化手续，方便计算，在预约保险合同中，议定了平均运费率和平均保险费率。据此，就可按进口合同所采用的贸易术语计算保险金额，公式如下：

$$进口 F. O. B. 合同的保险金额＝F. O. B. 值×（1＋平均运费率＋平均保险费率）$$

$$进口 C. F. R. 合同的保险金额＝C. F. R. 值×（1＋平均保险费率）$$

中国人民保险公司承保出口货物的保险金额，一般按 C. I. F 货值加成计算。加成率由保险人与被保险人视具体情况确定，以 10%～15%，最多不超过 30%为宜。计算公式如下：

$$出口 C. I. F 合同的保险金额＝C. I. F 值×（1＋加成率）$$

21世纪经济与管理精品丛书

$$C.I.F.值＝C.F.R.值×\frac{1}{(1-投保加成率)×保险费率}$$

4. 佣金和折扣。佣金和折扣是价格的构成因素，是企业推销产品而在价格上予以优惠待遇的一种灵活做法。佣金是买方或卖方在买、卖成交后给予中间商的报酬。根据佣金是否在价格中表明，它分为明佣和暗佣两种。明佣是在价格中表明，这样的价格被称为含佣价；暗佣在价格中不表明，而是由买卖双方另行规定。不含佣金（或折扣）的价格被称为净价。

佣金是在含佣价的基础上计算的，即：

$$佣金＝含佣价×佣金率$$

$$含佣价＝净价÷(1-佣金率)$$

折扣是卖方在原标准定价的基础上，按一定百分比给予买方在价格上的减让。其大小决定于交易的性质，交货和支付的条件，与买方的相互关系以及签约时的市场行情等因素。折扣的支付方式常为买方在付款时预先扣除。

四、贸易术语

（一）贸易术语的含义

贸易术语是指用一个简短的概念或若干个英文字母来表示在一定的价格金额基础上买卖双方的责任范围、风险界限、费用负担、产品所有权转移、货款偿付等一系列重要问题的术语。也叫做价格术语、价格条件、贸易条件。

（二）贸易术语的意义

国际贸易具有线长、面广、环节多、风险大的特点，交易双方在洽谈交易、签订合同时，必然要遇到下面几个重要问题：

1. 卖方在何处、以何种方式办理交货？
2. 风险何时由卖方转移给买方？
3. 由谁负责办理货物的运输、保险、通过关境的手续？
4. 由谁承担办理上述事项时所需的各项费用？
5. 买卖双方需要交接哪些有关的单据？
6. 买方何时何地支付货款？

以上问题均涉及到交易双方的经济利益，必须在交易合同中明确规定出来，而这需要通过交易双方的协商。其中，交货地点是核心问题，它的确定往往对其余问题的解决有决定作用。在确定上述问题时，交易双方都要从自己的利益出发，结合具体情况认真考虑，一一达成一致。如果其中有一个问题不能达成一致，交易就无法实现，这样肯定不利于国际贸易业务的开展。于是，在长期的国际贸易实践中，人们逐渐将上述问题确定为一整套相对固定的、按照不同的交货地点

21世纪经济与管理精品丛书

来划分交易双方责任、费用和风险负担的习惯做法,也就是在表示产品的交易单价时加上一个贸易术语,以规定交易双方在履行合同过程中各自应承担的责任、费用和风险等。

贸易术语的出现,推动了国际贸易的发展。因为它的广泛使用,既简化了交易洽谈的内容,缩短了成交过程,节省了业务费用,又可以减少交易纠纷,并为解决交易纠纷提供了依据,有利于交易的实现。

（三）三种常用的贸易术语

1. 装运港船上交货价格（指定装运港）（F. O. B. …mamed port of shipment）

（1）F. O. B. 价格内涵。这种贸易术语是指卖方负责在指定的装运港将符合合同要求的货物装上买方指定的船上,并负责货物装上船前的一切风险和费用。按照国际商会《国际贸易术语解释通则》的一般解释,F. O. B. 条件下买卖双方的具体责任分别是:

① 卖方必须按照合同规定,提供货物及有关凭证,如商业发票、商检证书、产品出口许可证、清洁的货物已装船单据等;在合同规定的时间内,在指定的装运港将货物装到买方指定的船上,并通知买方;承担货物装上船、越过船舷前的一切费用与风险;自负费用和风险领取出口许可证或其他官方证件,并负责办理出口手续,交纳出口关税;等等。

② 买方必须按合同规定,自费办理货物运输手续,并将船名、装泊位及装船日期,适时通知卖方;自费办理货物运输保险手续;承担货物装上船、越过船舷后一切费用和风险;自负费用和风险,领取进口许可证,并负责办理进口手续,交纳进口关税;在接到卖方提供的清洁的货物已装船单据后,按规定偿付货款;等等。

（2）F. O. B. 价格变形。

① 班轮条件价格:与货物装运有关的一切费用,均包括在运费中,由买方负担。

② 吊钩下价格:卖方必须承担把货物交到买方指定的装运船只的吊钩所及之处的费用,以后的装船费用概由买方负担。

③ 理舱费在内价格:卖方要负责把货物装入船舱,并负担包括理舱费在内的装船费用。

④ 平舱费在内价格:卖方要负责把货物装入船舱,并负担包括平舱费在内的装船费用。

2. 成本加运费价格（指定目的港）（C. F. R. …named port of destination）

（1）C. F. R. 价格内涵。这种贸易术语是指卖方要在合同规定的时间内,将符合合同要求的货物运到合同规定的目的港,并负责货物装船前的一切风险和费用,还要承担货物运输费用。按照国际商会《国际贸易术语解释通则》的一般解释,C. F. R. 条件下买卖双方的具体责任分别是：

① 卖方必须按照合同规定,提供货物及有关凭证,如商业发票、商检证书、产品出口许可证、清洁的货物已装船单据等;在合同规定的时间内,负责办理租船订舱手续,将货物运到合同指定的目的港,并通知买方;承担货物装上船、越过船舷前的一切风险;自负费用和风险,领取出口许可证或其他官方证件,并负责办理出口手续,交纳出口关税;等等。

② 买方必须按合同规定,在接到卖方交来的有关货物交易的凭证后,立即支付货款;自费办理货物运输保险手续;承担货物装上船、越过船舷后一切风险;接到卖方货物装运通知后,按时到目的港接货;自负费用和风险,领取进口许可证,并办理进口手续,交纳进口关税;等等。

（2）C. F. R. 价格变形

① 班轮条件价格：与货物装运有关的一切费用,包括卸货费,均包括在运费中,由卖方负担。

② 舱底交货价格：买卖双方在目的港舱底办理交货,买方承担将货物从舱底起吊卸到码头的费用,即卸货费。

③ 吊钩交货价格：卖方承担将货物从舱底吊至码头卸离吊钩为止前的所有运输费用。

④ 卸到岸上价格：卖方承担包括卸货费在内的一切运输费用。

3. 成本加运费加保险费价格（指定目的港）(C. I. F. …named port of destination)

（1）C. I. F. 价格内涵。这种贸易术语是指卖方要在合同规定的时间内,将符合合同要求的货物运到合同规定的目的港,并负责装船前的一切风险和费用,还要承担货物运输费用和保险费用。按照国际商会的《国际贸易术语解释通则》的一般解释,C. I. F. 条件下买卖双方的具体责任分别是：

① 卖方必须按照合同规定,提供货物及有关凭证,如商业发票、商检证书、产品出口许可证、清洁的货物已装船单据等;在合同规定的时间内,负责办理租船订舱后续,将货物运到合同指定的目的港,并通知买方;自费办理货物运输保险手续;承担货物装上船、越过船舷前的一切风险;自负费用和风险领取出口许可证或其他官方证件,并负责办理出口手续,交纳出口关税;等等。

② 买方必须：按合同规定,在接到卖方交来的有关货物交易的凭证后,立即支付货物;承担货物装上船、越过船舷后的一切风险;接到卖方货物装运通知后,按时到目的港接货;自负费用和风险领取进口许可证,并办理进口手续,交纳进口关税;等等。

（2）C. I. F. 价格变形

① 班轮条件价格：与货物装运有关的一切费用,包括卸货费,均包括在运费

中,由卖方负担。

② 舱底交货价格:买卖双方在目的港舱底办理交货,买方承担将货物从舱底起吊卸到码头的费用,即卸货费。

③ 吊钩交货价格:卖方承担将货物从舱底吊至码头卸离吊钩为止前的所有运输费用。

④ 卸到岸上价格:卖方承担包括卸货费在内的一切运输费用。

我们在开展国际贸易业务时,要力求使用对我方有利的贸易术语。通常,进口采用 F.O.B 条件或 C.F.R 条件,出口采用 C.I.F. 条件。这样不仅可以使我们多收外汇,而且可以掌握运输主动权,可以节省、安全、迅速、可靠地把进口货物运进来,把出口货物运出去。

第三节 不同贸易方式作价

一、对外加工装配贸易作价

对外加工装配的主要价格形式是加工费。加工费制订得合理与否直接影响着对外加工装配的发展。加工费偏低,承接加工的企业利少、无利甚至亏本,企业不能正常进行生产经营活动,不利于促进企业出口创汇;加工费偏高,使得国外厂商望价却步,又会影响外商洽谈业务的积极性。因此,加工费的制订必须合理、科学,必须有利于对外贸易的开展。合理的加工费的制订必须依据国际市场加工费的水平。

(一)加工费的制订方式

加工费的制订方式一般有以下几种:

1. 根据对外加工装配业务的合理费用,加上一定比例的利润,按照加工方所在国家、地区或事先确定的某一特定的货币,折算成外币作为加工费。

2. 参照承接加工方所在国家或地区的同类产品的加工费制订。

3. 参照承接加工方类似的国家或地区的同类产品的加工费制订。我国一般参照港澳地区的加工费水平作价。

4. 通过加工装配产品的试制,依据生产中的实际开支情况,由贸易双方协商制订加工费水平。

(二)加工费的计算方法

加工费的计算一般有两种方法:一种是来料、来件不计价格,只按加工产品的单位数量制订加工费;另一种是来料、来件和加工成品分别计价,取两者之间的差额作为加工费。在制订来料来件价格时,一般要制订得比实际价格水平低一些,以防止加工方在某些情况下,按较高价格出售材料或元器件,而不愿再以接受加工成品的方式进行。

（三）制订加工费的标准及其计算公式

由于加工费的高低直接影响交易双方的经济利益,影响产品的国际市场竞争力。所以,加工费的制订必须使交易双方都有利可图,必须有利于加工产品参与国际市场竞争。据此,加工费应略低于承接加工方所在国家或地区的加工费的水平,并且使承接加工方在除去加工成本后,能获得一定的利润。这样才能调动交易双方进行业务合作的积极性。通常计算公式为：

$$加工费＝加工成本＋加工利润$$

$$加工利润＝加工费×外汇牌价－加工成本$$

其中,加工成本包括工资、车间费用、煤水电费、经营管理费等,按净值计算。附加的费用,如代办保险费、运输垫支费等需另行计算。

二、补偿贸易的作价

（一）补偿贸易的作价原则

补偿贸易的作价主要包括设备、装置、技术等产品的进口作价和补偿产品的出口作价两个方面。由于补偿贸易通常是在长期信贷基础上进行的,一般在10～15年期限内以产品偿还本息,而且补偿产品大部分是分期分批进行交货,因此,在进行补偿贸易的作价时,应遵循一系列原则。

1. 对于设备、装置产品的作价,一般是在签约时按照国际市场的价格水平一次进行。价格的高低取决于产品的质量、性能和牌号,由交易双方协商而定。

2. 对于技术产品的作价,一般按照技术贸易的计价方法进行。有时连同专利或专有技术的使用费在一起,采取提成计价、分期支付的办法办理。

3. 对于补偿产品的出口作价,应分两种情况进行：一是单笔货物的补偿,其金额不大,补偿时期较短,并且一次性补偿结清的,一般是在签订合同协议时,由交易双方协商确定价格;另一种是补偿年限较长的,卖方为了防止在生产过程中,原材料价格及工资水平等费用上涨而发生的价格风险,往往在签订合同时,先由交易双方确定一个都能接受的作价方法或原则,并采用弹性价格或滑动价格与固定价格相结合的办法,先规定一个暂定价格,同时说明将在补偿年限内,根据原材料价格和工资水平的增减幅度等实际情况的变化,定期按照一定的作价办法和原则进行适当调整。

（二）补偿贸易的几种基本作价方法

1. 以国际市场上有关商品交易所或报刊杂志所公布的价格为基础,协商确定价格的调整幅度。

2. 以发达国家同类产品的出厂价格作为参考,折让一定幅度。

3. 按当时的国际市场价格或售给经销商的优惠价格计算价格。

4. 参照同类产品竞争者的价格,给予一定幅度的优惠。

5. 依据生产国或地区的工资、物价指数状况,对暂定的价格进行调整。

6. 以卖方对其他客户的成交价格为基础进行定价。

在以上基本的作价方法的基础上,还应结合不同的偿付办法和补偿形式,进行灵活定价。

1. 对于以产品返销方式偿付的产品定价,有两种办法:一是先对设备、技术作价,定出其总价额,而后再对直接产品作价或以直接产品外销后所得的价款偿付;二是"提成偿付",即对技术、设备先不作价,而是待工程建成投产后,逐年以产品或产值的一定百分比进行偿还,直至协议规定的年限期满为止。

2. 对于以间接产品补偿方式偿付的产品定价,可以先确定其进口设备、技术的价格,待工程建成投产后,再以双方都愿接受的某种产品,按照当时的价格折算出一定的数量交货偿付;或者在签定补偿协议时,按已订妥的设备价格折算出应补偿的某种产品的数量,待工程建成投产后再进行补偿交割。

3. 对于以工缴费补偿方式偿付的产品定价,可以有两种办法:一是先固定好进口设备、原料及出口产品的价格,双方都不付现汇,而是在加工成产品后,再按约定的分批交货期限交足数量,即算完成补偿义务;二是对进口的原料、设备和出口的加工成品各自作价,计算出进出口价格的差额即得工缴费,再以分期分批所交货物的工缴费的总和,补足进口设备的价款。

三、租赁贸易作价

租赁贸易价格的主要表现形式是租金,并且采取分期偿付的办法,因此,研究租赁贸易的作价,主要研究其租金。

（一）租金的构成

以"融资租赁"为例,租金的构成有以下几种:

1. 购置成本。指出租人根据承租人的要求,为承租人购买租赁物品所需的价款。一般指进口成交价,按 C. I. F. 价计算。

2. 银行利息。指出租人为承租人垫付租赁物品价款而发生的利息支付。一般以银行贷款利率为依据。

3. 租赁手续费。指租赁业务办理过程所发生的各种费用。

（二）租金的计算方法

租金的计算一般以租赁业务中的各项成本为基础,包括设备采购及其发生的费用;租赁期限内因为设备的所有权而产生的各项费用,如利息支出、固定资产税和其他税金、保险费、租赁公司的佣金管理费、手续费以及利润等。其计算公

21世纪经济与管理精品丛书

式为：

$$每月租金＝（设备原值－估计残值＋利息＋各种税金\\ ＋保险费＋佣金＋利润）÷租赁期限$$

公式中的估计残值一项，是指租赁期满时，设备经过多年使用后所剩的价值估计。这一项在计算租金时应从设备原值中扣除。如果设备的维修按合同规定由承租负责，则上述公式中就不计入维修费；反之，如果规定由出租方负责维修，则维修费必须列入公式的计算中。

四、技术贸易作价

（一）技术价格的含义

在进行技术贸易的过程中，技术的输入方必须向技术的输出方支付一定的报酬，这就是技术价格。它具有多种表现形式，通常被称为补偿、酬金、收入、收益、提成费、使用费、服务费等。以何种形式出现，通常取决于输出方和输入方所处的地位及其所提供的技术的内容。因此，技术价格可以理解为上述各种形式的总称。

（二）技术价格的构成

技术是一种特殊商品，它的构成与一般商品的构成不同，主要由以下三部分组成。

1. 在技术转让过程中所发生的直接费用。包括联系洽谈所需要的差旅费、资料费以及签后复制所需要的大量技术文件资料费用等。

2. 技术研究开发费用的分摊。它取决于该项技术所处的生命周期。

3. 技术创造利润的能力，即输出方依据利润分享的原则所应得到的份额。这是技术价格构成的主要部分，是技术贸易洽谈过程中讨价还价的要害所在。

（三）影响技术价格的因素

由于技术价格的主要构成部分是该项技术创造利润的能力，因此，它受到如下诸因素的影响和制约。

1. 技术的先进性和受保护的程度。一般说来，创新型技术的价格比成熟型技术或标准型技术的价格要高。因为创新型技术往往只有少数甚至一个企业掌握，具有垄断性，在使用寿命周期内能获得超额利润；成熟型技术，因在社会生产中已被广泛应用，一般只能获得社会平均利润；标准型技术，使用量最低，其制成品只能保本微利。

2. 技术输出方授予技术输入方的权力范围。一般说来，输入方享受的权力越多，输入方承担的义务越大，技术的使用费就越高。不同许可证交易有不同的价格：独占许可证下技术价格最高，其次是排他许可证，普通许可证的售价更低，可转让许可证的价格须由双方协商制订。

3. 技术使用费的支付方式,使用货币的种类的差别和利率的大小,影响技术价格的高低。

4. 技术目标市场的大小、行业的差别、输入方国家的政治经济情况、技术的垄断竞争程度以及合同的其他条件等都会影响技术价格的高低。

(四)技术贸易的计价方法

技术贸易的计价方法有三种:即一次总算计价、提成计价、入门费加提成费计价。

1. 一次总算计价:即将技术转让的一切费用在合同签订后一次性计价付清,或一次总算付清。这种方法因没有与输入方产品的销售相联系,而具有一定的风险性。通常采用分期付款的办法,但要商定使用计价的货币和是否计息。

2. 提成计价:即贸易双方在签订技术转让合同的同时,只规定提成比例和提成基础,并不固定提成费的总额。其特点是交易项目先不作价,引进后暂不付款,而待投产后再按使用该项技术的实际经济效果计算,按产量提成或按净销售额提成,逐年支付提成费直至协议期满。采用这种方法,必须规定好偿付期限、提成基础以及提成率。

这里,净销售额是指市场销售价扣除包装费、保险费、仓储费、运输费、商业折扣、设备安装以及各种税收等费用以后的金额,或是合同产品的生产成本加企业利润(即出厂价)。

具体的提成方法有三种:

(1)固定提成,即在整个合期限内,按固定不变的提成率计付提成费;或按单位产品或时间来计付固定的提成费。

(2)滑动提成,又称递减提成。是指按合同产量或销售额的不断增长而后逐步降低提成率。提成递减的幅度和比例由技术交易双方共同按生产数量和收益情况具体商定。

(3)最高提成和最低提成。最高提成是指每年提成费计付到一定数额时,即使产量、销量增加也不增加提成费;最低提成是指在一定期限内不论引进方是否投产、产量多少、盈利与否,都必须支付一笔最低限度的提成费用。一般情况下,不接受输出方"最低提成费"的要求,否则需同时商定"最高提成费"以减少风险,并且提成年限应少于或等于合同的有效期限。

3. 入门费加提成费计价:即合同签定后先付一部分入门费,再在投产后按年提成偿付。入门费是输出方用作提供技术的初始费用,是固定价格,其支付方式一般与技术资料的交付、产品考核等进度相适应。

另外,在技术价格中,提成费的计算取决于提成率和提成基础。

$$提成费＝提成率×引进企业的产品净销售额$$

提成率由技术贸易双方通过谈判商定,大致为产品净销售额的 $0.5\%\sim$ 10%,一般按不同产品规定为 $2\%\sim4\%$。为了减少技术贸易的风险,任何一个引进单位,在确定提成率时,都必须全面估计年生产量和利润并留有余地。

在分析估算技术输出方价格时,还有一个重要依据,就是采用技术输出方的分享利润率指标,即在引进技术期间,技术使用费与技术输出方获得利润的比例。在国际贸易中,技术输出方分享利润率一般以 $15\%\sim25\%$ 为宜。

对一个具体项目来说,应该确定多少提成率才能使输出方分享的利润率保持在合理范围? 计算公式是:

$$提成率＝技术输出方分享的利润率×技术输入方的销售利润率×100\%$$

$$技术输出方分享的利润率＝一定期限内的技术使用费$$
$$÷预计同期输入方引进技术可得利润$$

$$技术输入方的销售利润率＝预计同期输入方引进技术可得利润$$
$$÷预订输入方引进技术后同期产品的净销售总额$$

第十章 服务企业产品定价

第一节 服务价格的特征

一、服务企业经营的特殊性

服务企业主要指利用一定的工具和设备,结合一定的销售并提供相应服务的综合性经营企业。主要包括饮食、旅游、照相、理发、洗染、浴池、修理、信息咨询等服务性行业。服务业是为生产和生活提供服务的基础性行业,可以满足人们在生产和生活上某方面的需要。例如,旅店、饭店可以供人们外出住宿就餐,浴池、洗染满足人们清洁卫生的需要,照相、理发能美化人们的生活,信息咨询服务为生产和生活提供所需的各种信息服务。这种服务消费有时并没有使消费者得到实物,有时提供的实物价值远远小于所付货币代表的价值量。照相业虽会给人们带来看得见摸得着的相片,但其主要价值并不是实物,而是利用照相技术所带来的艺术劳动服务。信息业提供的就更是无形的产品了。所以,服务业的共同点是为人们提供大量的劳动服务。服务业经营与一般商品经营的区别就在于:一般商品经营活动是以实物形态所表现的商品买卖为前提,主要体现了商品销售者与购买者之间的经济关系;而服务企业的服务产品经营者提供的主要是非实物形态的商品,是以向消费者提供劳务为基础的,主要体现了服务劳动者与消费者之间的经济关系。

二、服务产品价格的特征

服务产品价格是指人们购买的服务产品的价值的货币表现。狭义上通常称服务性收费。与其他行业价格相比较,服务企业商品价格具有以下特点:

1. 服务产品价格大多属于最终价格,是零售价格的一种特殊形式。从价格的形成过程来看一般商品价格是在完成生产过程、流通过程各环节中逐步形成的,并随着各环节各中介的加入而存在不同的价格形式。服务产品价格的形成则不同,它是一次性的销售价格。由于服务企业的职能和经营上的特点,服务的过程和消费的过程在时间、空间上的起点和终点是一致的,一般不存在多个中间环节的介入。集中表现在劳务价格上就不存在出厂价、批发价、零售价等多种价格形式，而通常只有一次性的最终价格。如饮食业价格，是饮食企业通过食品的现做现卖一次形成的。但是信息行业有其特殊性，如移动通信、互联网服务类产品，是通过各级代理商来销售自己的服务产品的，其价格和本书前面所述的制造商、分销商价格制订，有许多相似之处。

2. 服务费用在价格构成中所占比重较大。一般商品价格主要由生产成本、流通费用、利润和税金构成，服务费所占比重小，不单独列项。服务产品是劳动密集型，与其他行业相比较，在服务劳动过程中，设备和材料耗用相对较低，而活劳动耗用量较大。体现在价格构成中，劳动报酬的比重比一般商品大，这是服务价格的一个显著特征。例如，据某城市的综合计算得出照相业的物质消耗只占成本的 30%～35%，工资性开支占 65%～70%。旅游企业中，饭店将服务费用和房租并列为其基础价格的构成部分。

3. 等级质量差价成为服务产品价格差异的主要因素。在商品经济条件下，商品交换应遵循按质论价的原则，即优质优价、低质低价、同质同价。消费者的需求档次是不同的，这就要求服务产品的提供也应划分不同的档次，以满足消费者的不同需要。这就使得同一行业的服务产品价格存在着差别，这种差价主要表现为质量差价中的等级差价。如旅游饭店按其服务水平的不同，区分为五个星级，其中一星级最低，五星级最高，两者标准间房价相差近 10 倍。差距的原因就在于饭店的等级不同，也即这种饭店商品的质量不同。五星级饭店以其设施的高档化、高舒适度，尤其是软件服务项目和服务水平上的更胜一筹，使其价格比其他等级饭店价格高得多。服务产品的质量差价与一般商品的质量差价不同，它的特点是形成价格差别的主要因素是服务质量。这种劳务性价格的实现是通过不同等级的劳务或艺术性服务来实现的。

4. 对于服务产品价格国家一般不直接干预。服务产品价格的管理一般采取分级分地区的管理办法，通过法律、法规，规范服务企业的经营行为，从而间接影响其最终价格水平，而不直接干预。这是由于服务产品价格的形成，具有较强的地方性和技术性。不同地区不同类型的服务企业的经营各有特色，服务方式各异。同时，消费对象、消费习惯、消费水平千差万别，所以价格主要受企业自身经营状况和市场供求状况来共同制约。企业在定价措施上具有较大的自主性和灵活性。

5. 对于公共服务产品的价格，政府通常会通过一些必要的价格形成机制进行干预。公共服务产品通常对全社会范围的正常运行产生影响。特别是基础性的公共服务产品，如电信服务、道路交通运费、各种证照服务、教育服务等，涉及的范围广。在我国目前状况下，许多公共服务产品的价格是由政府主导其价格形成的。如事业性收费中的各级、各类学校的学费及其相关费用，多数是由政府有关部门会同服务提供者、社会有关方面通过听证的方式来确定收费标准。还有，电讯、互联网、各种证照等的收费标准都是由政府有关部门参与制订的。公共服务产品的价格形成机制，对于政府根据不同时期的经济、社会发展情况，因时、因地加强宏观调控，会起到一些帮助。这些事业性收费，涉及到政府服务社会的功能，社会公众中的不同群体，由于其收入等多方面的原因，会对这些收费产生不同的反映。特别是涉及政府形象、行政效率等方面，必须慎重对待。

第二节　服务价格制订的方法

一、服务价格制订的原则

1. 影响定价的基本要素主要有：设施、等级、规模、服务质量、管理费用、艺术价值等。同时结合市场状况确定利润水平，按照有关规定核算纳税金额。

2. 按质论价，优劣分档，拉开档次。这种定价原则不仅能使价格反映商品价值，而且能够使消费者更好地认识和接受这种服务产品，从而提高服务企业在不同目标市场的竞争力。

3. 区分市场，灵活调整。消费者的消费习惯的差异，经济收入的不同，消费目的的差别，导致其对服务产品质量要求也不一样。按消费者的经济收入和不同需求目的来划分，整个服务市场可分为高档市场、中档市场和经济市场。为了吸引不同档次或某一特定消费者，服务企业必须设计不同的服务产品以不同的价格水平出现，并按地区、淡旺季、市场变化等情形实行灵活的价格调整策略。一些服务企业价格决策时还应关注国际服务产品市场行情及相关因素的变化，以满足国内外消费者的需求。

4. 服务产品价格应相对稳定，不宜经常变动。作为与人们生产和生活休戚相关的基础性服务行业，应给消费者一个相对稳定可靠的良好形象。调整价格时幅度不宜过大，调价前应给消费者一个心理准备期。按国际惯例，每次调价幅度约 10% 左右，且调价时通常要有三个月预报期。服务企业是一个综合性、依托性很强的经济实体。需要时还应注意与有关部门协调，遵守有关规定。

二、制订服务产品价格的方法

服务企业面临的市场环境和所处的竞争地位不尽相同，所确定的定价目标和定价策略千差万别，从而决定了定价方法也是各不相同。不同的定价方法也从不同侧面反映了目标和策略的要求。服务企业在进行价格决策时必须进行认真的比较和分析，选择适合本企业生存和发展的定价方法。

21世纪经济与管理精品丛书

（一）以成本为中心的定价方法

这是一种以产品成本作为基数的定价方法。成本是服务产品价格构成的基础部分,它规定了服务产品价格的下限。在成本基础上加上一定的盈利,便成为服务产品的价格。这种定价方法一般包括成本加成定价法和目标收益率定价法。

1. 成本加成法。成本加成法是以产品成本加成一定百分比作为产品价格的定价方法。这种方法主要用于制订餐饮业的价格,是最简单最普遍的一种定价方法。常见的做法有内扣毛利率法、外加毛利率法、倍数法和价格系数法等。

成本加成定价法是以成本为基础定价的,因此在制订价格时,要搞清几种不同的成本概念:

（1）固定成本:指不随销售量增减而变化的成本,如折旧费、间接管理费、利息、保险费等。固定成本总额除以销售量而得的商数称为平均固定成本,它随着销售量的增加而减少。

（2）变动成本:指随销售量增减而变化的成本。如服务企业中原料材料耗用、水、电、煤、汽消耗等。变动成本总额除以销售量而得的商数称为平均变动成本。

（3）总成本:指固定成本和变动成本的总和,总成本除以销售量而得的商数称为平均总成本,也称平均成本。一般来说,平均成本随着销售量的增加而递减。

（4）边际成本:指每增加一个单位产品而新增加的成本。一般来说,边际成本随着销售量的增加减少。但销售量超过一定限度后它又会转而增加。边际成本大于平均成本时,平均成本必会呈上升趋势,反之呈下降趋势。所以说当边际成本等于平均成本时,平均成本必然是最低成本,这时的销售量能使企业获得最高利润。服务企业在制订价格时所采用的成本可以是总成本或平均成本,也可以是边际成本。

分清了各种成本概念后,便可运用成本加成定价法制订价格了。如果用总成本加成进行计算,则计算公式为:

$$单位产品销售价格 = \frac{总成本 \times (1 + 成本加成率)}{销售量}$$

例:某服务企业产品成本资料如下:

固定成本:500 000 元

变动成本(销售量 10 000 × 35):350 000 元

总成本:850 000 元

成本加成率:28%

$$单位商品销售价格 = \frac{850\,000 \times (1 + 28\%)}{10\,000}$$

$$= 108.8(元)$$

使用成本加成法,服务企业在确定成本加成率的时候,要充分考虑到市场需求状况和竞争的周期性变化,以针对不同情况下的价格调整和加成率以及加成率水平的调整。

2. 目标收益率定价法。这种方法是根据企业的总成本和估计的总销售量,确定一个目标收益率,作为定价的标准。

计算产品单价的公式为:

$$单价 = \frac{总成本 + 目标利润}{销售量}$$

目标收益定价法在饭店业中运用较为广泛。如制订菜肴价格时使用的计划利润法,制订房价时使用的千分之一法和赫伯特公式法,都是这种定价法的形式。

3. 千分之一法,也称千分之一规则,是饭店业传统的经验定价法。由于饭店建筑所需投资通常占总投资的 60%～70%。因此,许多饭店经营者认为饭店建筑造价与客房房价间应有直接的联系。"千分之一法"就是以饭店建筑总投资额为基数,按总造价的千分之一来划定饭店的平均房价,其目的就是获得合理的投资收益率。但"千分之一法"不能成为决策人员的最终决策工具,因为它没有充分考虑市场的变化和经营环境的变化。一般将计算结果作为客房价格的基点。

4. 赫伯特定价法。所用的赫伯特公式(Hubbart Formula)是由 20 世纪 50 年代美国旅馆和汽车旅馆协会主席罗伊·赫伯特主持发明的。这种方法套用盈亏临界公式,将"合理目标利润"作为成本的一部分来进行盈亏临界分析。具体而言,其思路为:估计部门费用加上预计收益来确定饭店所需实现的全部营业收入;决定所需达到的投资收益率;扣除其他营业部门利润额得出客房部需达到的年营业收入额;估计计划期能出租的客房数;用客房部需实现的年营业收入额除以客房出租数,便可得出平均房价。其具体计算公式如下:

平均每间客房租价＝{预期投资收益＋固定费用(税、折旧、利息等)
　　　　　　　＋未分配费用－其他营业部站利润＋客房部营业费用}
　　　　　　/计划的营业量(预计客房出租间数)

这个价格制订计算公式的缺点在于客房收入承担了饭店投资收益的全部责任,除非这个饭店是一个只提供客房服务的饭店。而客观的事实是绝大多数饭店都提供包括客房服务产品在内的其他服务产品。

以成本为中心的定价方法,其缺陷在于往往容易忽视市场需求和竞争状况。实施时应充分考虑上述两点,确定合理的成本加成率和利润率。

(二)需求效用定价法

需求效用定价法是在市场销售过程中,消费者根据自己的消费意愿对服务产品愿意支付的价格。同一服务产品不同的消费者愿意支付的价格不同,有的高于

21世纪经济与管理精品丛书

该商品用成本加成法计算出的价格很多,而有的则低于该价格很多。需求效用定价通常用于服务产品最高价格的确定和服务产品的差别定价。

1. 理解价值定价法。指以消费者对服务产品的价值理解和认识程度为依据制订价格的方法。此法的特点是在企业成本的基础上重点根据消费者的价值观念来确定最终价格水平。这就要求服务企业必须准确测定产品在消费者心目中的价值水平的高低。要做好这项工作,又必须首先做好产品定位工作,即确定服务产品在消费者心目中的地位。这种地位如何取决于三个要素:服务产品的市场形象如何,服务产品能给予消费者的利益是什么,服务产品与竞争对手的差别。其中最重要的要属服务产品能给消费者带来什么样的独特利益。而消费者对这种利益的认识往往是他们是否选择这种商品的关键。

在服务企业中这样的例子比比皆是。美国芝加哥白房子旅馆是世界上八个最高级的小旅馆之一,它成功地运用了游客对之独特利益的理解。旅馆在以下三个方面树立了他们独特的形象:殷勤的服务,能满足游客各种奇怪的愿望;优越的地理环境,地处闹市却宁静优雅;优质美味的食品,白房子俱乐部的食品闻名世界。游客由此把白房子旅馆看成是能够满足其声誉需求的豪华旅馆。该旅馆根据游客的这种价值观念,制订高价,一直保持着很理想的出租率。

采用理解价值定价法关键是要对消费者所理解的价值做出正确判断,估计过高或过低都会使价格偏离恰当位置。因此必须对目标市场进行深入细致的调查研究,以利于正确判断市场的理解价值。

2. 区分需求定价法,即差别定价法。指在成本基础上,重点根据消费者需求效用的不同点,对同一服务产品制订两种或两种以上的价格。这种定价方法常见的形式有:

(1) 不同消费者的需求效用不同,实行不同价。不同的消费者对同一服务产品的需求效用不同,服务企业可利用价格手段去吸引各类型的消费者,满足他们各自不同的需求。例如同一饭店对散客、团体客人、家庭客人等实行不同的定价方法。

(2) 同一消费者在不同时间的需求效用不同。服务企业可根据这种差别,在不同的季节、不同的日期,甚至不同的钟点,实行不同的价格。如旅游业的淡旺季有一定的差价,浴池收费在白天和晚上不同。移动通信服务、电力服务产品都可以采用这样的定价思路。

(3) 同一消费者在不同地点的需求效用不同。不同地点销售相同的服务产品,由于周围环境和气氛不同对消费者产生了不同的吸引力,消费者的理解价值也不同,依此可实行不同的价格。如修理业在热点地段和冷僻地段的收费就有差别。

(4) 同一消费者对不同的产品形式和产品特征的需求效用不同。据此所定的服务价格要在进一步考察市场需求结构多样化和层次性特征的基础上,达到开拓潜在市场、增加收益的更高的目的要求。一些服务企业,如旅游企业、理发业、咨询服务业都根据不同的服务形式,制订了不同的价格。如订购方式上有预订和预购,退款方式上有不退、按比例金额退还和全退;服务方式上有坐店服务和上门服务等等,据此制订出不同的价格水平。饭店的客房产品还可根据客房类型、房间的朝向、楼层的高低实行差别定价,在出租方式上还推出了以小时出租定价的弹性出租方式,以方便客人对客房的临时性的需求,由此可采用弹性定价的方式。互联网、移动通讯服务中的一些品牌服务产品的定价就是如此。

实行区分需求定价法的企业必须具备以下两个条件:第一,市场必须能够细分;第二,必须对目标市场上的消费者的消费动机、心理和要求等进行经常的细致的调查研究,使区分需求定价更能满足不同消费者的需求,而不是使消费者反感。

(三)以竞争为中心定价法

这种方法指实际价格决策是在竞争市场上进行的,也就是说,价格的制订不是在一个服务企业(卖者)和一个服务消费者(买者)之间的交易情况下制订的,而是在竞销和竞购同一服务产品的多个卖者和买者之间进行的。这样,在订价时,就要以市场竞争状况为依据,考虑不同的服务企业市场上的不同竞争类型,参考竞争者的价格。这种方法即以市场竞争为中心的定价方法。不同的竞争类型是指某种服务产品的竞争程度大小与竞争方式。区别各种竞争类型市场的重要因素是:买者与卖者的数目,服务企业所占市场份额大小,各自产品的差别程度。以竞争为中心的定价方法常见的形式有:

1. 随行就市定价法。它是以市场上同类服务产品一般通行的价格作为定价依据。适合于完全竞争型的服务产品市场,经营同一服务产品的企业数目众多,每家企业的供应量占该产品的总供应量的比重都不大,也即市场份额小的情况。处于这样的市场上的企业,可按随行就市定价法订出的价格出售其产品。若其价格过高于市场价格,消费者就会转而以低价购买其他同样的服务产品。服务企业只有按目前市场上的既定价格去获得最大利润的产量水平,努力降低成本,采用质量(效用)等其他竞争手段获取较多的市场份额。

2. 控制总量定价法。这种方法主要适用于所占市场份额大,特别是垄断型的服务企业。如拥有独特技术的修理服务企业、控制独一无二的旅游景点的旅游企业。可根据供求曲线找出最有利的市场供应量来控制价格,实现利润最大化。此外,还可采用率先定价法和边际贡献法来进行价格决策。

用以竞争为中心的定价法时要注意企业自身成本的核算和对市场需求状况的调查。以上介绍的定价方法各有侧重。服务企业在具体制订价格时还要依据不同产品、不同消费对象、不同时间、不同地点等多方面因素,综合考虑,采用一种或多种定价方法,制订出使消费者满意的价格,同时使企业获得尽可能大的收益。

第三节　服务价格调整策略

价格是服务企业经营过程中最为敏感的问题之一。价格变动会对服务企业效益产生多方面的影响。管理人员注意核算价格对设施设备的利用及其产生的经济效益的影响,财务人员据以计算企业经营的损益;营销人员把价格当作占领市场的主要策略之一。然而,服务企业同其他企业一样,也面临着激烈的市场竞争。不断变化的消费需求以及某些特定的非市场因素的影响,都会对服务企业的产品销售产生独特的影响。所以无论用哪一种方法制订出的价格都不应是一成不变的,而应该随着企业经营目标和经营环境的变化及时调整,以适应企业不同情况下的营销目标。

服务价格有其自身的特点,在调价时要注意两点:一是适度。价格变化的幅度不宜过大。如果一次提价幅度过大,会造成消费者不满情绪的产生,特别是在服务质量、服务设施等方面没有明显变化的情况下,有可能使企业失去这部分对价格敏感的消费者;若降价幅度过大,虽然会刺激一部分需求,但服务企业毫无疑问要蒙受损失。适度的调整价格,需要与相应的其他策略加以组合匹配,以期转移消费者对价格的注意力,从而掌握不至于使消费心理反感的合适尺度。二是服务价格调整不能过于频繁,应保持一定的稳定性,否则会削弱消费者对企业的信赖感,最终影响市场稳定性。频繁涨价会限制需求量;频繁降价又会使消费者产生再降价的预期心理,从而尽可能地推迟服务消费,同样也可能减少市场占有率。服务价格调整常用的策略有以下几种。

一、增量分析法

增量分析法的出发点不是单个或孤立地对某种服务产品进行的定价,而是把几个服务产品的价格问题进行综合考虑。在市场形势不太良好的情况下,服务企业为了激发消费者对主要盈利商品的消费,增加对消费者的吸引力,适当调整配套产品的价格。对于主要盈利的服务产品价格制订一个稳定的水平,对于配套产品调整价格,实行低利润或无利润。这样,若单独核算配套产品,其价格降低,经营亏损;若几种服务产品综合核算,则会发现整体盈利。

在饭店里,经营者常把娱乐产品作为客房产品销售的优惠条件,实行免费或低价销售。

下面以实例来说明这一策略的运用。某饭店娱乐产品在1月到4月间定价是平均每人每次120元,平均每天有150人进行娱乐消费。经营一天的成本总额为15 000元,每天能获毛利3 000元。而且120元销售价格与当地其他同类同档次饭店娱乐产品的价格基本持平。同期该饭店客房销售价格平均为 400 元,与当地饭店价格持平,但该饭店客房出租率为 60%,低于当地平均 70% 的水平。该饭店拥有客房数 226 套,每天固定成本总额为 26 640 元,变动成本总额为 4 500 元,每天成本总额为 31 140 元,每天获毛利 23 100 元。按此水平下去,饭店不能完成年 1 200 万元的毛利。鉴于此,饭店决定采用以下价格调整方案:

　　娱乐产品的价格调整为:每人次 80 元

　　平均每天接待人数增加为:180 人次

　　每天的总成本仍为:15 000 元

　　娱乐产品一天现收入为:14 400 元

　　每天比原来少收入:3 600 元

　　每天亏损额为:5 600 元

　　调整后客房出租率可达:80%

　　调整后客房每天的收入为:72 320 元

　　比原来每天多收入:18 080 元

　　每天的固定成本不变为:26 640 元

　　每天的变动成本为:5 966.4 元

　　每天的成本总额为:32 606.4 元

　　每天获得毛利额为:39 713.5 元

　　每月超计划毛利额为:1 263.6 元

　　由以上数据可知,娱乐产品的降价,使娱乐产品每天亏损 5 600 元,每天比原来少收入 3 600 元。然而,同时客房收入增加 18 080 元,饭店整体收入每天增加 14 480 元,而且,在此决策下,企业顺利完成该年度所订的经营目标。

　　餐饮产品的经营中,也常用降低一部分菜点的价格以期增加整个餐厅的经营利润的调价策略。

　　例:某饭店原来的会议套餐菜单如下:

　　三色拼盘、芙蓉里脊片、脆皮鸡、响油鳝糊、咕咾肉、香酥鸡、豆豉青鱼、鸡火鱼圆汤。

　　此套菜单的标准是每人 40 元,每桌 10 人,菜金共 400 元。各菜点成本分别为:8 元、12 元、12 元、12 元、10 元、10 元、15 元和 10 元。原材料成本为 89 元,套餐总成本为 120 元,毛利率为 70%。餐厅在接待会议的过程中发现,餐桌上菜量偏少,决定调菜单,增加菜种,调整单价,维持原经营毛利率。调整后菜单为:

　　三色拼盘、芙蓉里脊片、脆皮鸡、香酥鸭、味菜牛柳丝、咕咾肉、榨菜蒸肉片、咸鱼肉饼、银芽炒三丝、素烧滑豆腐、鸡茸素米羹。

　　此套餐菜单标准还是每人 40 元,每桌 10 人,菜金共 400 元,但比原来菜谱多了 3 道菜。现每道菜成本分别为 8 元、12 元、12 元、10 元、8 元、10 元、8 元、8 元、

5元、3元和4元,共计成本89元。此时成本没有增加,但通过改变菜谱及单价,客人满意度大增的同时,饭店也取得预期利益。

增量分析法还可用于旅行社的价格调整。

例:某旅行社原来有一条经常性的长线旅游路线:

北京—青岛—连云港—南京—杭州—苏州—无锡—上海—济南—北京。这条路线的全包价格为每人1 000元,组团标准人数为40人,每次旅行社全部成本费用为每人600元。在经营一个时期后,旅行社做了调整,将路线改为:北京—大连—青岛—连云港—南京—杭州—苏州—无锡—上海—济南—北京。由于北京大连青岛的支线成本为200元,使整个路线的成本为800元,调整后的价格为每人每次1 100元,价格只提高100元,表面上看不合算,但实际上,由于这条支线的增加,组团标准人数增加到55人,且供不应求。

原路线的总成本为:	24 000元
收入为:	40 000元
毛利为:	16 000元
新路线总成本为:	44 000元
收入为:	60 500元
毛利为:	16 500元
毛利净增:	500元

其他服务企业在价格调整时采用增量分析法的方式大体相同。从企业的整体盈利来考虑的同时,还可调整相应的服务设施和服务方式作为配套措施,以便更好地达到所制订的经营目标。

二、弹性价格策略

弹性价格策略的原则就是根据服务市场需求结构的多样化和多层次性的特征,制订灵活多样的服务价格以适应消费需求的变动,从而达到开拓潜在市场,增加收益的目的。

(一)根据服务产品所处市场生命周期不同,分阶段调整价格

伴随着社会不断进步和人们生活水平的不断提高,服务产品同其他商品一样,不可避免地有其市场生命周期。当服务产品进入不同的阶段要及时调整其价格水平,僵化单一的价格是不能适应瞬息万变的现代市场状况的。

1. 在服务产品的导入期,选择定价策略的基本原则是:既要有利于服务企业收回成本,提高服务企业的经济效益,又要有利于促使消费者接受新产品,迅速扩大市场份额。若采用的是取脂价格策略,可使企业尽快收回产品研究和开发投资的费用,获取相当高的边际利润,待进入成熟期再逐渐降低价格比较容易;若采用**渗透价格策略**,可以相对或绝对延长成熟期的时间,以后各阶段价格就不宜于大

幅度降低;若采用满意价格策略,能在相对稳定的市场环境中获得平均利润,以后各阶段可以适当降低价格。

2. 成长期是服务企业获取最高利润的最好时期,一般采用在对产品及市场进行全面分析的基础上,按预计的投资目标利润率调整价格的策略。

3. 成熟期宜调整为竞争性的价格策略。即通过制订低于同类服务产品价格的价格水平,消磨竞争者,保持和尽可能扩大市场份额。这时不可盲目降低价格,竞争的内容应从价格向以质量、服务、信誉、品牌等的竞争为重点的领域拓展。

4. 衰退期的价格策略。应尽其所能减少损失,争取最大限度发挥服务产品在市场生命周期最后阶段的经济效益,这时定价主要考虑成本。

（二）根据服务企业经营的淡旺季调整价格

服务企业大多都存在着由于季节或社会因素形成的经营上的淡旺季。如旅游业以寒暑气候划分和以风俗习惯形成的季节性,饮食业中在冬季和夏季消费者对不同品种的需求不同,洗染业、理发业甚至照相业都有较明显的淡旺季。通信服务产品消费的季节性也较为明显,如节假日期间的通话、短信消费会显著增长。由于服务产品具有不可贮存性,在服务产品市场处于淡季时,为了充分利用现有设施,减少闲置造成的损失,可以调低价格,吸引消费者尤其是对价格敏感的低收入者;在服务产品市场处于旺季时,为了增加收益,可调高价格。这样也可平衡供求。一般淡旺季差价可控制在 20%～30% 左右。对有些淡旺季差别很大的旅游业,旺季价格甚至可以高于淡季价格的 30% 以上。具体水平由不同类型的服务产品价格的供求弹性来确定。

三、通货膨胀下服务价格的调整

通货膨胀是指由于流通中的货币供应量超过了流通中的货币需要量而产生的物价普遍而又持续上涨的现象。通货膨胀率达到 10% 以上,会造成服务企业的经营成本、经营费用和企业管理费用的提高,如果不相应提高服务产品的价格,会造成服务企业的亏损。

提高产品价格是通货膨胀下服务企业经营的基本方法之一。通货膨胀直接影响企业的原材料成本和其他一些可变成本,如果这些成本的通货膨胀率为15%,则标志着企业的可变成本的提价幅度为 15%。而由于通货膨胀的存在使固定成本的折旧计提贬值,也就是说,企业实际面临的通货膨胀率要大于 15% 的比率,在此情况下,如果服务企业的提价幅度以 15% 为标准,企业就会亏损。企业要想盈利,就得以比 15% 高得多的比率来计算服务产品的价格。实际操作中,服务企业要进行合理的价格测算,测算其涨幅,再通过企业各项支出的明细表反映出来,计算出服务企业价格的调整幅度,分摊到各收入项目中。对于调整后的价格水平进行综合考察,核算收入情况,然后投放市场。当然,服务企业同时还应采取如控制成本、加速折旧、以银行贷款筹资为主等多种对策,与调价策略配套进行。

第四节 服务收费形式

服务收费即人们通常所称的狭义上的服务产品价格。由于服务企业名目繁多,层次不一,分布零散,表现在价格构成、价格形式上均不尽相同。这里主要介绍饮食业、旅游业、信息咨询业、照相业、理发业、浴池和洗染业的收费形式。

一、饮食业价格

饮食业是集加工、服务和销售三种职能为一体的零售商业服务行业。它是以生产职能为基础,以销售职能为中心,以服务职能为手段的综合性服务企业。饮食业的加工生产过程以手工劳动为主,制作技艺强,讲究艺术性和营养性。在经营品种中,高中低档齐全,大众和特色并举,销售对象层次多。在销售方式上灵活多样,如正餐小吃、早点夜宵、以生换熟、来料加工。在服务上讲究环境和条件,要求严格。

饮食企业在制订价格时应注意两点:一是饮食业价格要相对稳定合理,在保证正常经营情况下,要适合人们的消费水平,防止浮动过于频繁;二是要注意按质论价,高档饮食品和地方名特风味食品价格水平可高一些,大众化的食品和地方风味小吃应薄利多销。

饮食业价格的构成有以下几个方面。

1. 原材料成本。饮食品原材料成本是饮食品在加工制作过程中耗用的各种物料金额的总和。它主要包括主料、配料和调料三个部分。

(1)主料。它是构成饮食品实体的主要原料,其成本核算,由于实际耗用情况各异,不同的主料,核算的方法也不同。对原料可以全部利用的,如大米、面粉等粮食制作的饮食品,则按原料购进价和实际用料量核算成本。对需进行宰杀、去毛、刮鳞、剔骨、削皮等加工整理方法烹制的原料,如鱼、家禽等,应先测定净料率,即对毛料加工处理后的利用率,用公式表示为:

$$净料率(利用率) = \frac{净料量}{毛料量} \times 100\%$$

净料率越高,净料成本越低;净料率越低,净料成本越高。净料率一般保持相对稳定。净料率确定后,主料成本的计算公式为:

$$净料单价 = \frac{毛料购进价格}{净料率}$$

21世纪经济与管理精品丛书

$$主料成本＝净料单价×主料净用量$$

例：一份炒肉，用净肉 250 克，带骨肉价格每 500 克为 5 元，利用率为 80％，其主料成本为：

$$\frac{250}{80\%}×\frac{5}{500}＝3.1(元)$$

经加工整理后有下脚料的主料，可根据其价值和利用程度适当作价，并相应冲减原材料成本。

（2）辅料及饰品，又称配料，是配合主料制作不同花色品种的饮食品所必须搭配的辅助材料。与主料相比，配料在品种、质量、规格、价格上变化较大。需先测算一个适当的配料金额，以便根据货源可能和厨师的烹调需要或顾客的爱好，灵活掌握投料。辅料的损耗的核算方法与主料相同。在加工制作过程中包装食品的用料（如包粽子的苇叶），可视同辅料计入成本。

（3）调料。指为增加饮食品色、香、味、形所必需的各种物料。如油、盐、酱、醋、葱、蒜、色素、香精等。调料的特点是品种多、用量不定，随取随用。一般可通过标准操作，测定用量，综合算出一个定额计入成本。

将上述主料、辅料和调料的金额相加。即为原材料成本。

2.毛利。饮食业的毛利，由生产经营费用、税金和经营利润组成。生产经营费用是加工、销售和服务全过程费用总和，包括烹制饮食品所耗用的燃料费、水电费、职工工资、经营管理费、资金利息及其他开支等；利润包括生产和销售利润；税金主要指营业税。价格的计算可通过确定适当的毛利率来进行。毛利率按不同方式可分为综合毛利率和分类毛利率。

综合毛利率是指一定地区、某一等级、某一类型饮食店的平均毛利率，分类毛利率是指某一地区、某一等级饮食店的各类饮食品的毛利率。毛利水平制订的一般原则是"按质论价，优质优价，时菜时价"。

3.饮食品价格的计算方法。

（1）内扣毛利率法

$$内扣毛利率(销售毛利率)＝\frac{销售价格－原材料成本}{销售价格}×100\%$$

$$饮食品销售价格＝\frac{原材料成本}{1－内扣毛利率}$$

（2）外加毛利率法

$$外加毛利率(成本毛利率)＝\frac{销售价格－原材料成本}{原材料成本}×100\%$$

$$饮食品价格＝原材料成本×(1＋外加毛利率)$$

例：菜名：肉丝拉皮　　　　标准重量：400克

原料成本：　主料——粉皮：3.00元

配料：猪肉丝、韭菜　2.50元

调料：花生油、食盐、鸡汁、芥末油　2.15元

合计　7.65元

由于该道菜在餐厅中属于较热门的大众菜肴,该餐厅经营平均外加毛利率为55％,肉丝拉皮的外加毛利率为70％,内扣毛利率为41.2％,则肉丝拉皮销售价格为：

$$P＝7.65×(1＋70\%)＝13(元)(外加毛利率法)$$

或

$$P＝\frac{7.65}{1－41.2\%}＝13(元)(内扣毛利率法)$$

二、旅游业产品价格的制订

旅游业是以旅游资源为依托,以服务设施为条件,通过旅行游览等活动,向旅游者提供服务的行业。旅游业产品价格是指旅游者为了达到其吃、住、行、游、购、娱乐等目的,对于旅游活动所支付的一定数量的货币。

（一）旅游业产品价格的特点和类型

旅游业产品价格具有以下特点：

1. 综合性。这从旅游业价格的构成上可以反映出来。

2. 价格水平的国际直观对比性和国际区域竞争性。国内外旅游者不但可直观地对比同一质量的不同国家旅游价格水平的高低,还可直观对比同等档次不同国家的旅游设施、服务质量的水平。选择旅游目的地,主要取决于旅游目的、旅游资源的吸引力和价格水平的高低。前两种因素相当的情况下,价格成为选择旅游目的地的决定性因素。

3. 旅游产品价格的灵活性。制订旅游产品价格时要根据各旅游景点的观赏价值,适当划分旅游价格类区。自然、季节、社会环境都决定了旅游产品价格必须因时因地制订,并准备一套灵活性强的调价策略。

4. 旅游产品价格在市场竞争中的脆弱性。旅游产品的消费不仅受国内外市场因素的影响,还受非市场因素,如政治、军事、卫生、安全状况等的影响。

按旅游企业经营内容不同,旅游价格可分为六类：旅行社价格,包括单位价格、全包价、长线团价格、短线团价格等；饭店产品价格(主要指客房),包括散客价格、团队价格、长住价格等,有无宽带互联网接入服务及其是否收费、收费的标准；旅游餐饮价格,包括菜点价格、酒水价格；旅游交通价格,包括飞机、火车、汽车、出

租车价格及航运价格等;旅游康乐价格,包括夜总会价格、游艺价格、健身价格、美容价格、按摩服务价格、桑拿等沐浴价格;旅游纪念品价格及其他费用。

(二)旅游价格的制订

1. 客房价格的制订。客房价格的制订一般通过成本和利润的核算得出平均的房价和床位出租收费标准,同时还要根据客房等级进行适当调整。客房出租成本指旅店出租客房和提供服务所耗用的各项费用之和,包括房屋折旧和修缮费、设备折旧、服务人员工资、日常经营费用、管理费用等。利润率要根据饭店和客房的不同等级来确定。计算公式如下:

$$客房出租价格 = \frac{客房每天平均出租成本}{1 - 旅店利润率 - 税率}$$

例: 某旅店拥有客房 226 间,每间客房每天变动成本为 20 元,固定成本为 128 元,饭店平均利润率暂定为 30%,税率为 5%,则客房平均价格为:

$$P = \frac{20 + 128}{1 - 30\% - 5\%} = 227.69(元)$$

由于饭店的房间(床位)不可能每天全部出租出去,一般会有房间(床位)闲置,因此客房价格还应考虑平均出租率。这样,客房价格的计算公式为:

$$客房出租价格 = \frac{客房每天出租成本}{(1 - 利润率 - 税率) \times 出租率}$$

若上例中饭店客房出租率平均为 70%,则客房平均出租价格为:

$$P = \frac{20 + 128}{(1 - 30\% - 5\%) \times 70\%} = 325.27(元)$$

各客房中的床位费计算与客房价格类似。

2. 旅行社价格的制订。旅行社产品不同于饭店产品,它具有多种复合的特征,其价格是旅游路线的综合价格,主要包括:

(1)旅游路线单项旅游产品:

房费;

国内城市间交通费;

专业项目费:游览点门票费、风味餐费、专业活动费、责任保险费、其他费用。

综合服务费:组团费、接站费、全陪费等。

(2)旅行社服务费用的确定:

可按成本加成法计算理论费用,再根据其他市场状况作适当调整。

(3)旅行社的全包价格的确定:

全包价格即为所有费用总和。也就是上述单项旅游产品价格和旅行社服务

21世纪经济与管理精品丛书

价格之和。

(4) 散客小包价的确定：

各地房费；

餐费；

接送服务费；

国内国际城市交通费；

手续费等其他费用。

3. 游览景点门票价格的确定。游览景点作为旅游业的重要组成部分(园林、风景名胜、文物古迹、博物馆等)，它既是旅游企业的物质基础，又是人类劳动创造的价值。合理制订游览点价格，才能适应旅游业发展的需要，有利于国家旅游资源的保护和开发。根据游览景点游览价值及种类不同，其门票价格可分为：

(1) 文物古迹类门票。文物古迹是历史遗留的建筑物、构筑物、艺术品等，价值较高。门票价格相应定得高些，还可保护文物古迹。

(2) 风景名胜类门票。风景名胜一类主要指自然保护区、风景区，如黄山风景区、张家界森林公园等。一般规模较大，一二日游览不尽，且一般不可能常去。这类门票价格一般订得较高。

(3) 古典园林类门票。古典园林类游览点如北京颐和园、苏州拙政园等，门票价格的制订既要考虑其历史性，又要考虑其现实性，价格水平一般处于文物古迹类和现代公园之间。

(4) 现代公园类门票。现代公园为城市创造良好环境，是我国现代园林的主体。这类门票价格一般较低，需兼顾大众化消费的承受能力。

(5) 小游园类门票。多分布于街头或居民区，利用建筑物空隙，街道交叉拐角等零星土地，修筑一些水池、花坛、假山、配置花草树木。这类园林一般不收门票。

从上述各类旅游点门票可见其收费形式有三种：即不收费、一次性收费和多次性收费。一次性收费要高低适度，多次收费方式是实行"园中园"方式，可使景点中某一小区形成特定环境，满足不同层次人们的不同需要。

旅游餐饮价格与前面所讲的饮食业价格的制订方法基本相同，这里不再赘述。

三、照相业、理发业、浴池业与洗染业收费

(一)照相业价格

照相业是通过摄影、冲印相片为顾客服务的行业。照相业价格包括拍照、冲洗、放大、着色、艺术加工等服务的收费。其价格构成包括照相成本、利润和税金

三个要素。价格的确定包括以下程序：

1. 划分照相馆的等级。照相馆等级是根据其设备条件、技术水平、坐落位置、服务项目、服务质量等条件来划分的。

2. 正确核算照相成本。

3. 根据不同项目和不同规定确定收费标准，利润分别掌握。基本公式为：

$$照相价格＝\frac{照相成本}{1－利润率－税率}$$

现代婚纱影楼的服务内容和源自于顾客的价值认知已远远超出传统的照相业，其提供的服务的内容、档次与照相业相比，有了极大的改观，其成本构成中的环境构建占据了很大的部分，因而，其价格制订中的成本范围也已经扩大了许多。这要求婚纱影楼的服务价格制订中重新核定其成本。

（二）理发业收费的确定

理发业主要是通过服务性劳动，使消费者头发面容整洁美观的行业。理发过程中物质耗费比重小，服务项目占比重大。理发业收费标准的确定方法是：

（1）划分理发店的等级及不同服务项目之间的差价。

（2）核算理发的成本、利润和收费。成本的计算公式为：

$$每人次理发成本＝\frac{全店每月费用总额}{全店每月满员理发人次×（1－空座率）}$$

$$空座率＝\left(-\frac{计算期实际理发人数}{计算期满员理发人数}\right)×100\%$$

理发收费利润水平的掌握原则为：

（1）等级高的店利润大于等级低的店。

（2）女式理发利润一般大于男式理发利润。

（3）单项理发利润之和大于全套理发利润。

（4）操作技术复杂项目的利润大于操作技术简单项目的利润。理发收费由理发成本、利润和税金三部分构成，其计算公式为：

$$每人次理发收费＝\frac{每人次理发成本}{1－利润率－税率}$$

（三）浴池业与洗染业收费

浴池与洗染收费的计算方法和其他服务业大体相同，这里不再赘述。浴池业是以沐浴设备和服务活动为消费者服务的行业。随着人民生活水平的提高，对浴池业的需求也从单一化向多元化的以服务质量和服务项目为重点的浴池业转变，这就要求浴池业适应市场需要，分等论级，拉开档次，制订相应的浴池服务价格。

洗染业主要是为消费者进行洗染服务的行业。人们穿着日渐向高档化发展,洗染业也由传统的洗染项目向洗染高档衣物的综合性的现代化服务项目发展,其利润水平和价格水平也应据此合理掌握。

四、信息、知识产权价格

（一）信息价格的特点

信息商品价格是信息商品价值的货币表现,它是信息商品购买者向信息商品提供者支付的货币金额。与其他的服务产品价格相比,信息商品价格具有以下特点:

1. 价格构成要素不同。信息商品的生产离不开现代科技,一些高价值的固定资产的折旧、维修费用在价格中占比重相应较大,在劳动报酬支出中,复杂劳动的货币工资水平高,这又体现在价格水平中。

2. 信息商品价格受市场供求关系影响大。社会对信息商品的需求越来越广泛,社会的信息化程度越高,信息价格就会越高。由于信息市场的形成和日渐规范化,社会信息的供给对价格影响很大,主要取决于信息供给者的技术、成本因素以及对信息的垄断程度。

3. 信息价格的波动性。同一信息商品往往有不同价格,这是由于不同的信息生产者所耗费的价值量不同和不同消费者对同一信息的使用效益的评估不同。同时,信息价格还体现出较高的时效性。同一信息商品在热点时期,价格可能会很高,一旦信息过时,甚至可能一文不值。信息商品价格种类主要有:出售所有权价格、出售使用权价格、出售部分使用权价格、单纯信息商品价格、含有信息载体的价格等。

（二）信息商品价格的确定

信息商品价格的确定一般有两种方法:

1. 成本法。

$$信息成本＝信息开发成本＋服务销售成本$$

$$信息商品价格＝\frac{信息成本×（1＋利润率）}{1－税率}$$

2. 收益法。收益法是根据信息商品的使用效果来确定其销售价格。信息成本只是一个确定分成率的依据。收益法确定价格实际上是卖方对买方新增效益的分享。

$$信息商品价格＝（使用该信息一年所新增产值（利润）×卖方分成率）×分成年限$$

若同一信息多次转让出售,其成本和分成率需要按预计转让次数分摊。

（三）科技商品价格

科技商品化是一个客观的、社会的、历史的进程。过去,我国的科学技术成果是实行无偿转让的。现在,随着市场经济的确立,商品经济迅猛发展,科学技术也开始作为商品进入商场。科技商品主要指知识形态产品。它的特点是：第一,科技商品价值构成中新创价值比较高,是智力密集型产品；第二,科技商品价值受社会需求影响较大,若新产品得不到社会承认,不符合社会需要,其价值就会很小甚至毫无价值；第三,科技商品很大程度上体现一种国际价值,国际交换频繁。

科技商品价格,一般指在市场上转让的科技成果的价格。其特点有：

1. 一项技术商品可多次出售,相应有多种价格。价格最终由专利权人和购买者协商确定,一般每次出售使用权后,都要重新商定其转让价格。

2. 科技商品价格中的盈利所占比重较大。主要体现在技术商品的独享性,特别是专利技术的垄断性会带来部分垄断超额利润,也就决定了利润在科技商品价格构成中通常所占的比重较大。

3. 价格水平的高低由其所能带来的经济效益所决定。价格高低要受到购买方应用以后产生的经济效益和社会效益的影响来决定。

4. 技术商品价格具有时效性。技术专利期限满了以后,专利就失去了法律保护,其原先的价格也就不复存在了。

科技商品价格的定价原则是利润分成原则,即技术输出方和输入方共享应用该技术带来的额外收益。国际上通称为"LSLP(Licensor's Share on Licensee's Profit)"。技术输入方,特别是第一个引进该技术的输入方,由于承担投资和经营上的风险很大,在额外收益中应占大部分。通常是技术输入方占利润的 3/4 到 2/3,利润分成率 LSLP(％)可用公式表示为：

$$LSLP(\%)=\frac{输出方得到的费用}{出入方的利润}\times100\%$$

技术商品使用价值的特殊性和价格的特点,决定了技术商品价格确定过程的复杂性。当前我国科技商品价格确定的基本方法有：

1. 一次定价法。由买卖双方根据技术商品的使用价值能够带来的经济效益的大小协商定价,一次付清价款。这种方式主要适用于技术不太复杂、投资不太多的中小项目的转让。优点是简便易行,缺点是盲目性较大,不易准确计算成交价格。

2. 提成法。以买方的某一经济指标为基础,按一定的比例提成付给卖方,作为技术商品的转让价格。一般有三种具体形式：一是按产值的 1％～3％ 提成,一般期限是 1～2 年；二是按科技成果应用当年增加利润的 5％～15％ 提成,一般期限为 1～3 年；三是按销售额的 1％～2％ 提成,一般期限为 2～3 年。提成法把科技成果的买卖双方的利益联系起来,风险共担,利益共享,加强了科技与生产的合作。

3. 建设投资法。科技成果的转让方把成果转让给受让方,并对其投资,然后按增值利润的比例分成。

4. 科研成本回收法。按研制该项科技成果的实际支出进行收费。

21世纪经济与管理精品丛书

第十一章 价格信息与企业价格管理

第一节 价格信息的含义和分类

一、价格信息的含义和特征

（一）价格信息的含义

价格信息是经济类信息中的重要部分，是指价格形成条件和价格运动发展变化情况和特征的反映。价格信息的内涵包括四个要点：

1. 价格信息是对价格形成条件和运动形式的一种客观描绘。

2. 价格信息是市场价格与供求关系相互作用、相互联系的真实反映。

3. 价格信息存在范围广泛、涉及自然状况信息、生产条件信息、流通条件信息、社会政治文化信息、消费心理信息，以及政策法规信息等。

4. 价格信息的运动形式是市场价格的升降。

（二）价格信息的特征

1. 时效性。价格信息是经济信息，它必然受到社会的和经济的等多方面的影响和制约。价格信息在市场上每日每时每刻地变化着，不但变化频繁，而且变化量大。这些特点，决定了对它的收集、分析、传递和利用必须及时。价格信息的时效，有时甚至达到稍纵即逝的程度。及时利用有效的价格信息，往往可以给企业的经营活动带来明显的效益。

例如，北京一个家电公司从掌握的材料中分析得知，上海市某局即将下调彩电价格，立刻将此信息传递给北京的彩电生产企业，工商协商后随即做出了降低彩电出厂价的决定，基本上做到了与上海降价措施同步出台。不久，北京一商局交电公司与生产企业又获悉上海彩电生产企业允许商业"挂税"的消息，便及时派人去上海，取得了准确资料，并经请示有关部门批准，再次与上海同步变动了价格。依靠及时利用有效的价格信息，北京生产的牡丹牌彩电在市场疲软严重的情况下销售状况良好，没有出现严重的库存积压。

2. 客观性。价格信息是客观存在的事实，是调节生产、分配、交换和消费的信号，利用它可以影响企业的生产经营决策、价格决策，指导企业的定价行为。

客观性即真实性。这一特点决定了企业在价格信息管理工作中必须以事实为依据,而不仅仅是凭经验来提供决策信息。价格信息的客观性、真实性的具体要求是:第一,价格信息是对价格形成条件和变动趋势的客观描绘,而不能是人的主观推论;第二,原始价格信息应能以数据的形式表现,而不能只是定性判断;第三,价格信息的来源应可靠,而不能是道听途说,即使有时道听途说的消息有参考价值,企业也应经证实消息的可靠性后,才能作为价格信息,否则消息不能成为可被人们利用的信息。

价格信息客观真实与否,决定了企业价格预测准确与否,并决定价格决策乃至整个营销活动的成败。

3. 共享性。由于价格信息是客观存在的,因此它可以被有信息意识的人们所共同感知、掌握和利用。根据这一特点,企业只有不断增强自己的信息意识,才有可能抢先获取信息。在价格信息的利用上,先知先觉者往往就是市场竞争中的优胜者。

4. 系统性。价格信息的系统性是指可供人们利用的各种价格信息之间存在着相互联系、共同作用于价格形成和价格运动之中的特性。

首先,价格信息的系统性表现为多种性质的价格信息共同作用于价格形成过程。这些信息既有同质的、又有异质的。比如,市场竞争状况信息和市场供求信息同属来源于市场,并引起价格波动而产生相应的信息。宏观控制信息与它们不同,属于来源于政府相关部门、为达到某种调控目标的价格信息。不论是同质信息还是异质信息,都不能单独作用于价格形成。多种信息的作用相互支持或相互抵消,形成可为人们利用的综合信息。2008年初,国内市场上出现食用油、猪肉等居民日常消费品价格快速上涨势头,政府有关部门不断地通过主流媒体表达了对价格高位运行状况的关切,不久,有关部门先后出台了一系列的力图控制价格不断攀升的政策、措施。如对低收入群体的猪肉价格补贴,对生猪生产的补贴,对食用油价格的行政干预等。这些不同性质、不同作用方向的价格信息之间有密切联系,企业只有对此进行综合分析,才能确定正确的决策方案。

第二,价格信息的系统性还表现为价格信息之间的连续性。价格运动的规律决定着各种表面看似杂乱无章的价格信息之间有着密不可分的内在联系。比如,持续一段时间的商品供不应求之后,经常会紧随着该种商品供过于求。这种供求关系的转换,是价值规律作用的必然结果。如果人们只孤立地看待暂时的价格信息,就会得出错误的结论。自2008年下半年到2009年3月份,在国际金融危机严重局势不断加大的情况下,国内有关方面力图稳定物价的措施和国际经济局势的共同作用,使得PPI、CPI出现回调的势头,而且这种回调势头直到2009年6月份尚无止跌企稳的迹象,使得原先获得生猪生产补贴而加大生猪生产力度的企业和农户,在不到一年之内就蒙受了价格急剧下跌的损失。还有一些企业,特别是在价格高位运行阶段收入销售状况良好的企业,在那个时段内囤积了大量的原材料和库存产品,以图牟取厚利的企业,没有冷静、客观、连续地对待价格变化的信息。如企业在市场出现价格高位运行,利润来得极快、极容易时大量购进原材料乃至囤积产成品,而在转而出现的市场下滑时,造成库存损失严重,这就是忽略了价格信息的连续性的教训。没有价格信息的连续性,就没有价格预测的准确性。

第三,价格信息系统性的另一种表现是价格信息的传递的反馈关系。人们既要把有用的信息传递给相关人员,又要将信息应用后效果反馈接收过来。比如,企业的价格信息管理人员应及时将有用的信息传递给价格决策者,企业又通过具体价格和其他促销方式将有关信息传递给购买者,同时,企业的价格信息管理人员也要随时注意收集购买者对企业提供的商品的反映、价格的反映,这些反映都是企业了解市场、修订价格决策的宝贵信息。

二、价格信息的分类

1. **按价格信息的来源**,可分为企业内部价格信息和企业外部价格信息。企业内部价格信息包括企业的生产经营条件、财务状况、管理水平、经营目标和商品的技术性能、质量档次、成本及构成等技术经济指标和财务指标。这些价格信息反映企业价格决策的内部限制条件。

企业外部价格信息包括市场信息和宏观控制信息。市场价格信息有两类,一类是市场竞争信息,另一类是市场需求信息。

市场竞争信息主要是市场竞争模式、市场竞争形势和主要竞争企业的情况等方面的信息。其中竞争对手的情况信息比较重要,应包括竞争企业的经济实力、商品特征、企业形象、价格水平、销售商品数量、利润水平等以及未来的经营动向等。

市场需求信息主要指消费者信息,其中包括目标市场消费层次、消费者收入变化、消费倾向等一般需求状况,以及本企业或企业经营的商品在消费者心目中的形象这一企业需求状况。

宏观控制信息来源于国家宏观管理部门发布的文件、通知以及法律法规条文等。这类信息是企业在决定自己的定价行为时必须重视的内容,也是用来分析宏观经济运行状况和市场发展状况的内容。

2. **按价格信息的加工程度**,可分为原始信息和加工信息。原始信息是直接来自各信息源的信息,也称一次信息。这种信息数量最大,具有直接性和偶然性的特点,比较粗糙,比较零乱。对原始信息的发现、掌握和利用,往往需要管理人员有很强的信息意识。

加工信息是经过信息管理人员对原始信息进行分析、整理过的信息。加工信息的传递一般都具有固定的渠道和形式,如简报、通讯、快报、报告、数据、图表等。

这种信息按加工深度，又可分为二次信息和三次信息。企业在定价中应以加工信息为决策依据。

3. 按信息内容涉及的范围，可分为宏观价格信息和微观价格信息。

宏观价格信息是有关全局性的信息，如价格总水平变化、通货膨胀变化、汇率变化等信息。微观价格信息是反映某一市场、某种商品价格变化的信息。企业调整价格时主要在应用原始微观价格信息的基础上，结合宏观价格信息，才可能使得价格的调整、制订具有交大的可靠性。

4. 按价格信息的时态，可分为过去的价格信息、现在的价格信息和将来的价格信息。过去的价格信息是反映已经发生了的价格变化情况的。这种信息一般是以资料的形式存贮起来，供随时取用。过去的价格信息对于企业分析并预测价格变动趋势有重要的参考价值，企业在价格信息管理过程中要注重利用此类信息，改变以往那种将过去的信息弃于故纸堆中的做法。

现在的价格信息是反映正在发生的价格动态的。这种信息的时效性强，必须随时加以注意和利用。它的作用往往与时俱逝，哪个企业对这种信息运用得好、哪个企业就可能在激烈的竞争格局中抢先占领市场、获取利润。

将来的价格信息，一般又称为预测价格信息，是用来揭示价格在未来的特定时间段里可能变化的趋势和变化程度的。预测信息是企业价格信息管理的结果，预测信息是否准确，决定于企业对价格信息收集、加工整理和分析等项工作的质量。

以上分类，仅从企业价格管理需要出发，如果从国家宏观价格管理角度或部门、地区价格管理角度考虑，价格信息的分类形式和内容还很多，本书不做分析。

第二节　价格信息的收集与运用

一、价格信息的收集、加工、整理

（一）价格信息的收集

不论是企业内部信息，还是企业外部信息，都要通过一定的渠道取得。企业内部价格信息比较容易取得。

企业的生产经营部门，一般都有完整的工作记录，信息收集人员只要能够及时与这些部门联系，把他们的资料、报表等按照信息管理的要求分类选择，就可以得到有用的价格信息。根据定价的要求，信息管理人员也可以向各部门提出具体要求，直接取得所需价格信息。

企业外部的宏观控制信息的获取渠道也比较单一，主要是从政府部门下发的文件中筛选出对企业价格决策有相应影响作用的内容。

企业外部的市场信息数量多,内容杂,目前我国企业收集这类信息的渠道还不够多,已有的信息渠道利用率也还不高。随着市场经济的发展和信息产业的扩大,一般企业获取价格信息的渠道日益增多。可供企业选择的渠道主要有:

1. 加入综合性或行业性价格信息网络。价格信息网络是由专门的信息服务单位主办的,与各级价格管理部门和业务主管部门有密切的联系,吸收大量工商企业入网,并为企业提供信息服务的系统和组织。价格信息网络提供的信息具有权威性、可靠性、实用性的特点。

2. 订阅综合性或专业价格信息刊物。由各级价格信息服务部门或有关的业务主管部门主办的价格信息刊物,信息容量大,信息实用性强,价格便宜。

3. 参加信息发布会。许多地区的价格信息部门都采取在短期内集中力量收集、加工信息的方法,占有大量有价值的信息,并通过召开价格信息发布会的方式传递信息。企业从这条渠道收集信息省时、省力、支出小。

4. 派驻外埠信息人员。这种信息人员以兼职为主。大多数生产企业在原材料的主要产地和产品的主要销地都会派有采购、销售人员,许多商贸企业也有不少采购员派往各采购点。这些人员在完成购销任务以外,应该担负起收集当地市场信息的任务,并按企业规定的信息种类、报告日期和报告方式将信息传回企业,对有特殊价值的信息应利用现代化通讯工具及时发回企业。如我国广州有家药厂规定,凡出差人员,不管到什么地方、干什么工作,完成主要工作任务以后,都要对当地市场进行调查,写成调查报告,否则差旅费不能报销。这一招的确是个及时、广泛收集价格信息的高招。

企业要想充分利用这种信息渠道,需要对有关人员进行信息专业培训,提高这些人的信息意识。当然,随着互联网的广泛运用,许多企业都建立了网上有关产品、价格的信息栏目,还有些行业网站上面就有大量的价格、报价信息,都使得价格信息的获取变得方便了许多。

5. 到价格信息咨询部门进行有目的的咨询。以咨询方式获取价格信息的针对性强、效果好,企业可以采用定期咨询的办法,也可以采用一次性咨询的办法获取急需信息。

如某药厂被审计部门认定违法高价销售药品非法收入20万元。药厂在吃不透有关政策的情况下,向价格信息部门进行一次性咨询。价格信息部门根据自己掌握的资料和对该药厂调查的结果得出结论,确认该厂的价格基本合法,非法收入仅2 000元。依靠这一可靠信息,药厂争得了自己的权益。

6. 加强企业间信息交流,扩大价格信息来源。在非竞争企业之间,特别是有较为密切的业务合作关系的企业之间加强信息交流,对企业来说是十分有益的,不仅增加了信息渠道,自己也不会因为传递信息而损失什么。在本章第一节中提到的北京市一商局交电公司与彩电生产企业间的信息交流和取得的效果就是一个最好的证明。

7. 注意在报刊、杂志上搜索信息。

8. 参加商品交易会、订货会收集信息。

9. 在购销活动中取得价格信息。这条信息渠道是最基本的信息渠道。对大多数的企业来说,由于直接面向市场,可以及时了解购买者的消费倾向、需求偏好,竞争者的商品价格水平等有用的资料。

（二）价格信息的加工与整理

价格信息的加工整理主要是指将收集到的价格信息按一定的程序和方法,进行分类、计算,并编制成适合于进一步分析、对比、传递、储存的形式。

企业对价格信息进行加工整理的目的是把大量的、粗糙的原始信息在数量上加以浓缩,在重点上进一步突出,在质量上加以提高,在形式上加以改进,以便于最终的利用。

企业在价格信息的加工整理方面,应注意以下几点:

1. 对原始价格信息进行认真的审查和筛选。主要是审查原始信息的来源是否可靠、计算的数据是否有误、与客观实际是否相符等。在审查和筛选中,应做到去粗取精、去伪存真。对有疑问的价格信息或来路不明的价格信息要挑出单放,尽快验证,决定取舍。信息审查和筛选的方法有三种:一是经验分析法;二是推理法,即靠信息相互印证;三是调查验证法,即对不能十分肯定,但估计较有价值的信息,派专人到实际中去检验。

2. 将经过审查和筛选后确认的有效信息进行分类。企业对价格信息分类的方法可以有多种:

第一,可按信息内容分类,如成本变动和流通费用变动信息,销售量和市场价格方面的信息,市场供求关系、政策、国际市场行情信息等。

第二,可按经营商品大类进行分类。

第三,可按信息的时效要求分类,如哪些信息需要立即传递给决策人员,哪些信息可以暂时存档。

第四,可按信息的质量分类,如分清哪些信息可以直接应用,哪些信息还需划分、组合或计算后才能应用。

3. 对需要重新划分、组合或计算的价格信息进行技术处理。价格信息重新划分,就是指对已经取得的综合性信息资料进行分拣,以便提供给不同的部门。

价格信息的组合,就是指将若干条相互有密切相关性的信息归放在一起,形成新的、更有价值的价格信息。

价格信息的计算,就是指把需要以量化指标反映的信息加以计算、转化。

4. 将分类处理后的价格信息资料按照不同的需要,或直接传递输送给决策人员或有关部门,或存档备用。价格信息贮存工作是我国目前许多企业价格信息管理的薄弱环节,有些企业将价格信息随用随丢,还有些企业将价格信息存档后就不再启用,直至销毁,极大削弱了价格信息历史资料对价格预测的作用。

二、价格信息的运用

（一）价格信息运用中应注意的问题

价格信息的运用,是价格信息收集与加工整理的目的,是把获得的价格信息运用在企业价格决策中,以提高价格决策水平,进而帮助企业经营管理得到改善的过程。在运用价格信息时,必须做到如下两点:

1. 讲时效,即是要求决策人员及时地将价格运用到决策中去,否则将贻误战机,包括前几个环节的价格信息管理工作的质量再好,也失去了意义。及时利用价格信息,可以取得明显效果。

2. 讲实效,则是要求决策人员从企业的经营目标出发,将价格信息运用到决策中。企业的经营目标决定定价目标,如果脱离经营目标,盲目随市场价格变动趋势定价,是对价格信息利用的误解。企业在利用价格信息时一定要以本企业实际出发,将企业内外部实际情况、企业的社会责任承担结合起来。2003 年"非典"期间广州市物价局查处乘"非典"之机哄抬价格案中,对广州市港湾商业有限公司哄抬食盐价格,启用最高处罚标准,对其处以 20 万元罚款,该公司不服向法院提起行政诉讼,最终以败诉结局。从中可以看出,该公司虽然及时地利用了有关信息,但利用信息时没有考虑到企业的社会责任承担,最终的结果是得不偿失。合肥荣事达太阳能科技有限公司、安徽日源环保能源科技有限公司在 2008 年底、2009 年初面对物价上涨、国家推动"家电下乡"工程信息的运用中,收到了良好的效果。"家电下乡"工程是一项利国利民的举措。在第一批下乡产品目录里,原来没有太阳能热水器这一产品类别。但是这两个公司认为,太阳能热水器下乡是早迟的事情。于是,上述两个公司不约而同地将产品价格的 13%（国家对消费者的补贴比例）让利于消费者。在市场普遍走低的状况下,这 2 个公司的产品市场却不断传出利好的消息。在紧接着到来的"家电下乡"太阳能热水器招标中中标。这种利用价格信息的结果使企业得到了真正的实效。

（二）价格信息运用的方式

1. 直接应用市场价格水平变化趋势信息。利用这类信息制订或调整价格,贵在及时。一般来说,这类价格信息不需加工,只要企业能判定它的准确性,就可以马上做出反应。不过,市场价格会因时、因地变化,所以利用这类信息时要注意时间性和地域性。

21 世纪经济与管理精品丛书

2. 间接利用价格形成条件变化情况信息。间接利用价格信息,是指企业既要注重信息利用的时效,又要考虑各种信息之间的关系和对企业经营的长久影响,要经过对价格信息的加工、分析,甚至根据综合信息进行预测后,才将价格信息的有关内容加以运用。企业间接利用的价格信息有同行业成本和利润水平信息、市场消费变化信息、供求关系信息、价格政策信息等。间接利用的原因是由于这类信息对企业的长远利益影响较大,例如有可能影响企业的经营方向、盈亏状况等,所以必须经过加工、分析和预测环节,将原始价格信息中的偶发性排除,避免决策失误。

第三节　价 格 预 测

预测产品的市场价格趋势是正确制订价格决策的重要基础。掌握正确的价格预测资料,对合理确定企业的销售策略、新投资项目、预算编制及材料采购等决策,也是至关重要的。然而,现有的价格预测理论和方法都不够完善,企业进行价格预测往往主要靠管理人员的经验和判断。另外,虽然盈利水平受价格、成本和销售量三个因素的影响,但人们往往更多地在成本与销售量预测方面下工夫,而对价格预测重视不够,许多企业实际上是先预测一定时期的销售量,再估计达到预期销售量所需的成本,然后据以推算实现目标利润的"必要"价格。从经济学角度看,如果掌握了市场对某种产品或劳务的需求表与供应表,要对价格做出预测并不是困难的事情。实际上,企图掌握某一特定时间对某一商品或劳务的准确需求量和供应量的详尽资料是不可能的。尽管如此,目前还是有一些较为实用的价格预测方法,能够帮助企业减少经营计划中的盲目性。

一、统计趋势分析法

统计趋势分析法是依靠历史资料由过去推断将来的方法。这类方法中包括价格排除图表、经验或学习曲线,以及回归和相关分析。使用这些方法时必须注意以下两个问题:

第一,这些方法所依据的历史资料,有可能并不反映当前和未来的发展趋势。

第二,这些方法中表面上看来很复杂的数学演算,有可能使决策人产生某种迷信,导致他们忽视未来价格趋势的其他因素。

如果在使用统计趋势分析法时,充分注意上述问题,则可以为价格预测工作提供有用的基础,所获得预测结果的精确度,能够满足大部分计划目的的需要。

21世纪经济与管理精品丛书

（一）价格排除图表

价格排除图表是确定某种产品的不可行价格范围的一种方法。排除图表完全以经验为依据，需要掌握市场中大量竞争产品的资料，才能绘制出来。图 11－1 是用每一种最终用途的价格对应于其产量绘制成的价格排除图表。该图表使用半对数标度。纵坐标表示产量，用对数标度绘制，横坐标表示价格，用算术标度。绘制该图的目的是表明竞争产品以往实际执行的各种不同价格与各种不同产量的组合关系。在坐标图上画一条线，使几乎所有的价格—产量点，都在这条线的下方和左面，从而找出该产品的价格排除区域。价格排除区就是线的上方和右面的区域，在排除区中的价格都是不可行价格。

美国关税委员会每年都为合成有机化学制品提供这种资料。

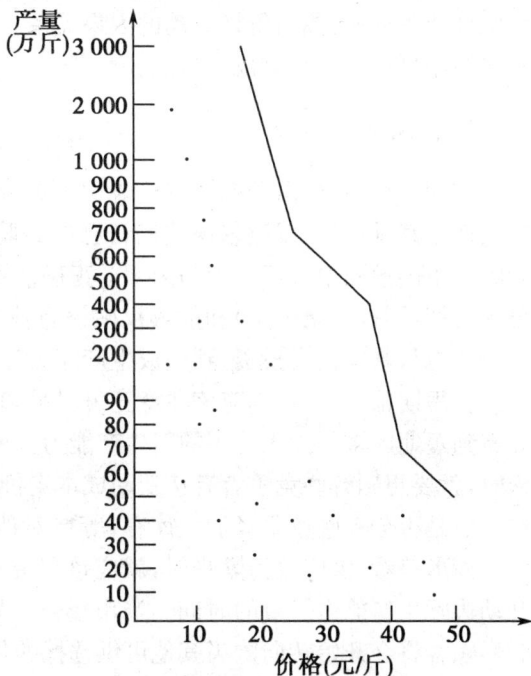

图 11－1　价格排除图

因此，价格—产量排除图表一直成功地用于药品、调味品和芳香材料、增塑剂、表面活性剂和杀虫剂等产品。但是，在染料、有机颜料类产品中使用这种图表就未能获得成功。价格排除图表不能预测具体价格，但是能够表示一个特定市场上某些价格—产量限制范围。

（二）经验曲线

经验曲线表明，每当积累的产量增加一倍时，成本就下降某一特定的量。与此相应，由于大多数产品都有与之竞争的产品，所以，只要竞争关系稳定不变，价格也就趋向于以同样的形式下降。有了这些长期的、能够预测的成本—价格行为模式，预测价格就比较容易了。近年来，国外发表了许多运用经验曲线预测价格的研究报告，使这种方法已经成为切实可行的价格预测手段。

关于经验曲线作为一种价格预测的手段，其实际运用见本书"案例"部分。

（三）回归和相关分析

众所周知，某些产品的价格是有其长期变动规律的，其特点是有周期性或季节性的。可以用时序分析法证明这种规律的存在，并鉴定影响价格产生周期性或季节性变动的因素。一旦证实了这种规律的存在，并找出了其周期性或季节性的

21世纪经济与管理精品丛书

表现形式,企业就能够预测这些产品的价格,制订原料和产成品的库存计划。另外,用时序分析法可以为预测价格变化建立各种超前—滞后的关系,还可以结合回归和相关分析,找出价格运动的因果关系。最后,有了这些方法,使运用各种计算机模型进行价格预测成为可能。

二、判断法

前面曾经指出,由于统计方法表面上的复杂性与精确性,常常导致管理人员对其产生某种迷信,以致忽视他们自己的经验与判断的作用,而根据经验进行的判断是正确预测中必不可少的因素。正确使用判断方法,要求管理人员将预测期分为短期预测(一至三年)和能够反映该行业基本变化趋势的较长期预测。预测中要考虑从基本建设投资,到形成生产能力需要的时间。

在短期预测中,特别应该注意竞争对手和市场供需平衡情况。尤其重要的是要看到短期内将要投入使用的新生产能力。如果从供需平衡关系看,供应较为宽松时,就要想到有些竞争者有按变动成本定价或努力开拓新市场的可能,另外,还在考虑是否会有些竞争者加大库存,等待对他们较为有利的供需形势;如果从供需平衡形势看,供应较为紧张时,就应该研究竞争者开动边际生产能力的成本和开动边际生产能力需要的时间。当市场供应紧张、价格上涨的时候,要研究什么时候顾客将会开始转向购买其他可供选择的代用品。

长期预测最初用于对设备和新技术投资带来生产能力变化的预测。所以,在长期预测中,预测人员必须研究竞争者的投资政策和投资标准。哪些竞争者单位产品的投资成本较低?是否有享受特殊税金优待的竞争者?是否有的竞争者拥有进行基建的长期优惠信贷资金来源?是否有的竞争者在地理位置上比其他竞争者具有某些优越性?本行业领导者的投资利润率是多少?行业领导者的投资标准和发展经济学,是预测其新增生产能力的基础。按照行业领导者的利润标准,什么价格水平会导致他们扩大生产能力?有哪些企业会跟着扩大生产能力?

在估计了今后三年或更长一段时间的生产能力之后,还需要研究新增生产能力是否与市场的增长相一致。如果新增生产能力大于市场增长的需要,则多余的供应量将会迫使价格下降。这类判断方法可以与统计分析或其他分析模型相结合,成为精密的预测制度。

三、模拟模型法

有些企业建立了复杂的、能够模拟经济和竞争者情况的计算机模型。该类模型包括生产成本、库存管理、市场份额和投资计划等各方面的情况。实际上,这些模型是上述判断方法的改进,只是这些模型能够回答许多"如果怎样就该怎么办"

的问题。就是说，这些模型回答了在所设定的各种生产能力、市场和一般经济活动不同水平条件下，应该怎么办的问题。美国有一家大型研磨材料公司就使用一个大型模型预测产品的市场价格和投入原材料的成本。另外，由于该类模型预测包括本企业生产经营情况和市场的最新信息资料，使企业有可能及时将实际经营成果与事先的预测进行对比，找出差距，进一步改善经营。图 11-2 是美国塑料行业中使用的一种价格预测模型。

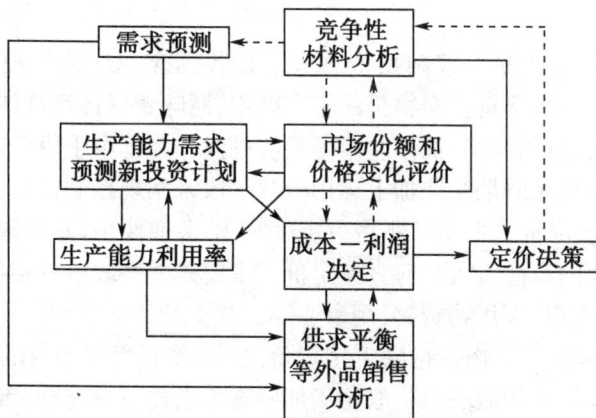

图 11-2 价格预测模型—塑料制品

第四节 价 格 管 理

一、价格管理的内容

企业价格管理是企业经营管理的一个重要方面，是指企业在保证落实政府对宏观价格管理目标和实现企业经营目标的过程中，对包括定价目标、定价方法和价格策略的运用等方面，建立起一定的制度，运用一定的方法来规范企业价格行为的管理活动。它包括两方面的内容：一是对政府宏观价格管理目标的保证落实；二是对企业自身内部的价格行为的规范。

（一）政府的宏观价格管理及其内容

在市场经济条件下，政府作为宏观经济管理者，具有协调全社会经济稳定发展的职责，其中，政府在价格领域里实施的宏观管理，是依据经济发展态势，代表全社会共同利益，对各个从事涉及价格问题经济活动的单位和个人进行组织、指挥、协调、监督等工作。它是国民经济管理的一个重要组成部分。

价格管理是政府对经济中的价格及其运行进行调控或干预的系列行为的总

称。政府对价格的这种管理,是企业价格行为的补充和矫正,是在价格机制未能充分发挥作用或特殊市场情况下进行的,但这种管理并不能代替市场机制的作用。一般情况下,政府的价格管理具有规范性、综合性、总量性和间接性特点。其内容包括:

1. 规范价格运行环境。主要内容有:(1)反垄断组织及其行为;(2)反不正当竞争行为;(3)反价格歧视和共谋行为;(4)反其他不正当价格行为。如哄抬物价、价格欺诈等。

2. 控制物价总水平。控制物价总水平是各国宏观经济管理的基本目标之一,从一定意义上讲,保持社会物价的基本稳定,意味着保证经济的稳定增长。国家通过财政政策、货币政策、汇率政策等经济手段作为基本手段和核心内容,在出现较严重的通货膨胀时期往往加上运用行政手段来实现控制目标。

3. 政府直接定价。主要对那些垄断性强、供求弹性小,并对国民经济和消费者生活影响重大的商品实行政府直接定价。主要是一些政府直接控制的行业,如能源动力、邮电通讯、军用物资、公用事业等。

4. 政府间接控制价格。指除直接定价之外,政府运用一定的政策法规来限制企业价格决策行为的做法。一般用于那些竞争条件不够充分、市场价格波动较大,并影响社会经济稳定的产品,如主要农产品、某些重要原料的价格。主要形式有限价、保护价、价格申报与定价许可制度、价格稳定合同等。

企业作为国民经济整体的一个组成部分,在保证政府对宏观价格管理时应做到:

(1)遵守国家的价格方针、政策、法律和法规,执行国家定价和收费标准。

(2)按要求如实上报企业价格决策、调价和价格执行情况和资料。

(3)接受上级有关部门对企业管理工作的监督、检查,并积极配合上级部门开展工作。

(4)零售商业企业及饮食服务业等单位,必须按规定实行明码标价。

(二)企业内部的价格管理

企业内部的价格管理有两个目的:一是使企业的价格行为符合政府对宏观价格管理的目标要求,为保证落实政府的价格管理目标奠定基础;二是根据企业经营状况和市场供求以及竞争状况确定价格管理目标,灵活运用价格策略,为提高经营效果服务。

二、企业内部的价格管理

企业内部的价格管理主要包括对定价目标的选择、定价方法的使用和价格策略的运用进行管理。

价格决策,作为企业经营决策的一个重要组成部分,其正确、可行程度的大小,决定着企业经营的成效高低,甚至关系到经营成败。对包括定价目标、方法和定价策略进行管理,实质上就是要求企业在进行价格决策时,必须服从经营决策,但又要兼顾到价格决策自身的内在特点,即价格决策必须做到:定价方法和价格策略的运用必须和企业的定价目标相一致,而不能各行其是。企业内部价格管理的一个重要方面,就是要求企业在进行价格决策时,能因时、因地、因品种而宜,选择合适的定价目标和方法,恰当地运用价格策略。另外,对制造商而言,其内部价格管理还包括对各类中间商转售本企业产品应执行的价格的管理,以及制造商对目录价格的管理。关于制造商对其价格的管理内容,由于本书前面有关章节已有所介绍,这里就不再重复了。

至于对中间商中最为典型的批发商和零售商的价格管理,将是本节要着重介绍的。

（一）批发商的价格管理

1. 商品价格登记制度。把本企业所经营的全部商品价格的制订和调整情况进行及时的、系统的记载。企业可以根据自己的经营规模,建立相应的价格登记簿(价格台账)和单项使用的物价卡片。登记的主要内容包括:商品编号、名称、规格、牌号、厂名、产地、计价单位、批发价格、调拨价格、收购价格、购销差率、地区差率、零售价格、批零差率、定价或调价的主要依据和说明,执行日期、价格审批单位等。

商品的价格登记,是商品价格的原始记录,是价格管理工作的主要依据。所以,必须记录及时,内容完整,数字准确,并且应该注意长期妥善保管,便于查对,以判明各种商品价格的执行是否正确和合理,分析研究影响价格变动的因素和价格变动趋势。

2. 商品编号制度。商品的编号,通常也叫货号。通过对名目繁多、规格多样的商品进行系统的分类和编号,可以避免混乱和差错,防止"一货多价"或"有货无价""有价无货"等现象的发生。同时,也有利于计算机管理技术的普及和应用,实现价格管理的自动化和现代化。条形码技术的广泛使用,使编号制度的执行与落实变得简便易行。

商品的编号应用的范围很广,遍及企业经营活动的各个部门。编号是否恰当、准确,直接影响到开单、结算、收货、发货、登账、计划、统计及定价、调价和查询等方面工作的质量。因此,商品编号应当简明、易记,便于掌握和使用。一般应做到一种价格的商品,由产地采购企业的物价部门编制一个代号,货号一经编定,不得轻易改变。如果必须重新编号时,应编制新旧编号对照表,并及时通知执行单位。企业使用的各种票据、报表、账簿等,都应设有商品编号栏。

3. 商品价格联系制度。商品价格联系是企业在制订和调整价格时,同有关单位和地区互通情报,加强协作。地区之间、企业之间、行业内部以及企业内部,通过价格联系,及时交流情况、征询意见是解决价格问题、做好平衡衔接,搞好价格管理工作的重要条件。商品价格联系制度主要有四个方面的内容。

(1) 工商企业之间的价格联系。为了使工商企业的定价、调价工作有充分的依据,工商企业双方应当经常交换价格情报。批发企业应向工业企业提供商品流通费用、购销价格定价方法,商品销售情况等方面的资料。

(2) 各地区批发企业之间的价格联系。这是指产地与产地、产地与销地的批发企业之间,以及毗邻地区的批发企业之间的价格联系。某个地区、某种商品价格的制订和调整,往往影响着其他地区商品的价格。因此,产地与产地之间、产地与销地之间,要经常交换意见、沟通情况。

(3) 批、零企业的价格联系。批发企业应向零售企业提供较系统的价格资料。一般包括:各种商品的批发价格、零售价格、批零差率、质量差率等。同时,零售企业也应当及时向批发企业提供各种商品的销售情况,反映消费者的意见。

(4) 企业内部各环节之间的价格联系。在企业内部,价格管理人员应向财务会计人员、仓储保管人员、营业员和采购人员提供价目表,搜集各项费用资料和客户对商品价格的意见。会计员应向价格管理人员提供进货发票和运杂费用结算单,以免发生价格计算上的错误。

4. 价格资料积累制度。价格资料积累是指对日常搜集到的各种价格资料进行分类、整理、汇编等工作。它可以为准确、及时、合理地制订或调整价格提供可靠的依据。

积累价格资料的主要方法是建立各种商品价格档案。价格档案一般为两种:

一种是汇集整理单项或综合的价格资料,这是把需要积累的资料,按单一的项目或有关联的一些项目汇集起来,建立一个档案,以全面观察企业所经营的各种商品的价格项目的变化情况。例如,汇集企业全部商品的购销差率、批零差率、地区差率和质量差率等资料,以便全面观察企业经营商品的各种差价情况。

另一种是以商品为户头建立的价格档案。这是把某一类或某一种商品历年的所有有关资料汇集起来。例如,把某一种商品历年的生产成本、流通费用、工商利润、农业生产收益、国家税金、购销价格、质量等级、规格标准,以及生产、收购、调拨、销售、储存数量等资料汇集在一起,建立一个个商品的价格档案;或者将同种商品不同地区的同一内容的资料汇集在一起,建立档案。采用这种方法,可以系统地观察同一种商品在不同时期、不同地区价格和产销等方面的变化情况。

价格资料作为企业商品定价、调价或研究市场价格变化,以及产销供求情况的参考资料,必须具有正确性、代表性、系统性和可比性。所谓正确性,就是要求必须真实、准确、可靠,并应注明来源和日期;所谓代表性,是因为批发企业经营商品的种类繁多,如果一一记录和积累,工作量太大,而且也无此必要,所以,应选择具有代表性的商品资料;所谓系统性,就是所积累的资料要首尾连贯、前后衔接,重要项目不应有缺漏，而且要常年积累、持之以恒；所谓可比性，就是要求积累的资料，尽可能统一口径，以便能够在不同时期、不同地区或不同企业之间进行比较。

（二）零售商的价格管理

1. 明码标价制度。明码标价制，是零售商进行价格管理，提高服务质量的重要方法。零售企业实行明码标价，有利于方便顾客选购商品，并且便于群众监督，防止出现差错或违纪违法行为；农副产品收购实行明码标价，便于向出售者展示收购价格，宣传经济政策，促使其踊跃出售。

明码标价的方法一般有三种：工业品一般采用价格标签；农副产品一般采用挂价格标牌或张贴价目表；体积过大、分量过重的商品，一般采用在实物上书写价格等方式标价。

2. 商品削价处理制度。商品在经营过程中，经常会遇到由于运输、保管不善等原因，而造成残损或变质，有些商品订价调价偏高，有些商品因客观情况的变化，成为冷背呆滞品。对这些商品，应该及时进行削价处理，以避免占压资金、增大流通费用，影响企业的经济效益。

削价处理残损废次、冷背呆滞的商品，应按照既能使商品销得出去，又尽量减少经济损失的原则来进行。要根据各种商品的不同情况，采取不同的方法。例如：降价推销、加工改制、拆整卖零等方法。对丧失使用价值或有害于健康，没有安全保障的废品，应报销损失；对一时上市过多，供过于求而又不易存放的商品，应根据其质量，市场供求状况，及时进行适当的削价促销，以免因商品腐烂变质，而造成更大的损失。

削价处理商品时，必须认真履行变价审批与报备手续。

3. 价格检查和价格监督制度。价格检查是企业领导、职工代表和价格管理人员，定期或不定期开展的审价或整顿价格的工作。其主要内容有两类：一类是检查价格政策、法律和法规的执行情况；另一类是检查现行价格的合理程度。

（1）检查政策、法规和价格的执行情况。

第一，检查国家规定的各种商品的作价原则和计价方法，价格管理制度、法律和法规是否认真执行。

第二，检查是否按照国家的价格管理权限和有关规定，及时、准确地制订和调整价格；有无迟调、漏调、错调或擅自乱调的行为。

第三，检查有无掺杂使假、短斤缺两、以次充好、哄抬价格等违法违纪行为。

第四，检查企业价格管理制度是否健全、价格管理机构和措施是否齐备，人员是否到位，各种度量衡器是否精确、商品标价是否准确无误。

（2）检查现行价格是否合理。检查和分析研究各种商品的成本、费用、质量、数量的变化，判明质量差价的等级、规格是否合理等。

价格监督是指对企业现行的价格工作进行监督,价格监督和价格检查是密切相连的。

在企业设专职或兼职价格监督员,对企业所经营商品的价格,以及企业执行价格政策,遵守价格纪律和法律、法规情况,经常性地、有计划地进行自查,把好进价和销价关,发现问题及时解决。对于违反价格纪律和法律、法规的行为,企业价格管理人员和全体职工有权进行抵制、反对或检举、揭发,甚至向上级部门控告。对价格管理工作搞得好的单位和个人,应给予支持、表彰和奖励。

此外,企业还应自觉接受国家和社会有关压力团体对本企业价格的监督和检查。

21世纪经济与管理精品丛书

附录 案 例

一、饭店房间的定价方法

饭店作为服务企业,其产品的价格制订,属于一个较具典型的代表。而对那些除提供餐饮娱乐,还能提供如停车场等的汽车旅馆的饭店来说,其所提供的不同类型的客房房间和不同的居住条件(单人间或双人、三人间),由于它们之间对某些顾客来说,既有可能是相互替代的,也有可能是相互补充的,就这一点来说,饭店房间的定价可当作是对系列产品的定价。

由于大多数饭店房间的出租业务大部分来自重复光顾的暂住旅客,而这些旅客对当时居住条件和价格都感到满意,他们都愿意支付合理的房间费用。如果他们感到现在所支付的费用,已经换到了公平的价值,就会感到满意。举例来说,如果有一位客人来到饭店,本打算住 15 元一天的房间,但饭店接待员安排他住进一间 20 元一天的房间,当这位客人发现这房间明显地比过去住过的一天 15 元的房间多值 5 元钱,他可能就不会对饭店的定价产生不满意的感觉。所以,饭店的客房定价问题应该使各种类型的房间保持合理的差价,并且要使每一种价格的房间数,与该种价格水平房间的需求量相适应。下面是美国一家大型连锁饭店反映上述要点的定价政策说明。

饭店客房的基础高额房租定价政策必须考虑和评价以下几个互相联系的因素:
房产

    行情与地理位置

    竞争

    形象与方位

    类型、质量、设施、服务

    经营成本

    利润目标

客房房间

    类型、家具质量

    大小

    设备

    位置和朝向

　　客观考虑与评价以上因素的要点是：保证有经过核实的最新信息资料；至少有饭店中一位主要的高级管理成员和一位对外经营专家参加；参加评价的人员，要通过访问和考查竞争对手，分析他们所经营饭店的市场地位和价格/价值关系对竞争的影响，做出对每一个因素的一致评价，其中包括通过考虑所有有关因素，对比分析市场上有关饭店房间的优缺点，对自己饭店的每一间客房或每一类房间做出评价。不同类型客房的价格必须限定在事先规定的恰当的价格幅度范围内。所制订的价格系列中的每一种价格，要与不同类型房间的不同有形特征一致。

　　根据以上原则制订的价格叫做基础价格，然后结合房间价格和收益可能潜力进行分析（考虑每种价格的房间数以及房间类型与价格的关系），再联系饭店的成本、盈利等因素与饭店的经营目标加以检验。通过检验，可能会发现有必要对所制订的初步基础价格进行某些调整。这些调整必须注意始终要根据市场的实际情况，并结合事先确定的销售策略进行。所有具体价格和一揽子收费标准，都应该使用折扣概念，以所制订的基本高额价格为基础，按一定的折扣百分数计算出一系列具体价格。

　　饭店房间定价的步骤如下：

　　第一，分析对各类房间的需求。

　　第二，比较房间的供给与需求。

　　第三，按照明显易见的有形特点，将供出租的房间划分为不同等级的房间。

　　下面用一个例子具体加以说明。

　　第一步，分析房间需求。

　　本例中的饭店拥有600间客房、21种单人租用价格。为了分析房间需求情况，确定两组居住10天的客人作为样本。选择这两组客人作为样本的理由，是他们对通常的暂住占房率（75％）有代表性。将抽样期内每个抽样客人支付各种单人房间费用的实际人数记录下来。用这些资料计算出支付每种价格人数的百分数（附录表1）。根据附录表1绘制成反映客人对房间需求情况特点的需求曲线（附录图1）。该曲线表明人数的累计百分数和实际支付房费的情况。

附录表 1　抽样房间出租情况

房间价格（美元）	房间数（间）	支付各种价格客人的平均百分数	累计百分数
16.00	20	5.0	5.0
16.50	20	4.0	9.0
17.00	285	3.0	12.0
17.50	55	8.0	20.0
18.00	20	10.0	30.0

房间价格(美元)	房间数(间)	支付各种价格客人 的平均百分数	累计百分数
18.50	40	10.0	40.0
19.00	15	20.0	60.0
19.50	10	10.0	70.0
20.00	20	8.0	78.0
21.00	10	7.0	85.0
22.00	10	5.0	90.0
24.00	25	3.0	93.0
26.00	5	1.0	94.0
27.00	10	1.0	95.0
27.50	5	0.5	95.5
28.00	5	0.5	96.0
29.00	10	1.0	97.0
29.50	5	1.0	98.0
30.00	5	0.5	98.5
32.00	15	1.0	99.5
35.00	10	0.5	100.0
合计	600	100	

21世纪经济与管理精品丛书

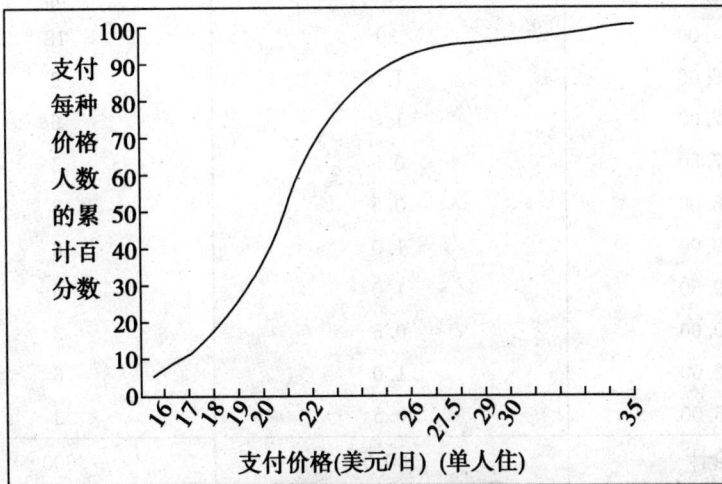

附录图 1   饭店房间的需求特征曲线

第二步,比较房间的供给与需求。

根据附录图1需求特征曲线和附录表1的资料,推算对每种价格房间的需求数量(附录表2)。例如,有5%的客人租用16美元一天的房间,那么,600乘以5%等于30,就是16美元一天的房间相应需求量为30个房间。可以看出,现有各种价格房间的实际供应量,与对各种价格房间的需求量不相适应。特别是17美元一天的房间数量太多,实际现有285间,而需要量仅为18间;18美元/日以上到22美元/日的房间数量不足;24美元/日以上的房间又太多。此外,资料还表明,房间价格之间的差距太小,特别是较高价格的房间的价差太小。

附录表2　各种价格房间的需求量

房间价格(美元/日)	支付各种价格客人的平均百分数	满足需求所需房间数(间)
16.00	5.0	30
16.50	4.0	24
17.00	3.0	18
17.50	8.0	48
18.00	10.0	60
18.50	10.0	60
19.00	20.0	120
19.50	10.0	60
20.00	8.0	48
21.00	7.0	42
22.00	5.0	30
24.00	30	18
26.00	1.0	6
27.00	1.0	6
27.50	0.5	3
28.00	0.5	3
29.00	1.0	6
29.50	1.0	6
30.00	0.5	3
32.00	1.0	6
35.00	0.5	3
合计	100.0	600

第三步,划分房间等级。

制订房间价格之前,首先要根据区别各类房间"明显可见差别"的各种因素,将饭店拥有的全部房间逐一进行评价。"明显可见差别"的因素包括房间大小、朝向、楼层高度、室外景色环境、室内设备等。每一房间均按明显可见的差别因素数目予以编号,并确定其不同等级。该饭店决定将全部房间划分为 9 种不同的类型。

第四步,制订房间价格。

用 9 种房间等级,将所有房间按明显差异分等级排队。等级最低的房间定价最低。随房间等级提高,依次制订更高的价格。饭店按照传统惯例决定单人租用每间客房的最低价格(P_{min})和最高价格(P_{max})分别为 16 美元/日和 35 美元/日,中间等级房间的租费有七种,其具体价格计算方法如下:

先计算常数比率 K 值,由公式:

$$\ln K = \frac{1}{n-1}(\ln P_{max} - \ln P_{min})$$

$$\ln K = \frac{\ln 35 - \ln 16}{n-1} = \frac{1.544\ 01 - 1.204\ 12}{8} = 0.042\ 486$$

查 0.042 486 的反对数,求出 K 值为 1.103。

根据韦伯—费克耐尔定律*,在已知最低与最高价格和房间等级数的条件

---

* 韦伯—费克耐尔定律:

韦伯把人类对物理刺激的感受能力存在着一个上下限的现象,引入经济学范畴。从而提出了韦伯定律。该定律指出:在对某种刺激因素的反应中,细微的、平均能感觉到的变化,与刺激因素的变化成一定的比例。用公式表示就是:

$$\frac{\Delta S}{S} = K$$

式中:S = 刺激的大小;

ΔS = 相应于反应中某一规定变化的 S 的变化;

K = 常数。

这一原理用于人们对于高低两种不同价格之间感觉上的差别,就是如果某种产品的价格(表现为刺激因素)从 10 美元提高到 11 美元,能使顾客放弃购买该产品的话,那么,另外一种原价为 20 美元的产品,须提高到 22 美元,才能使顾客也放弃购买。就是说:

$$\frac{1\ \text{美元}}{10\ \text{美元}} = \frac{2\ \text{美元}}{20\ \text{美元}} = 0.1 = K$$

后来,经济学家费克耐尔又把韦伯定律发展一步,成为韦伯—费克耐尔定律。该定律指出:价格(刺激因素)与对价格的反应之间,是一种半对数关系。特别是该定律指出:购买者具有"上下价格门槛"的假说。即购买者在购买某一商品时,有一个他认为可以接受的价格最高、最低范围。这种现象被许多欧美经济学家论证过,并且进一步指出:任何一种产品的可接受价格的范围,都随着购买者收入的降低而向下移动。西方经济学家们把韦伯定律用于推断消费者感受差价的基础。韦伯定律表明:对一次价格变动的感受,决定于变动幅度的大小。还有研究发现,人们对涨价比对降价更为敏感。前面提到的 K 值,随产品不同而不同。K 值较低,表明买主对其价格变化较为敏感;K 值较高,表明买主对其价格变动较为欠敏感。

21世纪经济与管理精品丛书

下,将最低价格 16 美元/日乘上述 K 值 1.103,就可以求出高一等级房间的正确价格。即 17.16 美元,连续使用常数 1.103,即可求出租用各种房间的理论价格。为计算方便,饭店管理部门决定以理论价格为基础,将其简化为 0.25 美元的倍数,作为实际执行的单人租用房间的价格。见附录表 3。

附录表 3　修订后的出租客房价格结构

房间数	单人住		双人住	
	理论价格 （美元/日）	实际价格 （美元/日）	双人床价格 （美元/日）	两张床价格 （美元/日）
55	16.00	16.00	19.50	20.00
125	17.65	17.75	21.25	21.75
150	19.47	19.50	23.00	23.50
120	21.47	21.50	25.00	25.50
90	23.68	23.75	27.25	27.25
30	26.12	26.00	29.50	30.00
15	28.81	28.75	32.25	32.75
10	31.78	31.75	35.25	35.75
5	35.05	35.00	38.5	39.00

对双人房间的价格,饭店管理部门的意见是要有一种房间的价格在 20 美元以下,其他所有房间的价格最低 20 美元,最高的低于 40 美元。另外,该饭店传统上一直是规定双人房间配备两张床位的价格,略高于只配备一张双人床房间的价格,调整价格时仍想维持这一政策不变。根据这些想法,该店决定两种不同类型双人住房间的差价固定为 0.50 美元;配备一张双人床的双人住房价格,比单人房间价格高 3.50 美元;而配备两张床的双人住房的价格,比单人住房价格高 4.00 美元。

虽然饭店因所拥有的具有不同特点房间数量的限制,不能完全按照抽样统计资料做出准确合理的房间类别组合,但是,在可能情况下,尽量按房间的可察觉差别制订价格,会使顾客满意率提高。附录图 2 反映了修订后不同价格的房间数与估计对房间的需求曲线相比较的情况。

经重新归类与定价的客房有以下特点:

第一,不同的价格与明显不同的房间等级相适应。

第二,定价最高和定价最低的房间与经验证明的顾客对房间价格可接受程度（价格适应水平）相一致。

第三,各等级房间之间出租价格的差别,随房间等级提高,出租价格的提高而加大。较高价格房间之间的价差,大于较低价格房间之间的价差。

第四,新价格的各种房间数量更接近于对该价格房间的需求量估计。

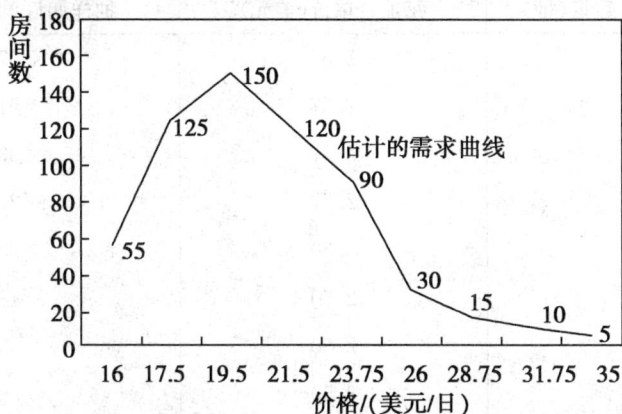

附录图 2　按修订后价格的房间需求量与拥有房间数对比

二、某化学品公司批量折扣方法的应用

某化学品公司向市场提供一种产品,该产品以桶为包装单位,按加仑计价,每桶 55 加仑,每加仑的价格如下:

一次购买桶数	每加仑价格(美元)
1~4	2.57
5~9	2.50
10~19	2.44
20 桶及以上	2.38

假定有一个顾客需要 5 桶。如果他每次买一桶,一共买 5 次,则他的采购总成本为:

$$5 桶的采购成本 = 2.57 \times 55 \times 5 = 706.75(美元)$$

如果他一次买齐,则采购总成本为:

$$5 桶的采购成本 = 2.50 \times 55 \times 5 = 687.50(美元)$$

一次买齐比五次购买,采购总成本节约 19.25 美元(706.75 美元 - 687.50 美元),即该顾客由于大批量采购得到 2.7% 的折扣。

根据同样计算方法,一次购买 10 桶,比分 10 次购买 10 桶,可以多得到 5.06% 的折扣,(采购成本节约额为 71.5 美元);一次购买 20 桶,比分 20 次购买 20 桶,可以得到 7.39% 的折扣(采购成本节约额为 209 美元)。

实行上述价格表期间销货记录统计如附录表 4。

附录表4 抽样期订单总数按订货量分类情况

每份订单订货数量(桶)	每加仑单价(美元)	抽样期订单总数(份)
1	2.57	3 073
2	2.57	910
3	2.57	336
4	2.57	271
5	2.50	254
6	2.50	183
7	2.50	38
8	2.50	89
9	2.50	68
11~19	2.44	
20 以上	2.38	6 630(大部分为 20 桶以上)
总计		12 010

附录表 4 表明:① 在全部订单中,订购 1 桶或 2 桶的订单最多,共占订单总数的 33.2%。并且从销货记录看,平均一份订单订购 1 桶或 2 桶的顾客,一年共购买 4~5 桶。② 虽然一份订单订购 5 桶,比订购 3 桶、4 桶,每加仑价格便宜 0.07 美元,但并未因此使订购 5 桶的顾客多于订购 3 桶或 4 桶的顾客,实际上订购 3 桶或 4 桶的订单,均多于订购 5 桶的订单。

当卖方企业从分析表 4 销货记录统计中发现,各批量的不同折扣率未达到预期效果时,就应该对现行折扣率对买卖双方的利益影响进行分析,然后调整折扣。

先分析不同数量订单情况下买方存货成本的变化。销售记录表明,一般一份订单定购 1 桶或 2 桶的顾客,每年共购买 4~5 桶。假定这些小批量买主的经济购买数量(q_o)是 1.25 桶,并假定这些小用户的全年需求量(d)是 4.5 桶,则把这两个数字代入本书第五章第二节"数量折扣的依据和方法"中公式 2,可得出(实际采购一桶的价格应为 55 加仑×2.57 美元=141.35 美元,为简化计算,取整数 140 美元):

$$1.25 = \left[\frac{2A \times 4.5}{140i}\right]^{1/2}$$

解上式:

$$1.25^2 = \frac{2A \times 4.5}{140i}$$

$$\frac{1.25^2 \times 140}{2 \times 4.5} = \frac{A}{i}$$

$$\frac{A}{i} = \frac{218.5}{9} = 24.31 \text{ 美元}$$

如果处理一份小批量用户订单需手续费用(A)约 3 美元,每期单位产品储存费用约占价格的 12.5%,基本上就是这个结果。将 A、i、p 值代入本书第五章第二节"数量折扣的依据和方法"中公式 1,就可以确定小用户的成本是订单订货数量的 q 的函数,如下式:

$$TEK_B = \frac{3 \times 4.5}{q} + \frac{140 \times 0.125q}{2}$$

$$= \frac{13.5}{q} + \frac{17.5q}{2}$$

$$= \frac{13.5}{q} + 8.75q$$

对于订货数量(q)1~4 桶的订单,买方存货成本 TEK_B,见附录表 5。

附录表 5 修订后的不同订货量买方存货成本变化

q(桶)		TEK_B(美元)
1	22.25	$(13.5+8.75)$
2	24.25	$\left(\frac{13.5}{2}+8.75 \times 2\right)$
3	30.75	$\left(\frac{13.5}{3}+8.75 \times 3\right)$
4	38.38	$\left(\frac{13.5}{4}+8.75 \times 4\right)$

如果一份订单订货数量是 5 桶,每桶价格应为 137.50 美元(2.50 美元×55 加仑),用本书第五章第二节"数量折扣的依据和方法"中公式 1 计算,买方存货成本为 45.67 美元:

$$TEK_B = \frac{3 \times 4.5}{q} + \frac{137.50 \times 0.125q}{2}$$

$$= 45.67 \text{ 美元}$$

由上可见,买者一份订单订购 5 桶的平均存货成本为 45.67 美元,比一次订购一桶共发出 5 份订单的平均存货成本 22.25 美元高 23.42 美元。

再从卖方看,卖者的成本用本书第五章第二节"数量折扣的依据和方法"中公

21 世纪经济与管理精品丛书

式3计算。假定有关数据如下：

卖方签订一份订单的手续费（A）为10美元；销货毛利（m）为40%；每期单位产品库存管理费用占价格的百分数（i）为20%。则：

$$TEK_B = \frac{Ad}{q} - \frac{mpiq}{2}$$

$$= \frac{10 \times 4.5}{q} - \frac{0.4 \times 140 \times 0.2q}{2}$$

$$= \frac{45}{q} - \frac{11.2q}{q}$$

$$= \frac{45}{q} - 5.60q$$

一份订单订货量（q）为1~3桶时，卖者的成本（TEK_B）为：

一次订货数量（桶）	卖主的成本（TEK_B）
1	39.40美元（45美元－5.60美元）
2	11.30美元 $\left(\frac{45}{2} - 5.60 \times 2\right)$
3	－1.80美元 $\left(\frac{45}{3} - 5.60 \times 3\right)$

由上可见，一份订购3桶的订货单与订购一桶的订货单相比，卖主的节约额是41.20美元[39.40美元－（－1.80美元）]，而买主增加的成本是8.50美元（30.75美元－22.25美元）。

前面假定小额用户平均年度需求量是4.5桶，按原来折扣表每次一桶的价格计算，购买4.5桶的成本应该是636美元（2.57×55×4.5）。如果一次买3桶，则卖主节约41.20美元，占636美元的6.48%，而买主成本要增加8.50美元，占636美元的1.34%。根据这种情况，卖主决定对一次购买3桶的顾客，给予3.5%的折扣，卖者仍受益2.98%（6.48%－3.5%），买者受益2.16%（3.5%－1.34%）。买主得到的好处小于卖主。但每份订单订购4桶的买主，也享受3.5%的折扣，还会使买者的好处进一步加大，卖主的好处减少。另外，按原来折扣表，10~19桶订单的折扣显然过大，卖方获益较小，因此，10桶以上的订单数又开始增多。基于这些考虑，卖主将价格表进行了调整，见附录表6。

附录表6 价格调整对照表

调整前			调整后		
一次购买桶数	每加仑价格(元)	折扣率(%)	一次购买桶数	每加仑价格(元)	折扣率(%)
1～4	2.57		1～2	2.57	
5～9	2.50	2.72%	3～19	2.48	3.50%
10～19	2.44	5.06%	20及以上	2.38	7.39%
20及以上	2.38	7.39%			

卖主用折扣吸引买主加大订单的数量时,一定要考虑到因折扣降低了的价格,会使买主由于成本函数(本书第五章第二节"数量折扣的依据和方法"中公式1中)$\frac{qpi}{2}$值的降低,使存货管理总费用降低。另外,如果卖主降价去吸引加大每份订单的订货数量,而不能刺激计划期中总需求量增加,那么,公式中卖主的好处$\frac{mpiq}{2}$将会缩小。

三、买主如何选择对自己有利的供货单位

由于不同卖主自身生产经营条件不同,对市场竞争环境的分析及做出的反应不同,对买方经济购买批量的估计也不同,而且还难免有一些主观因素,所以,不同企业制订的批量档次和折扣率,有时会有很大不同,使买方有充分的选择余地。例如:有四个企业用基本相同的价格供应同一种产品,但它们的批量档次及折扣率不同,见附录表7。

附录表7 甲乙丙丁四个企业的批量档次及折扣率

项　目	购买数量档次(件)			
	甲企业	乙企业	丙企业	丁企业
按目录价格销售	1～4	1～9	1～24	1～49
按目录减5.4%	5以上			
按目录价减7.0%			25～99	
按目录价减7.5%		10～24		
按目录价减15.0%				50～99
按目录价减16.7%	25～49			
按目录价减21.7%	50～99			

续表

项　目	购买数量档次（件）			
	甲企业	乙企业	丙企业	丁企业
按目录价减 24.0%				100 以上
按目录价减 25.0%		100～249		
按目录价减 29.0%		250 以上		
按目录价减 40.0%			100 以上	

买方在比较四家企业折扣表的基础上，结合自己每份订单最经济的采购数量，来选择对己有利的供货企业。如果买 5～9 件产品从甲企业进货最合算，因为乙、丙、丁三个企业对这个数量级不给折扣，而甲企业给 5.4% 折扣；如果购买量在 10～24 件之间，从乙企业进货最合算，可以享受 7.5% 的折扣，而甲企业只给 5.4% 折扣，丙及丁企业不给折扣；如果采购量在 25～49 件之间，仍是从乙企业进货最合算，可以享受 16.7% 的折扣，而这个数量级，甲企业只给 5.4% 的折扣，丙企业提供 7% 折扣，丁企业不给折扣；如果采购量在 50～99 件之间，也是在乙企业进货享受的折扣大；但当采购量在 100 件以上时，从丙企业进货就最有利了。

四、利用经验曲线进行价格预测

价格和成本资料表明，每当积累的经验加倍时，成本就以某种可以预测的数额下降。许多企业利用成本、价格与积累经验之间的这种关系，制订了成功的销售策略和生产策略。从计划的观点来看，掌握了这种经验关系，企业就能够预测其成本。另外，企业掌握了某些基本市场信息资料，也能够估计竞争者的成本。

学习曲线和经验曲线都是研究产量增长和成本降低之间关系的。但是两者的含意不同。学习曲线，有时叫进步函数，表示随着产量的增加，制造成本（主要指人工成本）降低。典型的例子如飞机机身、工业化学制品、照相机等。计算机处理器行业 30 年来走过的道路也说明了经验曲线表示系列产品的总成本随产量的增加而下降。因此，经验曲线表示系列产品的总成本随产量的增加而下降，因此，经验曲线反映更全面的成本，不仅包括人工成本，也包括原材料成本和销售成本。典型的例子如煤气灶、面巾纸、电视机以及计算机处理器。

附录图 3 表明工业化学制品的价格—成本关系形式。从该图看，可分为三个不同的阶段——专利阶段、过渡阶段和商品阶段。经验资料表明，以不变货币单位（定值货币单位）表示，价格与成本都呈下降趋势。因此，对工业化学制品的长期总成本降低趋势，应该说是可以预测出来的。附录图 3 中成本学习曲线的斜率是 89%，意味着在每个时期中，当积累的产量加倍时，成本约降低 11%。

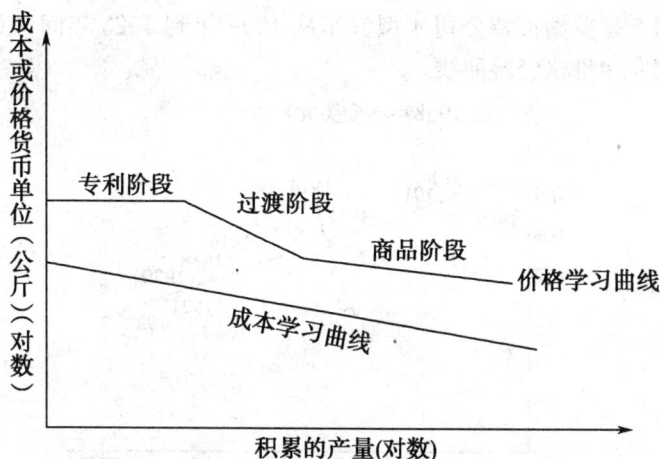

附录图3　工业化学制品的价格—成本关系形式

（一）成本与经验

有经验资料表明，每当积累的产量（积累的经验）加倍时，成本就会以可以预测的数额下降。这种现象使企业不但能够预测自己的成本，还能够预测竞争对手的成本。一般来讲，这种成本降低幅度在 10%～30% 之间。用剔除物价上涨因素的不变货币单位表示，只要对一种产品的需求在增长，这种下降将无限制地继续下去。如果需求量不再增长，成本降低率就会缓慢下来，渐趋近于零。附录图4是用线性标度表示的单位产品成本与积累数量（经验）之间关系的例子。从该图曲线可见，成本随积累产量的增加而降低，开始降低速度快，随后降低率逐步缓慢下来。

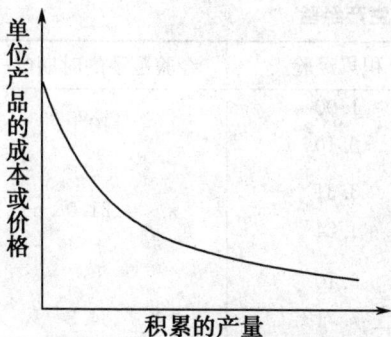

附录图4　成本/价格经验关系

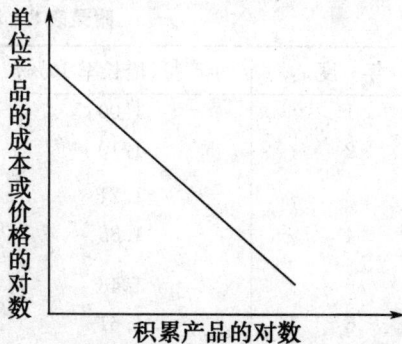

附录图5　成本/价格经验关系

当一种产品的积累产量以常数百分数增加时，每年生产产品的经验，对成本带来的影响（以百分数表示）是大致相同的。在对数纸上作图时，百分数变化显示一个常数距离（如附录图5）。一条直线的意思时，一个因素（积累产量）的百分数变化，带来另一个因素（成本、价格）的可预料的相应变化。直线的斜率说明这种关系的性质。

附录图 6 是美国福特公司 4 型汽车从 1909 年到 1923 年间,以 1958 年不变美元表示的实际价格经验曲线。

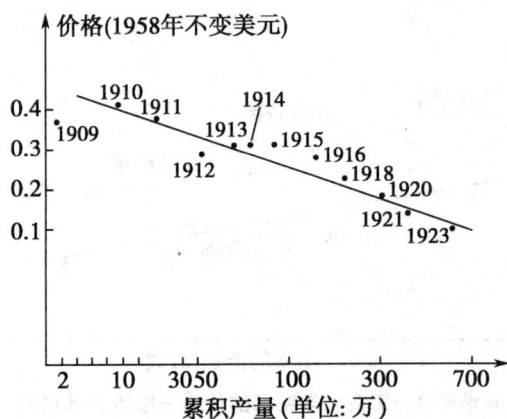

附录图 6　福特汽车公司 1909～1923 的价格经验(85％经验曲线)

关于成本/价格经验想象,必须了解三个关键问题:

第一,要注意这里所说的是一个时期内积累的经验,不是两个不同时点间生产量的加倍。附录表 8 说明了这一点。在第 2 年的某个时候积累的经验增加了一倍,在第 4 年、第 7 年和第 12 年中又都增加了一倍。这样,在第 2 年、第 4 年、第 7 年和第 12 年间,单位成本都将按一个常数百分数降低。

附录表 8 中,每年的产量均比前一年增长 10％,随着基数加大,积累经验翻番所需时间越来越长,开始需 2 年,后来延长到 5 年才翻一番。

附录表 8　积累的生产经验

年　度	年产量(增长率 10％)	积累经验	经验翻番的时期(％)
1	1.00	1.00	110.0
2	1.10	2.10	
3	1.21	3.31	121.0
4	1.33	4.64	
5	1.46	6.10	
6	1.61	7.71	104.3
7	1.77	9.48	
8	1.95	11.43	
9	2.14	13.57	
10	2.36	15.93	125.6
11	2.60	18.53	
12	2.86	21.39	

　　第二,成本是以不变货币单位衡量的,因此,必须使用一个恰当的剔除物价变动因素的指数,剔除成本资料中的物价上涨因素。因为通货膨胀会掩盖产品改良或销售进度对价格或成本带来的真实影响。研究价格和成本资料,必须始终以不变货币单位为基础,才能使管理人员确定由于产量变化,对成本或价格带来的实际影响。当通货膨胀是个重要因素时(像20世纪70年代早期和中期),还应再作这种分析对通货膨胀修正因素敏感性的检验。

　　第三,管理人员要尽量使所分析的成本项目,确实限于那些随生产经营活动水平变化而变化的成本,不要包括那些在一定生产经营能力条件下固定不变的成本。因为将这类产品分摊到产品成本中去的任何做法,都带有主观性,都会掩盖成本的实际变化情况。所以,重点应该放在付现成本(out-of-pocket costs)上。另外,要注意的是,不同公司或同一公司不同时间会计处理方法的不同,会使计算出来的成本有所扭曲,根据扭曲的成本资料绘制出来的成本/价格趋势曲线的形状,也会有所扭曲。

（二）价格与经验

　　资料表明,每当积累的经验增加一倍,价格大体上趋向下降某个一定的数额。在竞争激烈、增长迅速的技术行业中,从长期来看,价格变化趋势与成本变化趋势相一致,如附录图7所示。

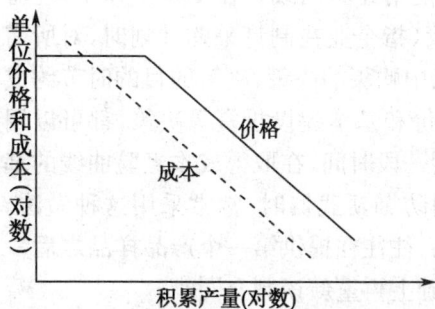

附录图7　一种稳定的成本/价格经验关系　　**附录图8　一种不稳定的成本/价格经验关系**

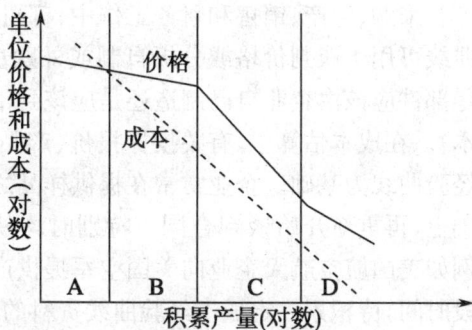

　　如果在初级阶段,价格变动与成本变动趋势不一致,那么,在价格变动形式上就会出现一个转折,如附录图8所示。最初制订的价格可能低于成本,为的是争取能在市场上立足(A阶段)。在B阶段时,价格降低幅度很小,而成本大大下降,卖主像是举着一把价格保护伞,导致成本高的生产者进入市场。一定时间之后,进入C阶段,此时,激烈的价格竞争形势,迫使价格以比成本降低速度更快的速度下降。最后进入D阶段,随着价格—成本关系的稳定,出现稳定的情况,即价格变动趋势与成本变动趋势相一致。在附录图8上,D阶段的价格与成本曲线成为平行线。

美国有关部门在一项对 82 种石油化学制品的研究中,发现经验因素是解释价格降低最重要的变量。在 5～7 年的间隔期中,竞争者的数目、产品标准化,以及稳定的规模经济,也是解释价格降低的重要变量。电子游戏机、数字显示手表、计算器等等,都经历了开始的极高价格,后来迅速降价的过程。大幅度降价的原因,是批量生产带来了惊人的经济效益。如计算器集成电路块批量生产后,每当积累的产量增加一倍时,成本下降了 30％。集成电路块是计算器成本中的主要部分,它的成本下降,使计算器成本大幅度降低,导致价格大幅度下降,反过来又刺激销售量增加,引起成本的进一步降低。这种降格—成本关系的意义是十分深远的。经验曲线或学习曲线提供了把不同时间的成本、价格、产量和利润联系起来的方法,为评价各种可供选择的价格方案和销售策略提供了有力的工具。能够比竞争对手更好地预测价格,就能在长时期中在战略方面占有重要优势。最后,价格—经验曲线的概念,说明了按产品生命周期不同阶段制订销售计划的必要性。

要利用经验曲线,必须知道如何去找到所需参数的估计值。下面的案例简要介绍了一些估计方法。

五、经验曲线的应用

采购、生产、销售和财务工作中,都可以使用经验曲线。在采购工作中,经验曲线可用于谈判价格或分析自制或外购决策(指企业在制订采购计划时,对所需零部件应该由企业自己制造还是应该到市场中购买的决策,决策的目的时节约成本)。在成本估算中,有关投标报价、产品定价和基本建设投资等决策,都可以用经验曲线为基础。企业常常在提供样品之后一段时间,在取得成本经验曲线的基础上,再重新开始谈判合同。特别时均使用防御新武器时,常常采用这种做法。例如美国航空航天企业向美国空军提供产品,往往在提供第一个产品样品之后一段时间,待积累一定成本经验曲线资料的基础上再重新谈判合同。

如果确定了为完成第一个产品需要的全部直接成本,并且确定了由丁经验产生的改进率,就可以确定经验曲线。或者,如果估计出来较晚些生产出来的一个单位产品的直接成本和经验曲线率,也可以确定经验曲线。

加倍的积累产量之间的成本不断降低的概念,可以用下列公式表示:

$$TC_X = KX^{1-b} \qquad\text{(公式 1)}$$

式中:TC_X＝成本总额积累的直接;

　　　X＝产量单位数;

　　　K＝估计第一个单位产品的成本;

　　　b＝斜率参数或经验(改进)率的函数$(0 \leqslant b \leqslant 1)$。

积累平均成本 AC_X 为：

$$AC_X = KX^{-b} \qquad \text{(公式 2)}$$

经验曲线通常是画在双对数纸上。公式 2 画到对数—对数纸上的结果是一条直线。因此，知道任何两个点或一个点和斜率（例如，第一个产量单位的成本和改进百分数），就可以画出函数的图形来。

（一）b 与经验率之间的关系

为便于进行估计，经验率 a 与 b 之间的关系可以用下式表示：

$$b = \frac{\ln 100 - \ln A}{\ln a} \qquad \text{(公式 3)}$$

附录表 9 表示当 a 值在 50 到 100 之间的这种关系。

附录表 9　a(经验百分数)与 b 之间的关系

a	b	a	b
50	1.000	75	0.415
51	0.971	76	0.396
52	0.943	77	0.377
53	0.916	78	0.358
54	0.889	79	0.340
55	0.863	80	0.322
56	0.837	81	0.304
57	0.811	82	0.286
58	0.786	83	0.269
59	0.761	84	0.252
60	0.737	85	0.234
61	0.713	86	0.218
62	0.690	87	0.201
63	0.667	88	0.184
64	0.644	89	0.168
65	0.621	90	0.152
66	0.599	91	0.136
67	0.578	92	0.120
68	0.556	93	0.105
69	0.535	94	0.089
70	0.515	95	0.074

21世纪经济与管理精品丛书

续表

a	b	a	b
71	0.494	96	0.056
72	0.474	97	0.044
73	0.454	98	0.029
74	0.434	99	0.015
		100	0.000

（二）当已知第一个单位产品的成本时的成本估算方法

当已知第一个单位产品的成本 AC 和经验率 a 时，就可以直接计算 8 个单位产品的总成本。如果第一个单位产品的成本是 1 800 元，经验率为 80%，则 8 个单位产品的总成本是：

$$TC_8 = 1\,800(8)^{1-0.322} = 1\,800(8)^{0.678}$$

$$= 1\,800(4.095) = 7\,371.70(元)$$

8 个产品的平均成本是：

$$AC_8 = \frac{7\,371.70}{8} = 921.46(元)$$

或者可以用下述公式计算 8 个产品的平均成本：

$$AC_8 = 1\,800(8)^{-0.322} = \frac{1\,800}{(8)^{0.322}} = 921.66(元)$$

两种计算平均成本方法所得结果的差异，是由于四舍五入引起的。

（三）用两个不同产量时的单位成本求经验曲线

假定某个公司从查账中找出第 20 个和第 40 个产品的生产成本分别为 700 元和 635 元。现在要估算生产第 80 个产品单位的成本应该是多少。

由公式 2，平均成本为：

$$AC_{20} = K(20)^{-b} = 700(元)$$

$$AC_{40}^{-b} = 635(元)$$

取对数：

$$\ln 700 = \ln K - b\ln 20 \qquad\qquad (公式\ 4)$$

$$\ln 635 = \ln K - b\ln 40 \qquad\qquad (公式\ 5)$$

（公式 4）－（公式 5）：

$$\ln700-\ln635=b(\ln40-\ln20)$$

$$b=\frac{\ln700-\ln635}{\ln40-\ln20}$$

$$=\frac{2.845\,1-2.808\,2}{1.602\,1-1.301\,0}$$

$$=\frac{0.0423}{0.3011}$$

$$=0.140$$

由附录表 9 可见,与 b 值 0.140 相对应的 a 值在 91% 和 90% 之间,用插入法可得出 a 的估计值为 90.8%。

使用第 20 个产品单位的成本资料:

$$\ln700=\ln K-0.14\ln20$$

$$\ln k=\ln700+0.14\ln20$$

$$=2.845\,1+0.14(1.301\,0)$$

$$=3.027\,24$$

$$K=1\,065(元)$$

所以,经验曲线为

$$AC_X=1\,065(X)^{-0.14}$$

$$AC_{80}=1\,065(80)^{-0.14}=\frac{1\,065}{80^{0.14}}=577(元)$$

（四）当 a 时未知数时的成本估计方法

虽然一家公司有可能确定其第一样品的成本,但可能不能确定其经验率究竟是多少。在这种情况下,它可能希望使用不同的 a 数值,决定不同的成本—经验形式。用这种方法,决策人就不能做出可供选择的不同成本计划,以协助制订新产品的价格。

如果第一件产品的成本 AC 为 1 800 元,但公司找不出 a 的合理估计数。假定根据以往情况,新产品的经验率在 70% 到 90% 之间。附录表 10 所列的是当 a 值为 70%、80%、90% 情况下,可供选择的经验—成本数据。这些成本显示出可行价格中有非常大的差别,这些差别取决于实际的经验曲线。如果经验率达到 70%,其他条件不变,价格很可能要订得低一些。附录图 9 表明 a 值为 70%、80%、90% 时的经验曲线。

21世纪经济与管理精品丛书

附录表 10　可供选择的经验—成本表

单位：元

产量数	累计平均成本，当 a 为：		
	70%	80%	90%
1	1 800	1 800	1 800
2	1 259	1 440	1 620
4	882	1 154	1 459
8	617	922	1 312
16	432	738	1 181
32	302	590	1 063
64	211	471	956
128	148	377	861
256	104	302	775
512	72	241	697

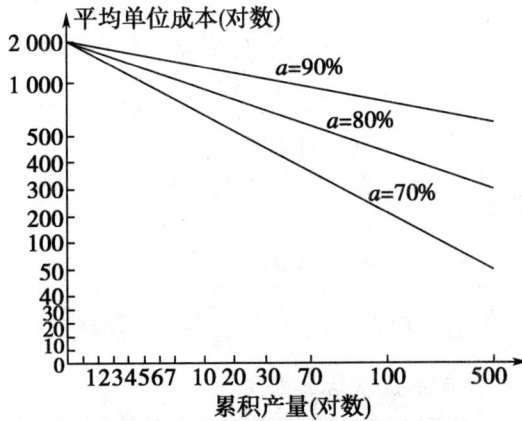

附录图 9　可供选择的经验—成本曲线

参 考 文 献

［1］ Thomas T. Nagle Reed K. Holden 著；应斌，吴英娜译. 定价策略与技巧：赢利性决策指南. 北京：清华大学出版社，2003

［2］ 迈克尔·D·赫特，托马斯·W·斯潘著；朱凌，梁伟，曹毅然译. 组织间营销管理. 第 8 版. 北京：中国人民大学出版社，2006

［3］ 罗兰·T·拉斯特，弗莱丽·A·齐森尔，凯瑟琳·N·勒门著；张平淡译. 驾驭顾客资产. 北京：企业管理出版社，2001

［4］ 林资敏，陈德文著. 生活形态营销. 上海：上海财经大学出版社，2003

［5］ 王正喜. 抗击“非典”期间调控价格的几点启示. 价格理论与实践，2003(6)

［6］ 郭湘如. 价格行为与企业形象. 价格月刊，1998(11)

［7］ 郭湘如. 公用事业产品的价格听证会与公众形象. 价格月刊，2000(9)

［8］ 郭湘如. 品牌建设不能使用“激素”. 价格月刊，2001(1)

［9］ Shuba Srinivasan, Koen Pauwels, & Vincent nijs demand-basedpricing past-pricedependence：ACost-Benefit Analysis Journal of Marketing March 2008 Volume 72，Number2

［10］ 许彩国著. 市场营销案例分析——失败篇. 南京：东南大学出版社，2008

［11］ 居长志，郭湘如著. 分销渠道设计与管理. 北京：中国经济出版社，2008

［12］ 吕涛著. 销售人员管理控制：理论与实证研究. 北京：中国经济出版社，2007

后　记

　　本书是在我开设的"企业定价"课程讲义的基础上,结合多年来的不断修改、补充和学习研究基础上形成的。虽然多年过去了,国内、国际经济环境,技术环境,决策技术与环境,企业运行机制和竞争格局,都发生了许多变化。但是,在开设这门课程的当初,我就将课程定位于把企业当作价格决策的主体来对待,作为组织内容的线索。现在看来,这样的思路越来越显示出其合理性。在写作本书的过程中,我的同事、企业界的朋友、家人和我的老师、领导,都给了我极大的支持、鼓励与帮助。在此,向他们表示我衷心的感谢。

　　我的同事江友农老师、孙利老师在本书得以出版的过程中,为我提供了大量的支持与帮助。江友农老师,付出的努力使得本书能够增色许多。广东嘉豪食品股份有限公司的董事长陈志雄先生、安徽小刘食品股份有限公司董事长刘天成先生及其所在的企业,给了我深入研究企业价格决策的生动素材。我的恩师许彩国教授,在我读大学和大学毕业以来的 20 年时间里,在学术上一直对我关怀帮助不减。我在中国科学技术大学研究生院进修期间,人文学院执行院长、博士生导师汤书昆教授给予我在管理学案例研究方面的指导,我在上海财经大学国际工商管理学院做学术访问期间,博士生导师晁钢令教授在营销学研究方法上的指导,对于我能完成这本著作,是密不可分的。没有他们在学术上的指导、帮助,我很难完成这本著作。我所在学院的院长耿金岭教授、副院长胡善珍教授在本书公开出版的过程中,都给予了极大的关怀和支持。我的妻子、孩子,在我这些年的教学研究过程中,给了我极大的精神上的支持,没有他们的支持,我不可能专注于其间的研究和本书的写作。

　　在这里,我对上述同事、朋友、领导和家人,表示深深的谢意。

　　本书的出版离不开在这一领域中学界前辈的拓荒式的耕耘、同行们的共同努力。他们所作的前期研究成果,使得我能够站在新的高度和起点上作出稍微深入一些的研究。在本书中,参考了相关专家和学者的研究成果,在此不一一列举。

郭湘如

2009 年 6 月于合肥